아산재단 연구총서 제318집

한국 현대 노년소설 연구

전흥남

집문당

머리말

올해로 필자는 어느덧 지천명의 나이에 접어든다. 지금까지 살아오는 동안 가슴 벅찬 일을 꼽으라고 한다면 나는 주저하지 않고 박사과정 입문을 들고 싶다. 그러고 보니 올해로 박사과정에 입문한 지도 20년쯤 되었다. 돌아보니 현재까지는 결실이 초라하고 학문적 내공은 얕다. 다만 그래도 한눈팔지 않고 한 땀 한 땀 한 길을 걸어왔기에 그나마 이런 학술서를 낼 수 있었다고 자위하고 싶은 마음이다.

인문학의 한 분야로서 문학의 관심 영역은 넓고도 광활하지만 노년소설(문학)에 대한 관심은 비교적 적은 편이었다. 다행히 근래 들어 노년기에 접어든 작가들 중에 자연스럽게 노년소설의 창작에 관심을 기울이면서 문학사에 주목할 만한 수작(秀作)을 내는 경우가 적지 않다. 반갑고 고무적이다. 노년소설에 대한 연구자들의 관심과 비평적 조명도 증가하는 추세이다.

이 책을 쓰기 위해 필자는 노년소설뿐만 아니라 노년의 삶과 관련된 책을 뒤적거리면서 삶과 인생에 대해 자연스럽게 생각할 기회도 많았다. 아니 노년소설을 제대로 분석하기 위해서는 노년소설이 노년의 삶에 머물지 않고 인생의 궁극적인 문제와도 맞닿아 있는 점을 소홀히 할 수 없었다. 경쟁과 효율성을 유난히 강조하는 요즈음의 세태에서 보면 노년세대를 경시하기 쉬운데, 격동의 근현대사를 몸소 체험한 노년세대의 경험과 경륜에서 우러난 삶의 지혜와 균형감각을 소중하게 담을 수 있었던 것도 나름의 소득이자 수확으로 다가온다. 다소 주제넘은 표현을 하면 노년세대와 관련된 소설을 읽고 분석하면서 인생 공부도 제법 한 셈이다.

이 책의 일부는 학술지에 이미 발표된 글들도 몇 편 포함되어 있다. 필자가 노년소설에 관심을 기울이기 시작한 것은 적어도 한 4–5년 전쯤으로 거슬러 올라간다. 이때를 시작으로 현대 노년소설을 통시적으로 살펴보고 문학적 의미를 짚어 보려는 저술을 기획했다. 이와 관련된 저서는 많지 않은 것으로 알고 있다. 이런 점에서 이 책은 앞으로 현대 노년소설 연구에 일정 정도 시사점을 제공할 수 있을 것으로 기대한다. 물론 선행 연구자들의 노력에 힘입은 바가 크다는 점을 부인하지는 않겠다. 더불어 묵묵히 성원을 아끼지 않으신 모교의 은사님들을 비롯하여 선·후배님들, 그리고 학문으로 맺은 인연의 소중함을 늘 간직하면서 위로와 격려를 보내 준 여러 연구자들의 음덕(陰德)에도 고마움을 표하고 싶다. 학문의 길 역시 협업(協業)과 소통 그리고 상생의 힘이 크다는 점을 절감하였다.

이 책을 낼 수 있었던 것은 아산사회복지재단 지원에 힘입은 바가 크다. 저술 형태로 꾸릴 수 있도록 연구자에게 편의를 제공해 주고 기다려 준 점에 대해 새삼 고마움을 표하고 싶다. 필자가 몸담고 있는 대학의 후원과 동료들에게도 고마움을 표하고 싶다. 막상 또 한 권의 책을 내려니 스며드는 개인적 감회를 고백하지 않을 수 없다. 무엇보다도 공부하는 남편의 마음을 속 깊게 헤아려 준, 착하고 지혜로운 아내의 내조가 고맙다. 부모의 정성에 비하면 분에 넘치게 곧고 바르게 성장해 가는 아들 인수와 딸 지원에게도 고맙고 그들에게 거는 기대도 크다.

하늘나라에서 보살펴 주시는 아버님, 어머님 그리고 홀로 계신 장모님의 듬직한 성원에도 감사드린다. 앞으로도 묵묵히 '우보천리(牛步千里)'의 자세로 학문에 정진(精進)하면서 살 것이다. 때론 이 길이 버겁고 힘에 겨워도, 책을 읽고 쓰고 생각하며 살 때 행복함과 보람을 느끼기 때문이다.

끝으로 어려운 출판 여건 속에서도 인연의 소중함을 간직하여 출판을 기꺼이 허락해 주신 집문당 출판사의 임동규 사장님과 편집부 직원들의 노고에도 깊은 감사를 드린다.

2011년 초하에
백운산의 정기가 서린 곳에서
전홍남

차 례

제 1 장

서 론

제1장 서 론

소설은 장르적 속성상 과거의 역사적인 사건은 물론이고 당면하고 있는 사회의 여러 문제에 대해서도 광범위하게 다룬다. 작가와 작품에 따라 혹은 시대적 상황에 따라 사회문제를 드러내는 방식의 차이를 보일 수 있겠지만, 실제로 소설은 문학적 차원에서 끊임없이 각종 사회문제를 제기하고 그 방안을 모색하려는 노력을 기울여 왔다. 다만, 소설에서는 주요 사회문제나 사회적인 이슈(issue)를 다룰 경우 문학적 장치(literary device)에 의존하다 보니 일반적으로 대중이 피부로 느끼며 공감할 수 있는 차원과는 다소 차이를 보일 수밖에 없다. 이런 점으로 인해 문학(소설)은 당대의 사회문제에 대해 대안을 제시하기보다, 오히려 본질적인 문제제기로 이어져 문제의식의 확산이나 공감의 폭을 넓히는 선에 머문 경우가 많았다.

산업화·도시화로 표현되는 현대화 과정에서 가족구조, 가치관, 생활양식의 변화로 다양한 형태의 노인문제가 사회문제화 되고 있다. 더욱이 노인 인구가 급격히 증가하면서 노인문제는 우리 사회의 주요한 사회문제로 대두되고 있는 추세이다. 따라서 우리의 역사·사회적 특성을 고려해 볼 때 노년의 삶이 안고 있는 문제를 문학에서 관심을 보이는 것은 지극히 마땅하다.

특히 우리나라의 노인들은 외국의 어느 나라 노인들과도 비교할 수 없는 특이한 인생을 살아온 세대들이다. 대체로 60대 후반 이후의 세대를 놓고 볼 때 근·현대사의 격동기를 온몸으로 체험했을 뿐 아니라 급격한 사회변동으로 정신적으로도 많은 시련을 겪은 세대들이다. 이런 점에서 노인들이 우리 사회의 발전에 기여해 온 측면, 사회적 소외, 경제적 빈곤, 건강악화, 노인학대 등과 관련해서 우리의 근·현대 소설에서는 노인을 어떻게 묘사하고 대상화해 놓고 있는지를 따져 볼 필요를 느낀다.

그런데 우리 문학사에서 노년문학이나 노년소설에 대한 연구나 관심은 상대적으로 부족한 편에 속한다. 더욱이 문학에서 노인의 삶 또는 노인문제가 어떻게 형상화되고 있는지, 또 그 형상화는 바람직한 노년문학의 방향을 나타내고 있는지에 대해서는 더 빈약한 상태이다.[1] 자연히 그 연구물도 거의 축적되어 있지 않은 형편이다. 이러한 데에는 무엇보다도 문학 연구자들이 노년문학 혹은 노년소설 설정의 필요성을 못 느낀 측면도 크다. 이는 노년문학 혹은 노년소설의 갈래와 그 성격을 규정하기 모호한 측면과도 관련된다. 또 다른 요인으로는 노인에 대한 우리 사회의 편견이나 부정적 인식의 팽배와도 암암리에 관련되어 있다고 본다. 산업화 시대로 접어들면서 노년층의 노

---

1) 지금까지의 노년소설에 대한 연구자들의 관심과 기존의 연구물들을 폄하하려는 것은 아니다. 노년소설의 측면에서 주목할 만한 작품들이 꾸준히 발표되고 있음에도 불구하고 노년소설에 대한 연구자들의 관심은 상대적으로 부족하다는 문제제기적 성격을 띤다. 다행스럽게도 노년소설 연구와 관련해서 주목할 만한 선구적 논의를 펼친 경우로는, 서정자를 비롯한 여성 연구자들의 논의를 빼놓을 수 없다. 이외에도 적지 않은 선행업적들이 축적되어 있다(보다 구체적인 것은 서정자, 『한국 여성소설과 비평』, 푸른사상, 2001, 613-614쪽, 노년소설 목록 참조). 최근의 노년소설 연구와 관련해서는 최명숙, 「한국 현대 노년소설 연구」(경원대학교 박사논문, 2006.2)가 주목에 값한다.

동력의 상실과 경제력의 약화가 경쟁력의 강화 추세와 맞물려, 노년 세대를 폄하하려는 암묵적인 사회 분위기가 형성된 것과도 무관할 수 없다고 보는 것이다. 우리의 근·현대문학사를 놓고 볼 때 노인이 주요 인물로 등장하거나 혹은 노년의 삶을 다룬 소설이 다른 하위 장르에 비해 상대적으로 적다 보니, 평단이나 연구자의 관심도 적게 되어 자연히 순환논리에 함몰된 측면도 배제할 수 없다는 얘기다.

90년대에 들어 노년기에 접어든 작가들이 자연스럽게 노년의 삶을 소재로 해서 좋은 작품을 창작한 경우가 적지 않다.[2] 작가들의 입장에서 노년의 삶을 소재로 한 소설들을 간헐적으로 창작한 경우에 비하면 주목할 만한 현상이기도 하다. 노년소설을 통해 인생의 의미와 삶을 조명하려는 작가의 욕구와 부합하는 측면도 있다. 나아가 노년소설을 통해 노년의 삶이 안고 있는 사회문제를 발현할 수 있다는 작가의식과도 관련된다. 이런 점에서 노년소설의 창작이 보다 활발해지고 작가들의 관심이 증대되는 문학현상에 대한 연구자의 관심과 조명이 요구된다. 따라서 이 글은 노년문학에 대한 논의가 본격적으로 이루어지지 않은 만큼 공백을 메워야 한다는 당위적 관심의 소산이 아니라, 문학사적으로 중요한 사안임에도 불구하고 외면해 온 '침묵'에 대한 문제제기적 성격에서 출발한다.

---

2) 노년소설의 성격에 부합하는 작품을 1－2편 쓴 작가들까지 망라하면서 열거하는 것은 효율적이지 않다. 따라서 본 저술에서의 논의 범위와 대상도 노년소설의 성격을 두루 갖춘 작품들을 지속적으로 발표한 작가들의 작품 분석에 주안점을 둘 수밖에 없다. 그런데 노년기에 접어든 작가들이 비교적 자연스럽게 노년소설 창작에 남다른 열의와 관심을 보였을 뿐 아니라 수작(秀作)을 발표했다는 점은 시사해 주는 바가 크다. 이를 테면 박완서, 문순태, 최일남, 한승원, 김원일, 오정희 등은 그 대표적인 경우이다(노년소설 작품 목록에 대해서는 최명숙(2006), 197-202쪽 참조).

제 2 장

입론(立論)

제 2 장 입론(立論): 노년소설의 범주와 대상

우리나라에서 노인문제가 노인복지 관련 학계나 전문가들에 의해 사회문제로 인식되기 시작한 것은 노인 인구가 급증하기 시작한 1970년대 초반의 일이며, 이때부터 매스컴에서도 노인문제를 사회문제로 다루게 된다. 따라서 노인문제를 사회문제로 인식하기 시작한 역사가 일천한 만큼 문학에서 노인문제를 본격적으로 다룬 역사도 길지 않은 편이다. 물론 이 글은 소설(문학) 속에서 노인문제를 어떻게 다루고 있으며, 또 여기에 대한 문학적 대응이 어떠했는가 하는 연구에 초점을 두고 있지는 않다. 다만, 노년의 삶에 얽힌 여러 국면을 문학의 소재로 다루고 담론 방식을 고찰하는 과정에서 노인문제와 관련된 현실대응력을 부수적으로 다루는 경우도 있을 것이다.

그러면 노년소설의 개념과 범주를 어떻게 설정할 것인가? 노년소설이라 하면 우선 노인의 개념과 그 연령선이 규정되어야 할 것이다. 국제 노년학회(1951)에서는 노인을 인간의 노화과정에서 나타나는 생리적 · 심리적 · 환경적 행동의 변화가 상호작용하는 복합형태의 과정 중에 있는 사람이라고 정의하였다. 즉, 생리적 · 신체적 기능의 감퇴와 더불어 심리적인 변화가 일어나서 자기유지 기능과 사회적 기능이 약화되어 있는 사람이라는 것이다.[1)] 그렇다면 노인에 해당되는 연령은 어떻게 설정할 것인가? 연령은 절대연령, 육체연령, 심리적 연령, 사회적 연령, 문화적 연령이라는 다섯 유형의 연령을 포괄한 개념이다. 때문에 노령선을 설정하는 것은 인위적일 수도 있으나, 사회측정 기준의 필요에 의하여 역연령(曆年齡)으로 60세 이상 65세 이하를 최저 노령선으로 규정하는 것이 일반적이다. 이 노령선은 정년과 환갑을 맞는 시기, 노인 상징 중의 하나인 조부모가 되는 시기, 대한노인회 가입이 60세부터 가능한 점, 노인복지법(1981)상의 노인 규정이 65세 이상으로 되어 있는 점 등을 고려한 것이다. 따라서 등장인물의 생물학적 나이가 전제되어야 함은 물론 노년의 인물이 주요 인물로 나타나야 하고, 노화에 따른 삶의 문제를 다룬 작품이라면 일단 노년문학의 요건을 갖춘 것으로 보아야 할 것이다.

이 외에도 노인만이 가질 수 있는 심리와 의식의 고유한 측면에 대한 천착이 있다면 더욱 좋을 것이다. 그런데 그러한 측면에 대해서는 다소 논란의 소지가 있다. 노인의 성격 특징으로는 주로 우울증, 수동성, 경직성, 의존성, 조심성의 증가, 내향성, 성 역할 지각의 변화, 유산을 남기려는 경향 등이 거론되고, 이 외에도 자기중심성, 보수성, 시기심과 질투, 적응력의 저하, 과욕주의 증대 등이 거론된다.[2] 하지만 노인만이 가지는 독특한 성격유형이 있는지의 여부와 노인의 성격 특징을 부정적으로 보는 배경에는, 평가하는 쪽의 가치규범이나 현대사회의 기능적이고 능률지상주의적인 가치규범의 영향이 크게 작용한 측면도 있다.

이재선 교수는 노년소설이라는 명칭을 직접 쓰지는 않았지만, 이와

1) 임춘식, 『현대사회와 노인문제』, 유풍출판사, 1991, 42-43쪽.

2) 보다 구체적인 것은, 정옥분, 『성인·노인 심리학』, 학지사, 2008, 421-448쪽 참조.

유사하게 '노년학적(gerontological) 소설'이라는 하위 장르를 설정하여 포괄적으로는 '노년의 삶, 즉 삶의 적극적인 활동으로부터 은퇴하거나 물러나 있는 노인들의 세계를 다룬 소설'이라고 규정한 바 있다.[3] 협의적으로는 도시소설의 한 종속 장르로서 '사회변동기에 있어서 노년의 도시생활 및 도시화와 연계된 삶을 대상으로 묘사하는 소설'이라고 그 개념을 규정한 것이다.[4] 김윤식 교수 역시 박완서의 「오동의 숨은 소리여」를 분석하는 과정에서 '노인성 문학'이라는 용어를 쓰고 있으며, 이 노인성 문학의 분류기준이 되어야 할 노인의 연령선과 노인성의 정체성에 대해서도 관심을 나타낸 바 있다. 특히 주목되는 것은, 최근에 두드러지는 '노인성 문학'의 등장을 한글세대인 4·19세대 작가들의 노년화 현상의 반영, 나아가 우리 문학의 참다운 연륜과 정통성 축적의 반영으로 보고 있는 점이다.[5]

하지만 위와 같은 기존의 연구를 그대로 따르기에는 노년소설의 의미와 그 영역이 극히 제한적일 수 있다. 특히 김윤식 교수의 진술만을 따른다면, 노년소설의 생산 주체는 위와 같은 문학사적 의미를 띠고 있는 특정 작가들에 국한되어, 노경에 접어든 그들의 자아가 노년소설의 모방 주체이자 객체가 되며, 서사세계 역시 노년화된 그들의 자아와 삶의 자연스러운 반영이 될 것이기 때문이다. 또 이재선의 경우처럼 노년소설을 광의와 협의의 개념으로 분리하여 주요 서사 공간을 도시로 한정하거나 생산 주체를 4·19세대 작가들에 국한하여

3) 이재선의 정의는 노년소설의 개념에 가장 부합하는 정의로서 필자 역시 동의한다. 다만, 협의적으로 도시소설의 한 종속 장르로서 규정하는 관점에는 동의할 수 없고, 또 이러한 규정만으로는 오늘날의 노년소설까지 두루 포괄할 수 없는 문제점을 지닌다.

4) 이재선, 『현대한국소설사』, 민음사, 1991, 276-289쪽 참조.

5) 김윤식, 『90년대 한국소설의 표정』, 서울대학교 출판부, 1994, 353-356쪽 참조.

이를 우리 한국문학의 성숙함과만 관련짓는 것은, 도촌(都村)을 완전히 분리된 별개의 삶의 영역으로 간주하거나 이미 우리 사회의 한 문제로 대두되고 있는 노인문제의 '문제성'을 간과하는 제한적인 시각에 머물 수 있다. 따라서 이 글에서는 노년소설의 개념을 서사 공간이나 생산 주체에 국한되지 않는 광범위하고 포괄적인 자리에 두어, 우리 사회가 안고 있는 노인문제의 극히 자연스러운 반영으로 유형화해서 접근하는 것이 효과적일 수 있다고 판단한다.

이미 잘 알려진 바와 같이 소설은 작가의 윤리가 작품의 미학적 문제가 되는 유일한 문학 장르다. 노인문제는 사회 전반, 특히 경제 분야에서 놀라운 팽창과 발전을 성취한 우리 사회의 윤리적 치부와 맹점을 노정하고 있다는 점에서, 이것의 문학적 형상화나 이에 대한 체계적인 연구는 미학적이며 동시에 윤리적인 기도라고 말할 수 있다. 따라서 노년소설의 범주를 다음과 같은 유형화해 볼 수 있다.

우선, 우리 시대의 노인들이 현대사회의 전개과정에서 겪은 역사적 체험이 오늘의 그들을 억압하고 그들의 삶을 유린하는 양상을 그린 작품들, 이를테면 과거와 현재의 충돌 그리고 현재를 억압하는 과거의 역사체험이 서사를 진행시키고 있는 경우를 말한다.

두 번째로는 본격적인 노인문제를 형상화하고 있는 작품들, 예컨대 소외·병고·고립 등의 문제적 상황이 서사진행의 슬픈 원동력이 된 경우를 말한다.

세 번째로는 노인들의 지혜롭고 아름다운 삶의 방법들을 그린 경우로 이런 소설에서 우리는 연륜이 곧 아름다운 삶의 지혜가 되는 세계를 목격하게 되며, 나아가 자아의 정체성을 확인할 수 있는 원천을 가지고 있는 노인들을 만나게 된다.[6] 관점에 따라서는 이 외에도 몇

---

6) 본서에서의 노년소설의 유형화는 변정화의 입론에 힘입은 바 크다. 변정화는 노

가지의 또 다른 유형을 상정해 볼 수 있을 것이다.

위와 같은 유형을 놓고 접근해 볼 때 우리의 현대소설 중에서 노년소설의 범주에 넣을 수 있는 작품들이 풍성하지는 않으나 간헐적으로 발견되고 있다. 1970년대 이전의 소설을 대상으로 할 경우, 특히 1930－1940년대 소설 중에는 노년소설의 범주에 드는 작품들이라고 보기에 논란의 소지도 있지만, 노년소설의 초기적 형태를 파악하는 데 유효한 측면이 있다. 이런 점에서 최정희와 박화성의 노년기 작품들[7]은 시사점을 제공해 준다. 이들은 신식교육을 받은 엘리트로서 여성문제를 다루는 과정에서 자연스럽게 노년의 삶에 얽힌 여러 측면을 그들의 작품에서 비중 있게 취급하고 있기 때문이다. 최정희는 『인간사』 이후에 노년기 소설들로 「귀뚜라미」, 「205호 병실」, 「탑돌이」, 「산」 등을 포함하여 「여자의 풍경」과 「제2・여자의 풍경」 등을 발표한다. 여성 작가의 소설과 노년소설의 상관성을 밝히는 연구도 요구된다고 본다.[8] 물론 노년소설의 창작이 여성 작가들의 전유물만은 아니었다. 예컨대, 이태준은 그의 소설에서 노인을 주인공으로 등장시킨 경우가 많았다. 이런 점에서 그의 소설 「不遇先生」, 「아담의 후예」, 「福德房」,

---

년소설로 규정될 수 있는 작품들을 세 가지의 유형으로 범주화하여 분석한 바 있다(보다 구체적인 것은, 변정화, 「시간, 체험, 그리고 노년의 삶」, 문학을 생각하는 모임, 『한국문학에 나타난 노인의식』, 백남문화사, 1996, 176-177쪽 참조).

7) 박화성의 「딱한 사람들」(1958)은 이태준의 「福德房」(1937)과도 여러 면에서 유사하다. 「福德房」의 인물들보다는 한결 화려했던 과거를 가진, 그러나 역시 한 물간 사람들의 환담 장소가 '복덕방'에서 '기원'으로 바뀌었는데, 왕년에 한 가닥 했던 사람들이 그 과거를 붙잡고 살수록 현재의 모습은 딱해질 수밖에 없다. 따라서 박화성은 「딱한 사람들」에 나오는 인물들을 통해 해방과 한국전쟁을 거치면서 한물간 사람들의 허위의식과 과시, 허망한 심리를 잘 보여주고 있다.

8) 여성 작가와 노년소설과의 관련성은 별도의 연구가 요구된다. 따라서 본 연구에서는 최정희의 노년소설에 대해서 언급하는 선에서 머물 것이다. 이와 관련해서 서정자, 『한국여성소설과 비평』(푸른사상, 2001)이 주목에 값한다.

「寧越令監」, 「돌다리」 등은 노년소설 논의에 시사해 주는 바가 클 것이다. 이태준의 소설은 노년소설의 초기 양상을 살펴보는 데 여러 가지 면에서 유익하다. 이태준의 노년소설을 분석하는 과정은 노년소설의 초기 수준과 담론의 양상을 살펴보는 준거점이 되기 때문이다. 본 연구에서 이태준의 노년소설의 분석에 보다 많은 비중을 두어 언급하는 이유도 여기에 있다. 두 여성 작가 외에도 김정한의 작품들[9] 그리고 김동리와 황순원의 작품들에 나타난 노년소설의 초기 양상과 담론 특성 및 문학적 의미를 고찰해 본다면 노년소설 연구에 유익한 시사점을 제공해 줄 것으로 판단된다. 김동리와 황순원의 경우도 노인을 주요 인물로 등장시켜 노년의 삶에 관련된 인생의 여러 측면을 비중 있게 다룬 작품들을 발표했다.

한편, 1970년대 이후는 노인문제가 사회문제로 가시화되는 시기인 만큼 다루어야 할 대상 작품들도 많아진다. 이런 점에서 박완서, 문순태, 최일남, 한승원, 김원일, 김문수,[10] 홍상화, 오정희, 이규희 등의 작가들의 작품이 우선 주목된다. 이 중에서도 특히, 박완서는 노년소설과 관련해서 좋은 작품들을 많이 창작했을 뿐 아니라 1980년대부터 노년의 삶에 얽힌 여러 측면을 다양하고 심도 있게 접근했던 대표적인 작가이다. 「오동의 숨은 소리여」를 비롯하여 『저문 날의 삽화』에 실린 연작소설 「저문 날의 삽화 1-5」, 「여덟 개의 모자로 남은 당신」, 「나의 가장 나종 지니인 것」, 「가(家)」 그리고 소설집 『너

9) 김정한은 노년기에 노인을 주인공으로 소설을 쓴 경우가 많다는 점에서, 우리가 듣기 어려운 노년의 목소리를 들을 수 있는 것으로 주목되는 작가이다. 따라서 그의 소설 「추산당과 곁 사람들」(1940) 이후 「모래톱 이야기」(1966), 「편지」(1968), 「수라도」(1969), 「인간단지」(1970) 등도 노년소설과 관련해서 주목해야 할 작품들이다.

10) 김문수의 소설 중에서 노년소설과 관련해서 언급해야 할 작품으로는 「유할머니」, 「무덤이야기」, 「탑골공원 고금」과 연작소설 『서울은 좋다지만』 등이 있다.

무도 쓸쓸한 당신』에 실린 작품들, 예컨대 「너무도 쓸쓸한 당신」을 비롯하여 「길고 재미없는 영화가 끝나갈 때」, 「마른 꽃」, 「환각의 나비」, 「꽃잎 속의 가시」 등도 주목할 만한 작품들이다. 김원일, 최일남, 한승원, 문순태, 김문수 등도 노년을 다룬 소설들을 연이어 발표했다. 최일남의 「흐르는 북」을 비롯해 「아주 느린 시간」, 「풍경」, 「석류」, 「물구나무 서는 입」 등도 수작으로서 노년소설의 성과이다. 그리고 김원일의 연작장편소설 『슬픈 시간의 기억』에는 「나는 누구인가」를 비롯해 「나는 나를 안다」, 「나는 두려워요」, 「나는 존재하지 않았다」 등 4편이 실려 있는 바, 노년소설 논의와 관련해서 유익한 시사점을 제공해 줄 것으로 보인다. 또 한승원은 「수방청의 소」, 「저 길로 가면 율산이지라우?」, 「그러나 다 그러는 것만은 아니다」, 「감 따는 날의 연통」, 「버들댁」, 「잠수거미」, 「태양의 집」 등 주목할 만한 작품들을 지속적으로 발표했다.

문순태도 작가 스스로 비교적 노년기에 접어든 시기에 쓴 소설집 『된장』에 수록된 「그리운 조팝꽃」을 비롯하여 『울타리』에 실린 「늙으신 어머니의 향기」, 「느티나무와 어머니」, 「은행나무 아래서」, 「대나무 꽃 피다」 등은 노년소설로서의 성격과 특징을 두루 갖추고 있다. 주요 등장인물이 노인들이고 이야기의 소재 역시 노년의 삶과 밀접하게 관련되어 진행되고 있다. 소설집의 절반이 노년소설에 해당하는 셈이다. 또 홍상화의 「동백꽃」과 「황혼」, 이청해의 최근작 「예순네 살이 되었을 때」, 이규희의 「그 여자의 뜀박질은 끝나지 않았다」와 「황홀한 여름」 등도 노년소설과 관련하여 유익한 논의거리를 제공해 준다.

위에서 열거한 작품들은 논자의 관점에 따라 다소 차이는 있겠지만 대체로 노년소설로서 요건을 두루 갖추고 있을 뿐 아니라 작품성 또한 빼어난 경우에 해당한다. 동시에 노인문제가 사회문제로 대두된 이후 노년소설의 현실대응력과 그 변모양상에 대해 통시적으로 아우르는 데 유익한 정보를 제공해 줄 것이다.

제 3 장

한국 노년소설의 초기 양상

제 3 장 한국 노년소설의 초기 양상

산업화에 부응하지 못하는 노인 노동력이 필요 없게 되자, 노인은 사회적 역할과 경제력을 모두 상실하였으며, '늙음'보다 '젊음'을 선호하는 현대사회의 추세는 노인을 소외시키는 결과를 낳았다. 그리고 산업화에 따른 핵가족화와 생활 환경의 변화는 전통적 가치관을 해체하기에 이르렀고, 유교적 생활 규범의 약화현상도 불러왔다. 이로써 세대 간의 갈등이 야기되고, 시시각각으로 변화하는 사회와 새로운 문화에 쉽게 적응하지 못하는 노인들의 소외는 심화될 수밖에 없게 되었다.

과거 농경사회에서의 노인들은 농사경험에서 비롯된 지혜의 전달자로서 역할을 충분히 감당했을 뿐 아니라 노동력 제공자로서 사회적 위치와 역할을 수행하기에 부족함이 없었다. 그러나 오늘날에는 사회가 급속도로 변화하기 때문에 노인들의 경험이 젊은 세대를 지도하기에 적합하다고 생각하는 추세는 감소할 수밖에 없다. 하지만 우리의 사회·역사적 특성을 고려해 볼 때 우리의 노인들은 외국의 어느 나라 노인들과 비교할 수 없는 특이한 인생을 살아온 세대들이다. 대체로 60대 후반 이후의 세대를 놓고 볼 때 근·현대사의 격동기를 온몸으로 체험했을 뿐 아니라 급격한 사회변동으로 정신적으로도 많은 시련을 겪은 세대들이다. 그러므로 우리는 노년기에 접어든 작가들이 자신이 겪은 체험을 작품 속에서 형상함으로써 작품의 핍진성을 담보할 수 있다는 점에서 주목할 필요가 있고, 그들의 작품을 문화적 자산으로 연결해야 할 책임도 안고 있다.

이런 점에서 노인들이 우리 사회의 발전에 기여해 온 측면, 사회적 소외, 경제적 빈곤, 건강악화, 노인학대 등과 관련해서 우리의 근·현대 소설에서는 노인을 어떻게 묘사하고 대상화해 놓고 있는지를 따져볼 필요를 느낀다. 특히 본 장에서는 노년소설의 초기 양상을 살펴보기 위해 이태준의 노년소설을 비롯하여 최정희, 김동리, 황순원의 노년소설의 분석에 주안점을 두어 분석하게 될 터이다. 이를 통해 세대에 따른 가치관의 충돌, 근대성의 문제 및 근대화 과정에서의 가치의 충돌 등이 노년소설 속에 어떻게 드러나는지를 추출함으로써 당시 노년의 삶이 안고 있었던 문제를 들여다볼 여지를 준다.

이런 맥락에서 이 장에서는 이태준의 '노년소설'에 주목함으로써 노년소설의 초기 양상과 문제성을 일별(一瞥)하고 나아가 노년소설을 통시적 맥락에서 고찰하려고 한다. 아울러 최정희의 노년소설을 통해 여성 작가들의 소설 속에 나타난 노인상과 삶의 자리, 죽음의식 등을 고찰하게 될 것이다. 또한 김동리와 황순원의 노년소설에 나타난 노인상과 시간의 문제, 죽음의 수용양상에 대해서도 조명하게 될 것이다.

1. 이태준의 노년소설에 나타난 '노인상'과 현실극복 의지

1) 노년의 삶과 좌절의 양상

이태준의 소설은 다른 작가들에 비해 상대적으로 노인들이 주요 인물로 등장하는 경우가 빈번하다. 이 글에서 분석 대상으로 삼고 있는 「福德房」, 「寧越令監」, 「不遇先生」 외에도 「아담의 후예」, 「돌다리」, 「愚庵老人」 등의 작품에서도 노인들이 주요 인물로 등장한다. 물론 작품에서 노인들이 주요 인물로 등장한다는 것 자체에 큰 의미를 부여할 수는 없을 것이다. 이태준의 소설이 노인을 어떻게 형상화하고 있으며, 이러한 담론 특성이 갖는 의미와 과제는 무엇인지에 주목해야 할 것이기 때문이다. 그러면 이태준의 노년소설 속으로 들어가 보자.

> '세상은 먹구 살게는 마련이야…….'
>
> 서참의가 흔히 하는 말이다. 칼을 차고 훈련원에 나서 병법을 이킬제는, 한 번 호령만 하고 보면 산천이라도 물러설 것 같던, 그 기개와, 오늘의 자기, 한낱 가쾌(家儈)로 복덕방 영감으로 기생, 갈보 따위가 사글셋방 한간을 얻어 달래도 네네 하고 따라 나서야 하는 …(중략)… 그러나 호반(武人)들의 기개란 흔히 혈기(血氣)에서 나오는 것이기 때문이지 몸에서 혈기가 즮을 따라 그런 감회를 일으킴 조차 요즘은 적어지고 말았다.
>
> —「福德房」[1)]

1) 이태준, 「福德房」, 『복덕방』, 수문서관, 1988, 110-111쪽. 이태준은 개작을 자

젊어 영월(寧越)을 지내어 영월댁이라 영월 영감 아저씨, 영월 하라버지로 불리어지는인데, 키가 훤칠하고, 이글이글 타는 눈방울이 늘 술 취한 사람처럼 화기된 얼굴에서 번뜩일뿐 아니라 음성이 행길에서 들드라도 찌렁찌렁 울리는데가 있는 어룬이어서, 영월 하라버지 오신다 하면 아이들은 울음을 그치었다. 위엄은 아이들이나 하인배에뿐 아니라 그분과 동년배요 항렬로는 도리어 우이 되는 이라도 영월 영감이 오는 눈치면 으레 물었던 담뱃대를 뽑아 들고 길을 비키었다.

—「寧越令監」(147-148쪽)

그는 조금도 사양없이 우리 방으로 왔다. 그리고 우리가 한가지를 물으면 두 가지 세가지씩 자긔의 신상담을 비롯하여 조선의 최근 정변이며 현대사상 문제의 여러 가지와 일본엔 백년지계를 가진 정치가가 없느니 중국에 손일선(孫逸仙)이가 어떠 했느니 하고 밤이 깊도록 떠버렸다. 그때 그의 말 중에 제일 선명하게 기억되는 것은, 자기는 십여년 전만 하여도 천여 석 추수를 받어 먹고 살던 귀인이었다는 것과 그 재산이 한말(韓末) 풍운 속에서 하루밤 꿈처럼 얻은 것이라 불순한 재물인 것을 깨닫던 날부터는 물 퍼내 버린듯 하였다는 것과(…하략…)

—「不遇先生」(15-16쪽)

위의 인용문들은 각각 이태준의 「福德房」, 「寧越令監」, 「不遇先生」에 등장하는 노인들을 묘사한 대목들이다. 위의 작품들은 노인들이

주 했던 작가로 알려져 있다. 민충환은 특히 「福德房」의 개작은 다른 작품들의 개작 사유와 달리 당대의 미묘한 정치상황과 연관된 것이 상당수 있었다고 보고, 텍스트의 선택이 매우 중요하다는 점을 피력한 바 있다(보다 구체적인 것은 민충환, 『이태준 연구』, 깊은샘, 1988, 158-169쪽 참조). 이 글에서 분석 대상으로 하고 있는 작품들의 텍스트는 수문서관(1988)에 의존했다. 앞으로는 인용한 쪽수만 말미에 밝힌다.

주요 인물로 등장하고 이들이 사건의 중심에 놓인 경우들이다. 이 세 작품들은 이태준의 소설 중에서 노인이, 주요 인물로 등장할 뿐 아니라 작품의 의미를 드러내는 데 기여하는 바도 크다는 점에서 문제적이다.[2] 이들 작품에 등장하는 노인들은 작품마다 조금씩 정도의 차이는 있지만, 모두 과거에는 나름대로 자신들의 삶의 영역을 확고히 다진 인물들이었다. 그러던 것이 지금은 삶의 기반을 잃고 떠도는 초라한 노인들로 전락한 상태이다. 그들의 현실적인 영락(零落)은 자신들이 살아온 시대의 변화와도 밀접한 관련이 있다는 점에서 우리는 주목할 필요를 느낀다.

특히 「福德房」의 서'참의'[3], 「不遇先生」의 불우노인, 「寧越令監」의 영월영감은 일제라는 식민지적 상황이 노인들로 하여금 스스로 자신들의 지위를 부정하게끔 만들고 영락의 길을 걷게 한 것이다. 그리하여 노인들은 더 이상 안정된 삶을 유지하지 못하고 부유(浮遊)하기 시작한다. 서참의는 '합병 후에는 다섯 해를 놀면서 시기를 엿보았으나 별수가 없을 것 같아서 이럭저럭 심심파적으로 갖게 된 것이 이 가옥 중개업(家屋 仲介業)'(110쪽)이었다. 한때는 잘되어 수십 간의

---

2) 여기에서는 앞에서 열거한 세 작품들의 분석에 주안점을 두려고 한다. 세 작품을 통해서도 이태준의 노년소설에 나타난 특성과 문제점 및 지향점을 어느 정도 추출할 수 있을 것으로 판단했기 때문이다. 특히 세 작품 중에서 「福德房」(1937)은, 이태준의 월북 이전 작품 활동기간(1929－1945) 중 중반쯤(1932－1938)에 해당하며, 무엇보다도 "초기 작품 활동에서 보이는 미숙성이 극복되고 자신의 문학관에 입각해서 작품 활동을 했다"(김현숙, 「이태준 소설의 기호론적 분석: 단편 〈복덕방〉을 중심으로」, 『개신어문연구』 제8집, 1991, 202쪽)는 점을 감안하지 않더라도 문제의식이나 문학적 완성도 면에서 비중을 두어야 할 작품이다. 「不遇先生」(1939)은 세 작품 중에서 후기에 해당하며, 노년소설의 맥락에서 볼 때는 「福德房」 다음 자리에 놓아야 할 작품이다.

3) 본래 '참위'(參尉)가 한말 무관직명이며 '참의'(參議)는 문관직명인데, 이 글에서는 텍스트를 서음출판사에 의존한 관계로 그 표기에 따라 일단 '참의'로 한다. 위의 내용으로 미루어 보아 작중 인물의 관명은 '참위'가 옳다고 본다.

집을 세웠고 땅을 장만하기도 했으나, 지금은 근근이 명맥을 유지하는 정도이다. 「福德房」은 서참의 노인 외에도 박희완 영감과 안초시 노인이 등장한다. 작품은 세 노인이 살면서 겪는 좌절과 회한에 초점을 맞추고 있다. 특히 땅 투기에 나섰다가 실패하고 자살하는 안초시 영감에게 초점이 더 맞춰져 있다. 안초시는 늙어 가는 것이 원통하여 더 늙기 전에 돈 만 원이라도 붙들어 가지고 다시 한번 이 세상과 교섭해 보고 싶어 하지만, 여의찮은 투자의 실패로 자살하고 만다.

이런 점에 주목해서 민충환은 「福德房」에 대해, "안초시, 서참의, 박희완, 안경화 등의 네 사람으로 대변되는, 1930년대 후반의 한국인들이 일제의 매운 채찍 앞에 '무서리를 맞고 끓는 물에 데쳐 낸 코스모스처럼 시커멓게 무르녹고'[4)]만 모습을 그린 작품"[5)]이라고 평가했다. 그의 평가는 시사해 주는 바가 크다.

이 작품에서 '복덕방'이라는 언표가 사회 환경의 변화 속에서 인간의 관계까지도 변하게 하는 양상을 보여 주고 있다는 점에도 주목해야 할 것이다. 즉, 복덕방의 역할과 의미의 변화는 시대적인 변화를 나타낸다. 복덕방은 사회의 변화에 따라 노인들이 소일 삼아 집을 알선해 주고 구전을 받던 전통적인 역할에서 벗어나, 주거의 매매를 통해 경제적 의미를 지닌 장소로서 상업성과 투기성을 지니게 된다. 이런 점에서 「福德房」에서 '복덕방'은 시골적인 것만도 도회적인 것만도 아니다. "시골과 도회지의 이미지가 함축되어 있고, 시대적으로는

4) '끓는 물에 데쳐 낸 것처럼 시커멓게 죽고 말었다'고 표현되었던 것이 『가마귀』에서 이처럼 개작되었다. 이 부분의 묘사는 특히 「福德房」의 작의를 매우 상징적으로 나타낸다고 믿어진다. 즉 '무서리'는 '1930년대의 냉혹한 현실'을, '코스모스'는 '나약한 한국인'을, '무르녹고 말았다'는 '생의 좌절 내지 몰락'으로 비유될 수 있다고 보는 것이다(민충환, 앞의 책, 174쪽).

5) 민충환, 앞의 책, 174쪽.

상업주의가 일어나기 시작하는 현상을 보여주고 있으며, 근대와 현대가 혼합된 장소"[6]이다.

이러한 사회적인 변화의 양상은 개인들의 의식에도 변화를 가져오며 드디어는 부녀간에도 상업성과 투기성으로 인한 불화가 초래된다. 결국 노인들은 변화하는 사회적 상황에 젊은이들보다 잘 적응하지 못하므로 물질적 · 정신적인 피해를 입고 만다.

「不遇先生」의 불우노인은 집을 나와 여관을 전전하는 인물로 전락하고, 영월영감도 집을 나가 십여 년 동안이나 집안 식구들에게 소식을 전하지 않은 객지를 떠도는 인물로 전락한다. 그러면 노인들이 이런 좌절을 극복하고 과거의 당당함으로 돌아가기 위해 어떤 노력을 기울이고 있는가?

"막연이겠지……힘없이 무슨 일을 허나? 금 같은 힘이 어딨나? 금 캐기야 조선 같이 좋은 데가 어딨나? 누구나 발견할 권리가 있어, 누구나 출원하면 캐개해, 국고보조금끼지 있어, 남 다 허는걸 왜 구경만 허구 앉았어?"

"이제와 아저씬 금력을 믿으십니까?"

"이제 와서가 아니라 벌서 여러 해 전부터다. 금력은 어디 물력뿐이냐? 정신력도 금력이 필요한 거다." …(중략)…

"……금을 캐는데 있을 실패가 그렇게 무한한 수로 있을 건 아니지. 실패를 잘만 해서 실패된 원인반 밝혀 나긴다면야 신패가 많아질수록 성공에 가까워 가는게 아니냐? 난 그걸 믿는다."

"……"

조선 땅엔 금은 아직 무진장이다. 어느 시대구 어느 나라서구 불변

6) 김현숙, 앞의 논문, 204쪽.

가치를 갖는게 금밖에 또 있니? 금만한 힘이 있니?"

"……"

"**금을 금답게 쓰지 못하는 자들이 얼마나 많이들 금을 캐내니? 금만 한 힘이 있니? 땅이 울게다! 땅이……**."(고딕표시—인용자, 153-154쪽)

인용문은 영월영감과 조카 성익이 나눈 대화이다. 영월영감의 금광에 대한 집착은 자본의 논리를 강조하기보다는 힘의 우위를 강조하기 위한 우회적 표현이다. 일제 강점기에는 금광을 캐서 일확천금을 꿈꾸는 사람들이 적지 않았다. 이런 세태를 반영한 소설로는 채만식의 「금의 정열」(1939)을 비롯해 김유정의 「금따는 콩밭」 계열의 이른바 '금 모티프'를 소설화한 경우가 있다.[7] 김유정의 '금 모티프' 3부작 소설을 비롯하여 이 시기 소설에 나타난 황금광 시대의 황금을 향한 열광은 단지 소재적인 차원으로만 문학사에 관계되는 것이 아니라 좀 더 확대해 보면 정신사적 풍경과도 맞물려 있다.[8] 1930년대에 그토록 불붙었던 금광열의 열기 속에는 농토를 잃은 농민들의 한숨과 취직에서 밀려난 청년들의 울분이 꿈틀거리고 있었기 때문이다. 역사적 관점에서 볼 때 '황금광 시대'의 황금 열기는 일제의 금 수탈정책에 의해 조작된 것임을 부정할 수 없다. 조선의 땅은 대부분 금을 찾기 위해 파헤쳐졌고, 그렇게 발견된 금들은 대부분 일본은행으로 갔다.[9]

---

7) 김유정의 '금 모티프' 소설(「금따는 콩밭」, 「노다지」, 「금」, 「연기」)에는 황금광 시대의 인간군상의 탐욕과 욕망이 잘 나타나 있다(보다 구체적인 것은 졸고, 「〈금따는 콩밭〉의 중층성과 문제성」, 『한국언어문학』 제49집, 2002, 429-448쪽 참조).

8) 전봉관, 「1930년대 금광 풍경과 '황금광시대의 문학'」, 『한국현대문학연구 7』, 월인, 1999. 12 참조.

9) 일제의 조선 금광에 대한 침탈 양상, 특히 1930년대의 금광열의 발단과 이로 인한 궁핍한 식민지적 현실에 대한 보다 구체적인 사항은 이배용, 『한국 근대 광업침탈사 연구』, 일조각, 1989, 49-50쪽 참조.

금은 자본의 비유이다. 동시에 힘의 우위를 암시하는 매개물이다.

이런 점에서 노인들의 금광에의 집착은 당당했던 과거로 돌아가고 싶은 원망(願望)의 발현과 밀접한 관련성을 맺는다. 따라서 이것의 실패는 노년의 삶에 좌절의 심화를 가져온다. 동시에 불안한 현재적 삶의 지속을 암시하는 복선이기도 하다. 영월영감의 금광에의 집착은 이런 점에서 단순히 물질적인 욕망에의 집착과는 다른 맥락에 놓인다.

「福德房」에 나오는 안초시 역시 박희완 영감의 말을 믿고 투자를 했다가 손해를 본다. 박희완 영감에 대한 정보는 다른 인물에 비해 비교적 부족한 편이나, 그 역시 사기를 당한 것을 보면 현실성이 떨어진다. 특히 안초시는 어떻게든 요행을 타서 한몫 잡아 보려고 하는 점에서 현실적이지 않고 성실하지도 않은 인물이다. 이런 점에서 안초시는 두 노인들과는 대별되며, 세 노인들 가운데 과거에 대한 향수나 현실에 대한 욕망이 가장 강한 인물이기도 하다. 안초시는 돈의 비정한 논리가 관철되는 새로운 사회의 질서에 대해 가장 예민한 인물로 그려져 있다. 그렇지만 그의 성격에서 드러나는 속물성은 영악한 것이라기보다 어수룩한 면이 더 강하다. 따라서 안초시가 돈을 벌려는 속셈은 "비정한 돈의 논리와는 달리 요행을 바라는 허황된 심리에서 계산된 것이어서 그는 속물적이기보다는 비정한 현실과 어울리지 않는 희극적 인물"[10]로 보이기도 한다. 그리고 이런 점들 때문에 안초시는 많은 사람들에게 공감을 불러일으키고 동정심을 사게 된다고 할 수 있을 것이다.[11]

---

10) 이선미, 「이태준의 단편소설에 나타난 현실인식 연구」, 『이태준문학연구』, 깊은샘, 1993, 140쪽.

11) 현재의 처지를 생각하지 않고 싸구려 안경다리를 싫어하는 까탈스런 성격에다 탐욕에 들뜬 모습이나 딸을 부추겨 투기에 나서게 하는 어리석음, 서참위의 복덕방에 얹혀 지내면서도 그를 가쾌라고 멸시하는 허세 등은 안초시에 대한 동

그런데 이 작품에서 안초시가 겪은 비극의 배후에는 낡은 것과 새로운 것 간의 대립과 갈등이 놓여 있어, 보다 현실에 천착해 들어가는 주제의식을 보여 준다. 그런데 이 갈등은 단순히 새로운 것과 낡은 것의 대립이 아니라, 그 속에 가치가 전제되어 있어 작품의 주제와 관련시켜 볼 만한 의미 있는 부분이다. 즉 낡은 것은 서참의의 삶이나 세 노인의 관계에서 볼 수 있듯이, 봉건적인 인습보다는 쇠락해 가는 풍속의 아름다움이나 인륜적 도리로 드러난다. 반면에 새로운 것에 해당하는 안초시의 딸 안경화는 이기적이고 속물적인 심성으로만 드러나며, 부녀간의 도리도 저버리는 부도덕한 모습으로 나타난다. 즉 여기서 "새로운 것은 부정적인 것이고 낡은 것은 지켜야 할 긍정적인 것이라는 가치평가를 읽을 수 있으며, 이 낡은 것은 바로 문화정서나 인륜적 도리를 지키는 풍속"[12)]이라 할 것이다. 게다가 이 작품에서 부정하는 현실의 모습은 화자의 거부감이 투영된 다음과 같은 묘사 속에서 더욱 구체적으로 전달되고 있다.

> "돈만 가지면야 좀 좋은 세상인가!"
>
> 심심해서 운동삼아 좀 나다녀 보면 거리마다 짓느니 고층건축(高層建築)들이요 동네마다 느느니 그림 같은 문화 주택(文化住宅)들이다. 조금만 정신을 놓아도 물에서 가주 튀어 나온 미여기처럼 미끈미끈한 자동차가 등덜미에서 소리를 꽥 지른다. 돌아다보면 운전수는 눈을 부르떴고 그 뒤에는 금시계 줄이 번쩍거리는 살찐 중년신사가 빙그레 웃고 앉았는 것이었다.(115-116쪽)

정심을 유보하게 만드는 요소들이라는 지적도 있다(이기인, 「절제된 연민: 이태준 소설의 미적 성취에 대하여」, 『한국문학이론과 비평』 제22집, 2004. 3, 63쪽 참고).

12) 이선미, 앞의 논문, 141-142쪽.

여기에 묘사된 현실의 단면은 사회문제를 바라보는 화자의 시각을 드러낸다. 새 사회에서 물질적인 혜택을 누리는 돈 있는 사람들의 모습이 안초시의 시선을 빌어 화자에 의해 묘사되는데, 그 속에서 화자의 반감이 드러난다. 이처럼 「福德房」은 '근대화되어 가는 시대와 화합하지 못하는 노인들의 몰락해 가는 모습과 그 애수(哀愁)'를 그린다. 그리고 노인들이 과거의 당당함으로 돌아가기 위해서는 돈이 필수적으로 요구되는 시대가 갖는 불안한 삶의 징후를 예고해 준다. 따라서 작품의 서사는 자연히 정체성의 위기와 현실인식의 한계에 초점이 모아진다.

2) 정체성의 위기와 사회적 이탈

이태준의 소설에 등장하는 노인들은 현실의 삶에서 좌절을 겪는다. 「福德房」의 경우를 보자. 안초시는 잘나가는 무용가 딸을 두고 있지만 안경다리 하나 고치는 데에도 딸의 눈치를 보아야 할 만큼 금전적으로 여유가 없다. 작품에서 구체적으로 명시되고 있지는 않지만, 추석을 앞두고 자살한 안초시의 행동도 어쩌면 박희완 영감의 말만 믿고 투자를 했다가 실패한 충격과 무관할 수는 없을 것이다. 반면 아버지의 죽음 앞에서도 딸은 자신의 체면을 먼저 생각한다. 이런 점에서 안초시의 죽음을 보는 두 노인의 회한은 이 소설에 일관되게 흐르는 주제와도 무관할 수는 없다.

「寧越令監」과 「不遇先生」은 보다 더 구체적으로 제시하고 있다. 「不遇先生」에서 노인의 패배와 좌절은 추방의 형식으로 나타난다. 그는 밥값을 내지 못한다는 이유로 여관에서 쫓겨나고, 이후에는 빚으로 인해 집까지 없어진다. 이러한 추방은 "돈의 논리가 지배하고 의기가 사라진 새로운 시대가, 자신의 재산을 한말의 풍운에서 얻은 불순한 것이라 하여 버릴 만큼 돈에 연연하지 않고 의기로 현실에 맞섰던 노인에게 가한 폭력"[13]이다. 그러나 노인에게 가해진 추방은 여기에서 멈추지 않는다. 그는 자신의 삶과 존재에 대해 근본적인 회의를 느끼게 되는 것이다. 우연히 행길에서 만난 '나'에게 그는 자신의 딱한 처지를 하소연한다. 그는 여전히 초췌한 행색 그대로였는데, 전차에 치여 머리를 다쳐 죽을 뻔한 고생을 치뤘다는 것이다.

> "(…상략…) 그래서 이렇게 살아났구려 그때 죽었으면 편했을걸 다시 이렇게 욕인줄 모르고 살아 다니는구려……."
>
> "참 머리에 험집이 크게 나셨군요."
>
> "고생한데다 대면 험집이야 아주 없는 셈이죠."
>
> "아무튼 불행중 다행이십니다."
>
> **"욕이죠 이렇게 살아나서 이선생을 또 만나는 건 반가워도 이렇게 신세지는게 다 욕이 안요."**(고딕표시-인용자, 21-22쪽)

위의 인용은 이제 그가 자신이 살아있다는 사실조차 욕으로 여겨야 하는 상황에 이르렀음을 보여 준다. 그가 자신의 삶을 욕됨으로 인식하게 될 만큼 외적 현실의 변화는 강력한 것이었다. 노인이 이러한 상황으로까지 전락한 것은 새로운 시대의 합리적이고 이성적인 인식에 부흥하지 못한 결과이다.

「寧越令監」에서 영월영감도 실패와 좌절을 통해 사회적 이탈의 길을 걷는다. 그의 사회적 이탈은 죽음으로 나타난다. 금광사고로 병원에 입원했던 노인의 병세가 차차 호전되리라는 예상과는 달리, 뜻밖

---

13) 장소진, 「이태준 문학에서 노인의 문제」, 『서강어문』 제9집, 1993, 301쪽.

에 패혈증이 발병함으로써 더욱 악화된다. 미세한 균의 침입으로 인해 발병한다는 패혈증은 결국 영월영감을 죽음으로까지 몰고 가게 되고, 사고 현장인 금광에서는 아무런 소득이 없다.

> "영감 운이 아직 틔질 않어……영감 운이 틔서야 우리네두 고생한 끝이 나겠는데……."
>
> 하는 꼴이 좋은 바닥이 아직 비치지를 않는 모양이다.
>
> "그럼 아직 광석이랄게 나오지 않습니까?"
>
> "나오기야 나오죠. 허잘것 없는게 나오니 그런 거야 자동차비가 아까워 어떻게 보내드리나요."
>
> "더 따 들어가면 좋은게 나올 것 같습니까?"
>
> "허! 그걸 장담헐 수 있나요. 장담두 많이 해봤죠만 이전 내 입으룬 장담 않죠."(157쪽)

위의 인용은 영월영감의 심부름으로 금광의 상황을 알아보러 간 성익과 그곳에서 일을 보고 있는 서석대 간의 대화이다. 서석대의 말에 따르면 이번에는 금이 나올 듯했으나 결국은 별다른 가망성이 없다는 것이다. 성익은 이러한 소식을 차마 병석에 계신 아저씨에게 그대로 말씀드릴 수 없어 광산 사무소에서 노다지를 사다가 금광에서 나온 것이라고 거짓으로 말씀드린다. 노인은 그 말을 듣고 죽는다. 실패의 원인을 하나하나 제거해 가다 보면 언젠가는 금을 발견할 수 있으리라는 노인의 주장은 자신의 목숨이 다하는 순간까지도 실현되지 않는다. 그것은 그만큼 비현실적인 것에 불과했던 것이다. 이로써 영월영감의 의기도 결국은 "사회적으로 이탈되는 결과"[14]에 이르고 만다.

---

14) 위의 글, 303쪽.

다음에서 제시하는 영월영감과 성익의 대화도 이러한 인식상의 거리를 보여 주되, 그 차이를 보다 뚜렷하게 제시하고 있다.

> 마당에 나려 화단에서 비에 젖는 고석을 잠간 눈주어보더니,
> "어디서 구했니?"
> 하였다.
> "해석입니다. 충남의 어느 섬에서 온거라는데 파는 걸 사왔습니다."
> "넌 너의 아버질 너무 닮는구나! 전에 너의 아버지께서 고석을 좋아하서사 늘 안협(安峽)으로 사람을 보내 구해오셨지……그런데 난 이런 처사취미(處士趣味)엔 대-반대다."
> "왜 그러십니까?"
> **"더구나 젊은이들이……우리 동양사람은, 그 중에두 우리 조선 사람이지 자연에들 너무 돌아와 걱정이야."**
> "글세올시다."
> **"자연으루 돌아와야 할 건 서양사람들이지. 우린 반대야. 문명으루, 도회지루, 역사가 만들어지는 데루 자꾸 나가야 돼……."**(고딕표시-인용자, 149-150쪽)

위의 인용문에서 보이듯이 영월영감은 성익의 처사를 나무란다. 식민지 상황을 극복하고자 하는 노인의 눈에, 현실을 외면한 채 살아가는 성익의 모습이 그다지 긍정적으로 비치지 않은 까닭이다. 그러나 정작 성익은 처사적 취미에 반대한다는 영월영감의 말을 이해할 수 없다는 듯이 그 이유를 되묻는다.

또한 성익은 노인이 자연 지향적 삶의 태도를 비판하는 것에 대해서도 쉽게 수긍하지 못한다. 이처럼 두 사람의 대화는 공통된 맥락을 형성하지 못한 채 의사소통에 실패하고 만다. 이러한 의사소통의 단

절은 "세대 간의 인식성의 단절에서 기인한 것으로서, 시대전환의 징표"[15]로 작용하고 있다.

정체성의 위기를 맞게 된 노인들은 자신들이 처한 현실을 타개하고자 했지만, 시대인식의 한계로 인해 사회적 이탈이라는 결과에 이르고 만 것이다. 그러나 그러한 결과에도 불구하고 노인들의 식민지 현실극복의 의지는 남겨진 후세대에게 은연중에 분명한 목소리로 전달된다.

3) 현실극복의지와 남기는 의미

노인들의 현실극복의지는 시대적 변화에 적응하지 못하고 한계에 봉착하기도 하지만 후세대에게 의미를 남겨 주기도 한다. 우리는 그 의미를 소홀히 해서는 안 될 것이다. 노인들의 현실극복의지는 현실에서 안일하게 살아가는 젊은이들에게 삶의 깊이를 느끼게 한다. 이태준이 세 소설을 썼던 일제 강점기의 현실은 안일한 삶의 자세를 용납하기에는 너무 절박한 것이었기에 젊은이들은 과거의 잔재에 불과한 노인들의 삶의 자세나마 긍정적으로 바라봤던 것이다. 이제 노인들은 그것으로 자신들의 의무를 다하고 역사의 장에서 사라져 간다.

> 정요리십을 나와서,
> "송선생, 어디로 가시렵니까?"
> 하니,
> "허! 아무대로나 가지오 어서 먼저 가시오."
> 하고는 물끄러미 서서 내가 전차길로 나오는 걸 바라보았다.(22쪽)

---

15) 위의 글, 299쪽.

위의 인용은 「不遇先生」의 마지막 부분이다. 그에게는 이제 어떠한 길도 주어져 있지 않다. 그렇기 때문에 노인은 '아무대로나' 갈 수밖에 없는 상황에 놓여 있다. 그나마 방황의 좌표를 설정할 수 있는 사람은 전환된 시대를 감당해야 할 '나'이다. 그러기에 불우노인은 뒤에 머문 채 '나'를 떠나보내는 것이다. 그는 그저 좌표 설정의 당위성을 부여하는 것으로 자신의 몫을 다하고, 후세대인 '나'를 그곳을 향해 출발시킬 뿐이다.

「寧越令監」에서도 이러한 상황은 마찬가지다. 노인은 성익에게 자신의 삶의 자세를 되돌아보는 계기를 마련해 준 뒤 죽고 만다. 그는 스스로 본을 보임으로써 성익에게 삶을 적극적으로 살아갈 것을 당부하고 세상을 떠나는 것이다.

> 성익은 아저씨의 화장장에서 돌아오는 길 뻐스 안에서 맞상제 봉익에게 물었다.
> "자네 몇이지 올에?"
> "형님보다 내가 두 살 아래 아뉴?"
> 성익은 눈을 감고 잠간 멍청히 흔들리다가 중얼거리었다.
> '서른! 서른 둘! 호랭이 같은…….'(161쪽)

위의 인용은 작품의 결말로 아저씨의 장례를 마치고 돌아오는 길에 자신과 사촌의 나이를 되짚어 보는 부분이다. 성익의 이와 같은 행위는 아저씨께서 남겨 주신 뜻을 되새기는 것과도 연결된다. 영월영감이 몸소 생활 태도로써 남긴 유언은 무기력하고 안일하게 현실을 살아가는 성익에게 현실과 부딪히면서 적극적으로 살아가라는 권고이다. 물론 거기에는 자신이 해결하지 못한 시대의 모순을 젊은 세대가 담당하여야 한다는 의미도 잠재되어 있다. 영월영감의 죽음은 한 시대의 마감을 상징한다. 성익은 새로운 세대의 주체일 수밖에 없다. 때문에 성익은 아저씨께서 남기신 뜻을 쉽게 떨쳐 버릴 수 없는 것이다. 하지만 「不遇先生」과 「寧越令監」의 마지막 장면에서도 어느 정도 암시하고 있듯이, 구세대가 남기는 역사적 의미를 후세대가 수용하는 것은 미비한 상태에 머물고 만다. 다만 그것의 수용 가능성에 대한 징후가 「寧越令監」에서 암시되고 있을 뿐이다. 그리고 이 작품에서 보다 의미 있게 그려지는 것은 초점화자인 성익이 노인을 바라보는 입장이 양면적이라는 점이다. 아저씨를 바라보는 그의 시선에는 의기 또는 의기로움이 있기도 하지만, 동정과 연민이 깃들어 있기도 하다.

> 음성이 높은 것, 우묵하게 까지기는 하였으나 그 푸른 안정이 쏘아 나오는 눈, 그리고 저녁 상에서 설익은 가리를 다시 구어올 것도 없게 실패쪽처럼 벗겨 자시는 것을 보면 그 식사나 기력의 정정함도 옛 풍모 그대로였다. 그러나 이마와 눈시울에 잘고 굵은 주름들은 너머나 탄력을 잃었다. 더구나 머리와 수염이 반이 넘어 흰것을 뵙고는, 성익은 가슴이 뿌지지 했다.(148쪽)

위의 인용에서 노인을 바라보는 성익의 가슴에는 '서글픔이 뿌지지하게 느껴'진다. 그것은 과거에는 그처럼 당당했던 아저씨도 세월의 흐름을 어쩌지 못하는 것을 보면서 느끼는 연민과 동정의 감정이다.[16] 성익의 이러한 태도에는 부상하는 세대가 몰락하는 세대에게

16) 「寧越令監」에서의 서술의 초점은 영월영감인데, 작중화자인 성익의 시점에서 서술된다. 작품의 내용은 성익을 1인칭 화자로 바꾸어도 전혀 달라지지 않는다(이태준의 소설에 나타난 소재와 기법에 대한 보다 구체적인 것은 이기인, 앞의

가지게 되는 필연적인 느낌과 정서가 묻어 있다. 「不遇先生」에서의 '나'의 태도에도 연민과 동정의 시선과 아울러 온정적인 태도가 반영되어 있다. 「寧越令監」이나 「不遇先生」에서의 서술자나 초점화자를 통해 드러나는 동정과 연민의 시선에서는, 이미 시대인식의 격차를 좁힐 수 있는 가능성이 줄어든 측면도 발견할 수 있다. 동시에 배척이나 냉소보다는 정서적 유대라는 측면에서, 공존의 여지도 희미하게나마 발견할 수 있다.

한편, 「福德房」도 시대인식의 격차를 좁히는 것을 비관적으로 전망하고 있다는 점에서 같은 맥락에 놓인다.

"제 명예도 좀……."

하고 그는 애원하였다.

"명예? 안 될 말이지, 명예 생각하는 사람이 애빌 저 모양으로 세상 떠나게 해?"

"……"

안경화는 엎디어 다시 울었다. 그러다가 나가려는 서참의 다리를 끌어 안고 놓지 않았다. 그리고,

"절 살려 주세요." …(중략)…

"에헴 그럼……돌아간 이가 늘 속 사쓸 입궃어 했어. 상등 털 사쓰를 사다 입히구 그 우에 진견으로 수의 입습 구색 맞춰 짓게 허구…… 장례식을 장하게 해야 말이지 초라하게 해 버리면 내가 그저 안 있을 게야. 알아 들어?"

"네에."

하고 안경화는 그제야 핸드빽을 열고 눈물 젖은 얼굴을 닦았다. (121-122쪽)

논문, 52-71쪽 참조).

인용문 자체로 볼 때는 안초시의 딸 안경화가 서참의, 박희완 영감의 의견을 수용하는 듯이 보인다. 하지만 결말에 가까워질수록 안초시의 죽음에 두 노인은 씁쓸하고 허전할 뿐이다. 안초시의 딸에게 그나마 그들이 돈을 챙겨 준 덕분에 안초시는 초라하지 않게 생을 마감할 수 있었다. 결말 부분에서 서술자의 시각에 의존해 "서참의와 박희완 영감도 묘지까지 나갈 작정이었으나 거기 모인 사람들이 하나도 마음에 들지 않아 도로 술집으로 내려 오고 말았다"(123쪽)라고 서술한 대목은, 표면적으로는 제법 반반한 조문객들 사이에 끼어 있기 싫음을 이유로 들지만 이면에는 여전히 다음 세대와 거리 좁히기가 쉽지 않음을 암시해 준다.

지금까지 이태준의 '노년소설'에 해당하는 작품들을 중심으로 인물 형상화 방식과 작가의식에 주안점을 두어 분석했다. 여기에서는 근대소설에서의 노인 형상화 방식과 이것이 갖는 의미와 과제를 고찰하는 데 중점을 두었다. 따라서 '노년소설'의 초기적 면모와 양상을 고찰하기 위해 이태준의 노년소설에 우선 주목했다. 이태준의 단편소설들 중에서 노인이 주요 인물로 등장하고, 노인들이 서사의 핵심을 담당하고 있는 「福德房」, 「不遇先生」, 「寧越令監」 등의 분석은 노년소설의 초기 양상과 특징을 파악하는 데 시사해 주는 바가 클 것으로 판단했기 때문이다.

본격적인 분석 대상으로 삼은 이태준의 노년소설들 중에서 맨 윗자리에 놓아야 할 작품은 「福德房」으로 판단된다. 「福德房」은 세 노인들이 주요 인물로 등장하고 그들이 서사의 핵심에 놓인 경우로 지금의 시점에서 보아도 노년소설의 범주에 가장 근접한 작품이다. 「不遇先生」과 「寧越令監」 역시 나름의 개별성을 가지면서도, 공통적으로 전근대에서 근대로의 이행과 일제침략이라는 질곡의 상황이 맞물린 파행적인 현실 속에서 정체성의 위기에 봉착한 노인들이 그러한 변화에 대해 어떻게 대응했으며 그 결과는 어떠했는가 하는 문제를 다루고 있다.

작품 속에서 노인들은 식민지 상황에 대해서는 극복하고자 하는 의기(義氣)를 보여 줌으로써 나름의 대응력을 보이지만, 근대라는 새로운 시대상황에 대해서는 올바른 대응력을 보이지 못하면서 사회에서 이탈되는 몰락의 길을 걷는다. 그러나 새로운 시대를 짊어지고 갈 젊은이들은 노인들이 보여 준 의기 있는 삶의 자세를 식민지 상황인 현실에서 유용한 가치로 인정하고 있다. 이러한 일련의 과정이 「不遇先生」에서는 징후만 보이지만 「寧越令監」에 이르면 보다 분명하게 드러난다. 그리고 이러한 사실은 이태준 문학에서 노인들의 위상은 '생의 희망을 잃은' 존재들로 국한된 것이 아님을 말해 준다. 이런 점에서 「不遇先生」과 「寧越令監」의 노인들은 나름의 역사의식을 바탕으로 파행적인 현실을 극복하고자 하는 의지를 가진 인물들이다. 따라서 이들의 의기로움은 이태준 문학에 나타나는 노인의 위상의 하나로서 자리 잡아야 한다.

이태준 문학에서 「福德房」, 「不遇先生」, 「寧越令監」만으로는 노인의 위상을 온전하게 규정할 수 없을 것이다. 하지만 앞에서 검토한 바와 같이 이태준의 노년소설은 노인의 위상 및 노년소설의 초기 양상을 검토하는데 유익한 시사점을 제공해 주고 있는 점만은 분명해 보인다. 그 밖의 다른 작가들의 작품들까지 망라해서 노년소설을 검토해 갈 때 노년소설의 성격이 보다 분명하게 드러날 것이다. 다음 절에서 최정희, 김동리·황순원의 작품들을 살펴보는 것도 이러한 맥락에서다.

2. 최정희의 노년소설과 '죽음의식'

최정희는 백신애와 함께 박화성·강경애 등의 사회·역사적 의식이 강한 이른바 남성성이 두드러지게 나타나는 작가에 대비되는, '여성성의 작가'라는 평을 들어 왔다. 이는 최정희의 해방 전 작품인 이른바 '3맥'[17]시대의 작품들이 주로 여성을 주인공으로 그 여성의 개인적 불행 및 사생아 문제 등을 문제 삼는 특성과 동시에, 1인칭 고백체 및 사소설적인 여러 특성으로 말미암는다.

최정희에 관한 기존 논의는 『인간사』를 정점으로 더 이상 진전되지 않는 경향이 있다. 『인간사』를 단행본으로 출간한 해는 1964년, 최정희가 58세 되던 때였다. 이 시기 이후의 작품들은 모두 10편(장편 1편, 단편 9편)인데, 앞선 최정희 문학과는 또 다른 면모를 보인다.

무엇보다도 눈에 띄는 것은 죽음이라는 실존적 문제 앞에서 작가가 고뇌의 흔적을 보인다는 점이다. 또 하나는 '3맥'시대의 작품들에서 보여 주었던 여성과 모성의 문제가 여전히 보이긴 하나, 여성과 모성이 갈등하거나 혼효되는 양상을 보이기도 하며, 때로는 운명에 순응하려는 모습을 보인다는 점이다. 이는 이 시기에 작가의 연배가 노년기에 접어들면서 노년기에 처한 작가만이 드러낼 수 있는 특징들을 여실히 보여주기 때문이다.

최정희의 노년기 소설 중에서 죽음에 관한 내용을 담고 있는 작품은 모두 4편이다. 「산」, 「205호 병실」, 「귀뚜라미」, 「탑돌이」 등이다. 이 중에서 「205호 병실」과 「귀뚜라미」는 노화 및 질병과 관련되

17) 최정희의 대표적 작품인 「지맥」, 「인맥」, 「천맥」을 지칭하는 것으로 주로 여성의 불행한 삶에 초점을 맞추고 있다.

고 있다. 최정희는 말년의 소설들에서 노인으로서의 작가의 모습과 그 심리적 양태를 여실히 보여 준다.

먼저 「귀뚜라미」를 살펴보자. 「귀뚜라미」는 1963년 12월에 「현대문학」에 발표된 작품이다. 이 작품은 최정희의 나이 57세에 쓴 것으로, 『인간사』 바로 뒤를 잇는 작품이다. 특히 이 작품은 최정희가 비로소 노년의 문제를 정면에서 다루기 시작했다는 데 의미가 있다. 이는 이전의 최정희 문학이 추구하던 차원보다 한발 더 앞선 것으로, 그만큼 작품세계의 폭과 깊이가 풍부해졌음을 의미한다. 동시에 노년 앞에서 있는 작가적 자기성찰의 결과라 할 수 있다. 「귀뚜라미」의 줄거리는 다음과 같다.

초등학교 교장직을 은퇴한 한준구는 그보다 열한 살 연하인 아내와 말다툼을 벌인다. 공휴일임에도 불구하고 외출한 아들, 며느리, 딸에 대한 화풀이를 아내가 그에게 했던 것이다. 아내는 흰머리를 뽑다가도 자기 머리가 세고 늙게 된 것은 모두 남편 탓이라고 몰아붙인다. 문득 아내가 흰머리를 뽑는 모습을 바라보다가 한준구는 보름 전에 죽은 친구 김재위를 생각해 낸다. 김재위도 흰머리를 뽑다가 '가버렸던 것'이다. 한준구는 김재위의 장지에 다녀오고 나서부터는 죽음에 대한 공포증이 생겼었다. 그 생각만 하면 오싹하는 증세가 가라앉지 않았다. 흰머리를 뽑던 아내마저 외출해 버린 집안에 난데없이 귀뚜라미 한 마리가 뛰어들자, 조모로부터 '귀뚜라미가 집에 들어온 지 석 달만이면 추위가 닥친다'고 들은 적이 있는 한준구는 추위가 닥치는 일은 세월이 간다는 것을 의미하는 것이므로 얼른 그것을 내보내야 겠다고 생각한다. 그러다가 귀뚜라미 다리 하나를 꺾고 만다. 비칠비칠 걷는 귀뚜라미는 중풍 걸린 친구 배인기의 걸음걸이와 비슷하다고 한준구는 생각한다.

김재위의 장지에서 돌아오던 길에 한준구는 배인기를 찾았었다. 할아버지가 되는 것조차 두려워하던 그는 중풍을 앓은 탓에 입으로 연신 침을 흘리고 있었다. 그와 악수를 하며 한준구가 느꼈던 감정은 혐오감이었다. 잠깐 잠이 든 그는 옛 전문학교 시절 독서회의 홍일점 회원이었던 유옥례가 나오는 꿈을 꾸게 된다. 그녀는 젊었을 때에 모든 남성들의 총애의 대상이었다. 죽었는지 살았는지 모르는 그녀와 어울렸다는 것에 내심 켕기게 된다. 꿈땜을 하느라 그러는지, 연신 낚시줄에 매달려 오는 고기들이 유옥례의 손짓같이 느껴진 그는 그만 낚시판을 걷어 들고, 놀이터에서 노는 어린 아이들에게 고기들을 전부 나누어 준다. 달빛이 가득 찬 마당을 내다보며 한준구는 낮에 놓아 보낸 다리 하나 끊긴 귀뚜라미가 죽지 않고 계속해서 울어 주기를 바란다.

줄거리에서도 어느 정도 드러나듯이, 「귀뚜라미」의 화두는 흰머리 때문에 화가 난 아내와의 말다툼이다. 자기보다 열한 살 연하인 아내가 흰머리 때문에 속상해하는 것을 보고 준구는 흰머리를 뽑고 있는 아내가 부럽기까지 하다. 한준구 자신은 이미 그런 과정을 넘긴 것이다. 한준구는 죽은 친구 김재위의 장지에 다녀오면서부터 '죽음에 대한 공포증'이 생겼으나 그가 느끼는 죽음에 대한 공포심이 구체적으로 무엇인지 나와 있지는 않다. 다만 그의 공포심은 이별 · 벌 · 혼돈 등과 연결되어 있으며, 모든 공포는 궁극적으로 죽음에 대한 공포와 연관되어 있다.

난데없이 귀뚜라미 한 마리가 뚝 뛰어들었다. 한준구는 귀뚜라미를 밖에 보내야 하겠다고 생각했다. 귀뚜라미가 집에 들어온 지 석 달만이면 추위가 닥친다고 전에 조모한테 들은 기억이 났다. 추위가 닥친다는

일은 세월이 간다는 것을 의미하는 것이 된다.

> 기를 쓰고 쫓아다녔으나 귀뚜라미는 손에 얼른 잡히지 않았다. 이리 가면 저리 뛰고 저리 가면 이리 뛰고 전과 같이 몸이 재지 못한 것을 한준구는 새삼 또 깨닫게 되었다. …(중략)… 환경이 달라진 탓인지 밖에서 보다 더 분주히 날뛰었다. **분주히 날뛰는 놈을 바삐 서둘러 잡느라고 다리 하나를 꺾고 말았다.**(고딕표시－인용자)[18]

> 마당 어디서 귀뚜라미가 우는 소리가 들렸다. 끊길 듯 이을 듯 애잔한 소리였다. 한준구는 낮에 놓아보낸 **다리 하나가 꺾인 귀뚜라미를 생각했다. 제발 그놈이기를 바라는 마음이었다. 죽지 말고 애잔한 소리더라도 울어주기를 바랐다.** 한준구는 벌떡 일어나 귀뚜라미가 우는 마당 쪽을 내다 살폈다. 달빛이 가득 차 있었다.(고딕표시－인용자, 89쪽)

인용문은 발단 부분과 작품의 결말에 해당하는 대목으로 한 준구와 귀뚜라미의 인연(?)이 드러나는 대목이다. 한준구에게 안 잡히려고 발버둥 치는 귀뚜라미는 흘러가는 세월을 거부하려는 한준구의 자아와 맞물려 있다. 한준구는 늙음에 대한 수용이 덜 되어 있는 것이다. "다리 하나가 부러진 귀뚜라미는 한준구의 상징물이자 투영물"[19]인 셈이다.[20] 그 귀뚜라미는 곧 생명을 다하고, 앞으로 울지도 못할지도

18) 최정희, 「귀뚜라미」, 『찬란한 대낮』, 문학과 지성사, 1976, 77-78쪽. 앞으로 최정희 작품의 인용은 『찬란한 대낮』(문학과 지성사, 1976)에 의존하며, 말미에 인용한 단편 소설의 제목과 쪽수만 밝힌다.

19) 유남옥, 「최정희 노년기소설 연구」, 『한국노년문학연구 II』, 국학자료원, 1998, 120쪽.

20) 작가들은 작품의 주제를 효율적으로 드러내기 위해 매개물이나 상징물을 동원하여 우회적으로 접근하는 경우가 적지 않은데, 최정희도 자주 그러했다. 해방 직후 농민의 수탈과 수난을 배경으로 한 작품, 「풍류잽히는 마을」(『백민』 10, 1947. 9)에서도 농민을 '닭'으로 표상한 바 있다.

모른다. 달빛과 어우러지는 귀뚜라미 우는 마당은 인생의 황혼기를 상징한다. 외롭게 자기의 노년을 받아들여야 하는 실존적 당위성 앞에 주인공은 서 있는 것이다. 그러나 한준구는 자기의 늙음과 다가오는 죽음의 그림자를 완전히 거부하지는 못하고 거부/수용의 양가감정을 지니기도 한다. 젊은이들과 술잔을 주고받을 때 한준구는 절절한 노년의 심정을 토로한다.

> 한준구는 앞에 놓인 안주가 새삼스레 살뜰하게 여겨졌다.
> 「젊은이 많이 들어요. 응, 젊은이」
> 그는 젊은이에게로 술잔을 건네었다. 젊은이가 잔을 받았다.
> 「젊었을 때가 제일이야, **젊어야 남자거든. 늙으면……남자가 아니야. 늙은일 따름이거든. 허허허허 허허허허.**」(고딕표시—인용자, 86쪽)

'늙으면 남자가 아니'고 다만 '늙은이'일 따름이라고 외치며 헛웃음을 웃어대는 한준구의 모습은, 늙음에 대한 거부/수용의 어느 쪽에도 쉽사리 근접하지 못하는 노년의 딜레마를 보여 준다.[21)]

이 작품은 최정희의 작품 중 노화와 질병 그리고 죽음에 대한 두려움을 최초로 드러내고 있어, 작가의 첫 노년문학인 동시에 작가의 노년의식의 실마리를 제공하는 중요한 작품이다. 노년과 병, 노년과 죽음, 죽음에 대한 두려움, 정년퇴직의 문제 등을 노년에 접어든 주인공을 통해 여실히 드러낸다.[22)]

최정희의 「205호 병실」도 앞의 「귀뚜라미」와 같은 맥락에서 읽힐 수 있는 작품이다. 이 소설은 사소설적인 성격의 작품이다. 1인칭 주

---

21) 유남옥, 앞의 논문, 119쪽.
22) 위의 글, 117쪽.

인공 시점인 점, 주로 주인공의 심리가 서술되어 있는 점, 작가의 유년기의 추억이 삽입되어 있는 점 등 때문에 그러하다. 또한 주인공이 자신이 입원한 병실의 바로 옆방에 암에 걸린 한 병자가 죽어 가는 과정을 엿보며, 죽음에 대해 사색한 글이라는 점도 사소설적인 성격의 작품으로 읽히는 요소이기도 하다.

이 작품은 앞서 논의한 「귀뚜라미」 발표 후 7년이 지난 64세에 발표된 것이다. 이제 완연히 노년의 경지에 접어든 작가의 식견과 변화의 양상을 살펴볼 수 있는 작품이기도 하다. 실제로 작가의 병이 깊었던 듯, 「205호 병실」 발표 후 5년이 지나서야 「탑돌이」를 발표한다. 실제로 최정희는 몸소 겪은 병으로 인해 죽음에 대한 여러 가지 상념들을 접했을 것이고, 그 결과로 나온 글이 바로 「205호 병실」이었을 것이다.[23)]

이 작품은 수필 같은 느낌을 주는 짧은 분량임에도 '병실 암환자의 입원, 환자 가족들의 부르짖음, 환자의 죽음'에 이르기까지 단순하나마 한 사건의 기・승・전・결이 존재하는 플롯을 보여 주고 있어 소설로 읽어도 무방하다. 이 소설은 「귀뚜라미」에서 일보 진전된 죽음의식을 보여준다. 그것은 죽음을 좀더 절실하게 느끼는 핍진성이다. 바로 옆방인 205호 병실의 환자는 어제 병원에 오자마자 입원을 했는데, 암이라는 선고가 떨어진다. '나'는 그 암환자의 극도의 아픔을 그의 신음소리로 들을 수 있었다. 간호원이 병실을 옮기겠냐고 물어왔지만 '나'는 거절한다. '나'는 옆방 환자의 임종을 지키고 싶었던 것이다. 그 환자의 죽음을 지켜보면서 '나'는 죽음에 대한 여러 가지 상념에 잠기게 된다. 육체의 변화와 영혼의 유무에 관해서, 또한 옆

---

23) 위의 글, 122쪽.

방 환자 가족들이 간절히 드리는 기도와 찬송 소리를 듣고 신에 관해서 여러 생각을 한다. 그리고 그 소리를 들으며 '나'는 유년기의 한 때를 생각해 낸다.

> 옆방 205호실 병실 환자의 가족들이 찬송가를 숨 가쁘게 부른다. 그리고 간절하게 기도를 드린다. 숨 가쁘게 부르는 찬송가와 간절한 기도의 소리를 듣고 있는 내 뇌리에 떠오르는 한 광경을 나는 지워 버릴 수가 없다—그 때 어머니는 열이 심한 내게 광목홑청을 씌워 업고 예배당으로 갔다. 다른 소리는 하지 않고 어머니는 「하나님이시여 하나님이시여 이 아이에게 은총을 내려주십시오.」하고 빌었다. **돌아오는 길에 광목홑청 속으로 스며드는 따사로운 햇빛을 나는 〈하나님의 은총〉이 내린 곳이라고 믿으리만큼 어머니의 기도는 간절했었다.**
>
> 내가 커가면서 하나님의 은총을 잊어버리고 있었으나 저 숨 가쁘게 부르는 찬송가와 간절한 기도소리엔 하나님의 은총을 빌고 싶은 마음이다. 예수님의 목에라도 매달리고 싶은 마음이다.(고딕표시—인용자)
>
> —「205호 병실」(47쪽)

기도와 찬송소리가 매개물이 되어 노년의 현재와 유년의 과거를 연결시킨다. 유년시절, 어머니의 기도가 너무도 간절해서 둘러씌운 광목홑청 사이로 스며드는 햇빛이 하나님의 은총이라고 여겨질 정도였다. 어머니의 간절한 기도가 하나님을 감동시켜 은총의 가시적인 모습으로 어린 나에게 햇빛을 부어 주신 것처럼 느껴진다. 그만큼 모성은 진한 것이다. 신을 감동시킬 정도로. 그러나 옆방 환자의 아이들과 아내가 간절히 부르짖는 염원은 신을 감동시키지 못했다. 여기서 햇빛은 영혼의 구원 혹은 신의 은총의 상징으로서 삶의 방향성을 제시하는 상징물이다. 즉 과거에나 현재에나 나를 삶 쪽에 있게 해

주는 구원의 매개물이다.

노년과 유년의 거리는 생과 사의 거리만큼이나 까마득하다. 그러나 노인의 뇌리를 사로잡고 있는 것은 무엇보다도 자신의 유년시절이다. '나'는 죽음의 상황에서도 달콤했던 유년의 기억 속으로 침잠한다. 왜 노인들이 그렇게 쉽게 유년시절로 향하는가? 유년시절은 노인들을 결코 실망시키지 않으며, 노인들은 자신의 과거를 이미지·환상·감정적인 태도 등과 같은 형태로 내면화시킨다. 그들은 자신들에게 중요한 감정적인 의미가 있는 몇몇 주제들을 되씹는다. 그리고 그러한 되새김질에 싫증을 내기는커녕 거기에서 기운을 회복한다. 즉 그들은 현재에서 도망쳐 과거의 행복을 꿈꾸며 옛날의 불행들은 쫓아 버린다.[24]

주인공의 과거로의 침잠은 현재의 상태로부터 벗어난 유년의 행복한 시간으로 회귀하고자 하는 비원과 연결된다. 죽은 사람은 옆방 환자이지만, '나'도 머지않아 당하게 될 광경을 '미리 본' 것에 불과하다. 그럴수록 더욱 더 유년으로 향하게 된다. 신도 구원을 해 줄 경우에만 우러러 보일 뿐이지, 구원해 주지 못할 경우에는 잊어버리게 된다. 약삭빠르고 다중적인 것이 인간이다. 이처럼 「205호 병실」은 사소설적이고 소품적인 성격의 짧은 단편이지만 죽음에 대한 인간의 궁극적 의문을 되묻는 작품이라는 의미를 띤다.

「귀뚜라미」가 죽음의 공포증 내지 '죽음 거부하기'로 일관한 작품이었다면, 「205호 병실」은 어쩔 수 없는 죽음의 위력 앞에서 찬찬히 죽음의 의미를 묻고 사색하는 글이라 할 수 있다. 그러나 죽음의 온전한 수용보다는, 신이나 유년의 세계로 도피하려 하거나 죽음이 가져올 냉혹한 상황에 비판적인 시선을 던짐으로써 과도기적 면모를 보

---

24) Simone de Beauvoir, 홍상희·박혜영 역, 『노년 2』, 책세상, 1994, 134-135쪽.

인다고 할 수 있다.[25] 요컨대, 이 작품은 타인의 죽음을 목격하고 자신의 삶에 가해질 죽음의 그림자를 염두에 두고 쓴 사색적인 글로서, 죽음에 대한 거부/수용의 중간 지점에 자리한 셈이다.

「205호 병실」을 발표하고 5년 가까이 되는 공백기를 지나 최정희는 「탑돌이」와 「산」을 발표한다. '죽음'이라는 제제와 관련시키면 이 두 작품은 앞의 「귀뚜라미」나 「205호 병실」과는 사뭇 다른 양상을 보여 준다. 「산」에서 작품의 화자이자 주인공인 '나'(최정희)는 수화 김환기의 죽음을 그리는데, 「205호 병실」에서의 태도와 달리 죽음을 바라보는 시선이 야단스럽거나 들떠 있지 않고 오히려 담담하고 차분하게 느껴진다. 「탑돌이」의 여주인공 보련화의 죽음은 작품의 끝 구절이 상징하듯 열린 의미의 죽음이다. 그것은 거부/수용의 긴 줄다리기 끝에 도달한 한 노년의 귀결점이다.

「산」은 실명소설이요, 자전소설이다. 반면 「탑돌이」는 허구적 소설이다. 그런데 두 작품에 임하는 작가의 태도는 정확하게 일치한다. 죽음의 수용 내지 포용의 모습을 작가는 두 작품을 통해 드러낸다. 특히 「탑돌이」는 모성의 문제와 결부시켜 죽음・운명의 수용・승화라는 차원 높은 경지를 모색한 뛰어난 작품이다. 1964년의 「인간사」가 장년기에 접어든 최정희 문학의 결산이라면, 「탑돌이」는 최정희 문학을 가늠하는 완결판이다.[26]

「산」은 아들의 죽음이라는 개인적인 슬픔과 관련되어 있다고 작가 스스로 대담에서 밝힌 바 있다.[27] 아들을 떠나보낸 슬픔의 홍수 속에

25) 유남옥, 앞의 글, 125쪽.

26) 위의 글, 128쪽.

27) 최정희는 『월간문학』(1976년 9월호)에 실린 대담에서 유네스코에 근무하던 아들이 뇌일혈로 쓰러져 1974년에 미국에 가게 됐고, 뉴욕에 있는 큰 딸 집에서 9개월 동안 체류했다고 밝히고 있다. 「산」의 맨 끝에는 1975년 11월이라는 탈

서도 이처럼 무덤덤한 성찰이 가능했던 것은 노년이 가져다주는 힘 때문이었다고 해석된다. 이전보다 연륜으로 죽음을 수용하고 승화할 수 있는 마음자세를 갖추었기 때문에 가능한 것이다.

「산」에서 '나'는 향안여사와 만나 수화의 무덤이 있는 산에 두 차례 오르내리는 길에서 눈을 지그시 감고 마치 죽음을 묵상하는 듯한 자세를 취한다.

> 화백은 거기 있지 않았다. 화백의 자리는 비어 있었다. 이 빈자리를 누가 메워 준다는 말인가. 수없이 많고 많은 모래알만큼 많다는 인간들이 들끓는다지만 이 빈자리를 메워 줄 사람은 아무도 없다는 말인가.
>
> —「산」(11쪽)

> **남보다 두 배나 되는 키, 또 두 배나 되는 긴 팔 다리를 다 어디다 간수하고 그저 잠잠하기만 할까.** 남보다 유난히 높은 목소리랑 다 어쩌고 그저 잠잠하기만 할까. 그저 잠잠하기만 한 이것을 죽음이라고 말하는 것일까. 눈길 한 번 건네주지 않고 잠잠하기만 한 이것을 죽음이라고 말하는 것일까.(고딕표시—인용자, 15쪽)

위의 예문에서는 화가 김환기의 실제 모습을 연상케 하는 대목도 드러나 있어, 이 작품이 실명소설임을 짐작케 한다. 작가와 김환기 화백과의 실제 친밀도를 알 수는 없으나 향안여사가 문인들과도 교류가 빈번했던 점을 감안해 볼 때,[28] 자연스럽게 최정희는 김환기 화백

고일이 적혀 있는데, 김환기 화백도 실제로 1974년 7월경에 운명했다. 최정희는 뉴욕의 큰 딸 집에 머물면서 향안여사(본명: 변동림, 수화 김환기 화백의 부인)에게 전화를 걸었던 것이며, 또 한국으로 되돌아와 「산」을 집필하게 된 것으로 추측된다.(유남옥, 위의 글, 129쪽)

과도 지인의 단계를 넘어 친밀하게 교류했을 가능성이 높다. 따라서 최정희는 김환기 화백의 죽음을 애도하는 마음이 컸을 것으로 추측된다. 동시에 김환기 화백의 죽음을 전해 듣고 자신의 아들의 죽음, 혹은 인간의 죽음에 대해 깊이 사색해 보는 과정에서 「산」을 창작했을 것으로 추측된다.

또한 예문을 통해 삶의 허무함 내지 허망함을 엿볼 수도 있다. 그러나 죽음을 거부하고 반발하기보다는 이미 삶과 죽음을 포함한 삼라만상의 법칙에 대해 초월하고, 그것을 인정한다는 역설적 문법으로 보아야 할 것이다. 「귀뚜라미」의 거부 반응과, 「205호 병실」의 죽음에 대한 철학적 인식을 거쳐, 「산」에서는 보다 차원 높은 수용・승화의 단계에 진입하게 된 것이다.

「산」에서 보여 준 죽음에 대한 깊은 성찰과 사유는 곧바로 「탑돌이」로 이어져 한 '탁월한 노년의 문학'[29])을 보여 준다. 이것은 귀뚜라미와 달빛의 세계보다도 훨씬 진전된 것으로 「산」에서의 죽음의 상념과 아울러 원숙한 관점이 엿보이는 작품이다. 「탑돌이」는 발단과 결말을 탄생・생명과 죽음으로 이분했다. 즉 작품의 발단에는 주인공 보련화가 사는 삼백 년의 풍상을 겪어 온 집과 뜰에 심은 나무에 대한 이야기가 나온다. 그 집은 보련화가 시집와서 85세에 이르기까지 한가지로 지켜 오고 매만져 오던 곳이기도 하다. 그 집은 나무가 유난히 무성했는데, 대대로 새 생명이 태어나면 축복하는 뜻으로 나무를 심는

28) 향안여사는 화가인 오빠 구본웅(1906-1953)의 소개로 오빠의 친구였던 이상을 만나 결혼하지만, 이상의 사후에 김환기 화백과 결혼한다. 실제로 김향안 여사는 화가인 남편을 따라 프랑스나 미국에 체류하는 기간이 많았던 것뿐 아니라 자연스럽게 문인들과의 교류도 많았던 것으로 전해진다. 향안여사는 2004년 2월에 88세의 나이로 뉴욕 자택에서 눈을 감는다.

29) 천이두, 「원숙과 패기」, 『문학과 지성』, 1976 여름, 514쪽.

것을 가훈처럼 여겨 반드시 지키도록 가르쳤기 때문이다. 그러나 선조들의 뜻과는 달리 보련화에게는 일련의 불행한 사태들만이 점철되어 일어난다.

보련화가 세상에 나온 3일 만에 모친이 죽고, 이어 부친도 사망한다. 나이 18세에 민성환의 아들과 결혼하지만 신랑은 석 달이 못되어 사망하고 이어 시아버지와 시어머니도 사망한다. 유복자인 형오는 그의 나이 19세인 고등학교 학생 때 생후 이틀 된 핏덩어리인 손자 탁을 어머니인 보련화에게 맡기고, 1947년에 38세의 나이로 월북한다. 어미 없이 할머니가 키운 손자 탁은 한국전쟁 때 의용군이 되어 월북한 부친을 찾으러 떠난다. 떠나기 전에 자기의 아버지가 그랬듯이 동네 주막집 주모에게 갓 태어난 자신의 딸 재실을 맡겼는데, 그 증손녀 재실은 올해 23세가 되었다. 서울에서 대학을 졸업하고도 내려오지 않던 그녀는 2년 만에 키 큰 사내와 같이 증조모를 찾아와서 결혼 자금으로 쓰려고 하니 유산 인계를 해 달라고 생떼를 쓰기에 이른다.

「할머닌 집에서 축복해 주시면 돼요. 비용만 대주시구. 그리구 우리들이 새 살림을 꾸릴 집을 사주셔야 해요.」

보련화는 혼자 동댕일 치운 듯한 허전함을 막아내기에 힘이 들었다.

「오냐. 내가 죽을 나이를 먹었다구 인간취급을 안 하려드는구나.」

「할머니 그게 무슨 말씀이세요. 인간 취급을 안 할 생각이면 약혼보고를 하구 결혼식 상담을 왔겠어요?」

「좌우간 지나간 일은 어찌 됐든 이제 곧 통일이 된다니 네 조부도 올 거고, 네 애비도 올 거 아니냐. 다들 오거든 식을 올리도록 하자.」

「통일이요? 할머니도 꿈 같은 소리 하시네. 통일은 멀리 도망가구만 걸 할머니 모르세요?」

「나가거라 썩 나가거라. 사람새낄 길은 줄 알았더니 오랑캘 길렀구

나. 썩 나가거라.」

뭔지 참을 수 없는 노여움에 보련화는 다리 아프던 것도 잊고 아랫목으로 쏜살같이 달려가 거기 세워둔 방망이를 휘둘렀다.

—「탑돌이」(39쪽)

인용문은 약혼 소식을 전하기 위해 찾아온 재실을 만나면서 보련화가 많이 지치고 화가 났음을 실감케 하는 장면이다. 재실을 향한 노여움 때문에 보련화는 결국 병이 든다. 병중에 아들 형오의 소꿉친구였던 귀복할멈의 부음을 듣는다. 귀복할멈이 자다가 죽었으므로 유언 한 마디 하지 못했다는 말을 듣고 보련화는 평소 믿고 따르던 성암사 주지 각일스님에게 유언을 남겨야겠다고 생각한다. 수동모가 각일스님을 모시러 간 사이, 보련화는 수동모와 재실에게 나눠 줄 재산에 대해 생각하다가 눈이 가물가물 해지더니 눈물을 하염없이 쏟기 시작한다. 환상 속에서 보련화는 형오와 탁, 재실과 각일스님과 함께 탑놀이를 시작한다. 탑돌이하는 그들의 온몸에 꽃이파리들이 쏟아져 내렸고 눈이 감긴 보련화의 얼굴에 잔잔한 웃음이 일게 된다. 이 작품은 불행하기만 했던 한 여인 보련화가 자신의 운명을 보듬어 안고 살아가는 운명에의 순응과 함께, 작품 결말에서 짧지만 아름답게 자신의 삶을 마감하는 태도가 지극히 수용적이라는 데서 작가의 뛰어난 기량 및 노년의식을 목도할 수 있다.

앞의 내용 분석을 통해서도 짐작할 수 있듯이, 「탑돌이」는 보련화를 통해 죽음의 수용적 태도를 재현한 작품이다. 숱한 인생의 고난과 역경은 어쩔 수 없이 겪어야 할 숙명으로 그녀에게 각인되며, 구체적으로는 아들뻘 되는 귀복할멈의 죽음으로 이해・촉발된 죽음의 인식이 종교적 의식인 탑돌이로써 지고하게 순화되고 정화된다. 죽음에 이르러 보련화는 이제 여자임을 그치고 모성을 넘어선 한 인간으로 완성된다. 천명에 순응하려는 동양인의 삶의 자세를 갖추게 되는 것이다.[30]

이상에서 살펴본 바와 같이 최정희의 작품들은 죽음에 관한 실존적 물음과 관련되어 있다. 여기서는 작가가 죽음을 대하는 태도가 거부에서 묵상, 수용의 3단계적 모습으로 나타난다. 「귀뚜라미」는 최정희 소설 중에서 노년의 죽음 문제를 정면에서 다룬 최초의 작품으로, 노화와 죽음, 은퇴, 노년기의 부부 문제가 거론되고 있다. 「205호 병실」은 「귀뚜라미」보다 일보 전진된 죽음의식을 보여준다. 즉, 「귀뚜라미」가 죽음을 공포의 대상으로 인식한 죽음이라면, 이 작품은 죽음의 의미를 묻고 사색하는 작품이라 할 수 있다. 그러나 「205호 병실」은 신이나 유년의 세계로 도피하려 하거나, 죽음이 가져다 줄 냉혹한 상황에 대해 비판적인 시선도 보이고 있어 과도기적 작품이라고 할 수 있다. 거의 같은 시기에 쓰인 「산」과 「탑돌이」에서는 죽음의 수용 내지 포용이 이루어진다. 「산」에서는 죽음 앞에서도 무덤덤하고 그윽한 죽음에 대한 성찰이 이루어지며, 「탑돌이」에서는 탁월하고 원숙한 노년문학의 완성을 이루게 된다. 특히 「탑돌이」는 모성의 문제와 함께 죽음의 수용, 운명의 순응이라는 차원 높은 경지를 보여준다.[31]

「탑돌이」는 여성의 운명을 조명한 작품으로, 여성의 삶을 기다림과 포용의 양식으로 그려내고 있다. 여주인공 해월과 보련화가 끝까지 집착하는 모성의 문제는 작가가 꾸준히 탐구해 왔던 문학적 주제이기도 하다. 모성은 생명부여의 원리이며 이는 남성의 파괴적 원리를 넘

---

30) 천이두, 앞의 글, 514쪽.
31) 유남옥, 앞의 논문, 146-147쪽.

어서는 본능의 원리이다. 「탑돌이」에서 보여준 동양적 인생관은 「화투기」에서 재현된다.[32)] '초라한 운명이더라도 주어진 운명에의 순응하며 사는 길이 나다운 길'이라는 마지막 구절은 자아의 긍정과 함께, 노경에 처한 작가의 자아정체성 확인이며, 허위와 허식을 벗고 진정한 자유를 구가하는 몸짓이기도 하다.

3. 김동리 · 황순원의 노년소설에 나타난 '노인'의 삶과 승화(sublimation)

김동리 소설에 대한 기존의 연구는 사상적 배경에 관한 연구, 형식이나 구조에 관한 연구, 원형이나 상징에 관한 연구 등으로 나누어 볼 수 있다. 이중에서도 김동리 소설의 정신사 혹은 사상사와 관련된 논의 가운데 대표적인 것 위주로 살펴볼 필요가 있다. 백철은 신문학사조사에서 김동리 문학의 특질을 "삶의 근원을 추적하는 데 있어서 주로 지방의 전설이나 종교나 미신 등을 그 매개로 취한다"[33)]고 지적했다. 조연현은 김동리 문학에 대하여 "동리의 모든 작품을 통하여 우리에게 보여준 것은 허무의 수락이나 복종이 아니면 허무에의 투신

---

32) 「화투기」는 「산」처럼 실명소설이다. 김동리가 교장으로, 박영준, 유주현, 백철, 곽종원, 황순원 등 기라성 같은 문인들이 학생으로, 화투가 교과서로 불려지는 '문단섯다판'(김윤식, 「모녀가 완성한 어떤 소설의 미학」, 『문학사상』, 1980. 9, 237쪽)의 기록이다. 김윤식은 이 작품의 중요성을 '순진성'에 있다고 보고, 노작가의 인생을 사는 순수함, 꾸밈없음, 허위성 없음을 그 '순진성'이라 했다(위의 글, 237쪽).

33) 백철, 『신문학사조사』, 신구문화사, 1980, 532-534쪽.

이었고 허무에의 도전이나 반항이 아니면 그것의 초극이었던 것이다"[34]라고 설명하였다.

이러한 정신사적 접근은 조연현 이후 많은 논자들에 의해 구체화되면서 폭넓게 논의되어 왔다.[35] 이동하는 "김동리의 소설세계가 전통 지향적 보수주의를 대표한다"[36]고 보았다. 이 연구는 김동리 소설과 관련된 동양적 사상이나 무속 혹은 불교와의 관련을 깊이 있게 다룸으로써 이후 연구자에게 많은 시사점을 제공해 주었다. 그러나 이런 방법적 접근은 김동리의 소설을 단순화시킬 위험을 그 자체에 이미 내재하고 있다.[37]

90년대 이후 김동리에 대한 박사학위 논문이 본격적으로 발표되고 있다.[38] 조회경은 유년기의 체험인 '개인의 신화'를 중심으로 죽음의식과 생명의식을 분석해 내었으며,[39] 정혜영은 김동리 문학의 문학적 근원을 현세지향성과 초월성이라는 두 경향으로 설명하였다.[40] 이들의 연구는 김동리 소설의 전체적인 윤곽을 보여주고 있기는 하나, 작가의 전기적 사실을 바탕으로 하여 작품을 분석해 내는 순환의 오류를 범하고 있다. 이에 비해 방민화는 김동리 소설의 인물 형상화와 이미지, 공간과 어조 등의 분석을 통해 표현 특성을 살핌으로써 작품

---

34) 조연현, 「허무에의 의지」, 『문학과 사상』, 세계문학사, 1949, 102쪽.
35) 구모룡, 「한국근대 문학유기론의 담론 분석적 연구」, 부산대학교 박사학위논문, 1992; 김윤식, 『김동리와 그의 시대』, 민음사, 1995 등이 주목에 값한다.
36) 이동하, 『현대소설의 정신사적 연구』, 일지사, 1989, 9쪽.
37) 김동리 소설 연구에 대한 개관 및 비판적 고찰은, 서재원, 『김동리·황순원 소설의 낭만성과 역사성』, 국학자료원, 2005, 16-19쪽 참조.
38) 구모룡, 앞의 논문; 최규익, 「김동리 소설 연구」, 국민대학교 박사학위논문, 1994; 최택균, 「김동리 소설 연구」, 성균관대학교 박사학위논문, 1999 등이 있다.
39) 조회경, 「김동리 소설 연구」, 숙명여자대학교 박사학위논문, 1996.
40) 정혜영, 「김동리 소설 연구」, 경북대학교 박사학위논문, 1996.

분석에서 구체적으로 서정성을 검토하는 성과를 보여준다.[41]

이러한 연구 성과물의 축적으로 인해 김동리 소설의 해명이 상당 부분 이루어졌다. 다만, 김동리의 노년소설과 관련된 연구는 아직 미미한 편이다. 따라서 여기서는 김동리의 소설 중에서 비교적 노년소설의 성격에 부합되는 작품들을 중심으로 그의 노년소설의 면모를 파악하려고 한다. 이러한 작품들을 통하여 노인들이 삶의 영속성을 유지하기 위하여 벌이는 투쟁으로서의 삶의 양태를 살피고, 동시에 노인세대가 되어서야 향유할 수 있는 고유한 생명력의 추출이 가능할 것으로 판단되기 때문이다.

작품을 구체적으로 분석하면서 밝혀질 터이지만, 김동리는 인간의 삶과 죽음의 문제를 이원화하기보다는 삶 속에 죽음의 문제를 끌어안음으로써 인생의 지평을 확장하려고 노력했던 작가이다. 그는 특히 불멸하는 것, 궁극적인 것을 향하여 집요한 애착을 보였다. 이런 점에서 그의 문학이 추구하는 바는 종교나 철학의 영역을 넘나들 수밖에 없다. 특히 김동리의 문학적 과업이라고 할 수 있는 '구경적 생의 형식 추구'는 죽음의 공포를 극복하고 불멸의 의식을 성취하기 위해 내건 슬로건이었을 것이다.[42]

인간의 일생을 몇 개의 시기로 구분한다고 할 때 시간의 위력과 함께 죽음을 가장 민감하게 느끼는 시기는 아마도 노년기일 것이다. 노년은 "삶의 순환 곡선에서 최후에 다가오는 고비"이며 "이제 죽음은 가까이에서 기다리고"[43] 있는 것이다. 인간에게 엄습하는 가장 큰

41) 방민화, 「김동리 소설의 서정성에 관한 연구」, 숭실대학교 박사학위논문, 2000.

42) 조회경, 「노인의 삶을 통해 본 시간의 변주」, 『한국노년문학연구 II』, 국학자료원, 1998, 152쪽.

43) 이동하, 「역사의 지평과 초역사의 지평」, 엘리아데, 이동하 역, 『성과 속』, 학민사, 1983, 218쪽.

공포는 시간의 불가역성에서 비롯된다. 그것은 곧 죽음에 대한 공포이다. 종교나 철학, 문학이 궁극적으로 다루는 것은 이러한 시간의 공포, 즉 죽음의 공포를 극복하는 문제이다.[44] 이러한 맥락에서 김동리의 소설 중에서 여성 노인의 삶을 그린 작품들을 중심으로 살펴보고자 한다.

「산화」의 한쇠 할미, 「미수」의 이름 없는 노파, 「아들 삼형제」의 노파, 「근친기」의 어머니의 삶은 자식의 삶과 긴밀히 연계되어 있다. 이들 작품에서 작가는 자식에게 거부당하면서도 자식을 향해 멈출 수 없는 모성에의 본질을 탐구하는 데 주안점을 둔다.

아들의 무능력하고 무기력한 삶은 늙은 어머니가 생활 전선에 나서도록 하는 요인이 된다. 「산화」의 한쇠 할미가 바로 그러한 상황에 처한 경우이다. 한쇠 할미는 해산을 앞두고 굶주림과 산고에 시달리는 며느리에게 '쌀이나 한 사발하고 국건데기나 좀' 구해서 끓여 먹이기 위해 골몰한다. 반면 뒷실이라 불리는 아들은 '늙은 어머니가 고기 타령을 하든 어린 자식이 밥 타령을 하든 듣기만 하고 앉아 곰방대만 빼금빼금 빨면 그만 만사가 절로 해결되어 나가는 것'이라고 믿는 무능하고 무기력한 인물이다. 먹을 것을 구하러 나간 한쇠 할미는 그 마을의 부자인 윤참봉네 집에서 쇠고기를 사온다. 윤참봉은 병든 소가 죽자 땅에 묻었던 것을 도로 파내 헐값에 팔았던 것이다. 그러나 한쇠 할미의 모든 감각은 며느리의 해산을 돕겠다는 절실한 욕망 앞에 정상적 기능을 상실한다. 대신 그네는 모든 것을 산신님께 맡긴다. 흉년이 드는 것도 굶주림에 시달리는 것도 모두 하느님이 비를 안 주시는 탓이라고 생각한다. 그러나 그네의 간절한 바람에도 불

44) 조회경, 앞의 논문, 153쪽.

구하고 곰국을 끓여 먹은 한쇠 할미와 그의 가족들은 식중독으로 죽음에 처하게 된다. 먹이를 구하는 것은 정상적 삶을 지탱하기 위해 필수적인 일이다. 기본적인 먹이의 문제가 해결되지 않을 때 한 노파의 생에 대한 의지는 동물적 맹목성을 띠게 된다. 그 결과 노파는 어린 한쇠도 맡을 수 있는 쇠고기의 썩어가는 냄새를 맡지 못했던 것이다. 결국 한쇠 할미는 온 가족을 죽음에 몰아넣는 비극을 초래하게 된다.

「미수」(『백민』, 1946. 12)의 노파는 움딸에게 얹혀 산다. 자기의 친딸은 아이 둘을 낳고 죽었다. 노파에게 죽은 딸은 아들보다도 몇 배나 고맙고 알뜰하고 소중한 자식이었다. 그러나 아들은 떳떳이 제사를 지낼 수 있는 반면 딸과 함께 사는 것은 항상 죄를 지은 듯 미안하고 송구스러운 일이다.

> 「온 시상에도 내 복에 과하지 과해.」
> 진실로 이렇게 생각했던 것이다.
> 그러나 딸은 결코 어머니의 이러한 말을 용서하지 않았고,
> 「복에 과하다니 거 무슨 거지같은 생각이유. 한갑 진갑 다 된 노인이 손자들 길러 살림살이 돌보아 그러고도 밤낮 복에 과하다니 그럼 나가서 시방이라도 방아품을 들고 삯바느질을 해야 속이 시원하겠다는 말인감?」
> 아주 얼굴이 발갛게 되어 분개하는 것이었으나 어머니는 대로,
> 「애, 그렇지만 딸자식한테 나만치 호강하는 사람도 드물게다.」
> 어디까지나 딸의 속을 몰라주는 말투였다. 이렇게 되면 아주 속이 상할 대로 상하는 딸은, …(중략)…
> 이러고는 흔히 어머니의 원통한 신세를 생각하고 눈물까지 흘리고 하던 그 딸이 늙은 어머니와 어린 자식들을 앞에 남겨둔 채 갑자기 장질부사란 것을 앓다가 세상을 떠나 버린 것이다.[45]

이렇게 되니 노파는 하루아침에 의지할 곳 없는 가련한 신세가 되었다. 그런 노파에게 이제 근심이 하나 더 늘었으니 그것은 자기 사후의 삶과 관련된 고민이다. 딸의 제삿날을 당하여 노파는 자기의 사후를 생각하며 비탄에 잠긴다.

> 오늘이라도 죽어버리면 그만, 영감이 있나 자식이 있나, 묻기는 대체 누가 갖다 묻어주며, 아아 그리고 제사는 누가 지내준단 말인가. 사람이 살아서야 여간 고생을 하더라도 죽은 뒤의 복을 타야지, 한해 한번씩 떳떳이 제사 지내줄 사람도 없다면 그 무궁한 세월을 또 어떻게 굶주리며 돌아다닌단 말인가.(52쪽)

노파가 생각하는 사후 세상은 이승과 다를 것이 없는 곳으로서 이승의 혈육이 제삿날이나마 차려주지 않으면 무궁무진한 세월을 외진 골목 찬바람이 불어치는 고목 둥치가로만 휘휘 돌아다녀야 할 외로운 신세를 면할 수 없다. 천국이라든가 지옥의 개념이 스며들 여지가 없다. 노파는 고민 끝에 딸이 죽었던 그 시간에 맞추어 죽으리라 마음먹는다. '딸의 제사를 같이 와서 먹으려면 운명 시간도 같아야'하기 때문이다. 그러나 노파의 자살 기도는 미수에 그친다. 노파는 사후의 세상에서도 자식과 함께 살아 그에게 의지하고자 했지만 뜻을 이루지 못한다.

노년소설의 관점에서 「산화」, 「미수」를 살필 때 드러나는 문제는 생계의 문제를 해결할 수 없는 여성 노인의 삶이다. 이러한 상황에서 자식은 이 노파들의 삶을 지탱해 주는 버팀목과 같다. 특히 「미수」에서 노파가 자살하고자 하는 근본적인 이유는 자기의 제사를 지내줄

45) 김동리, 「未遂」, 『김동리전집 2』, 민음사, 1995, 54쪽.

아들이 없다는 데 있다. 어머니는 무능한 아들을 대신하여 먹이를 구하기 위해 딸의 제삿날에 맞춰 자살을 실행하는 것이다(「미수」). 그러나 이들 작품에서 어머니가 비참한 상태에 함몰하는 것은 자식들이 어머니를 거부하기 때문이 아니다. 거기에는 인간의 힘으로 막아 내기에는 불가항력적인 요인들이 자리잡고 있다. 인간의 힘으로 해결할 수 없는 절대 빈곤의 상황, 혹은 뜻하지 아니한 딸의 죽음 등이 어머니를 고통으로 몰아넣은 것이다.[46]

「산화」와 「미수」의 두 노파는 "인간이 자기 자신을 '생활의 주체'로 삼지 않고 곧 자연(신)의 질서에 자기를 온통 맡겨버릴 경우"[47]에 어떻게 몽매한 상황에 자기 자신을 떨어뜨리는지를 보여준다. 그것은 우주의 파편적 삶에 자기를 내맡기는 가련한 인간의 모습이기도 한 것이다.[48]

「근친기」는 불효하는 자식의 참회록이자 영원한 고향으로서의 어머니의 존재성을 부각시킨 작품이다. 주인공 '균'은 어머니에게 본격적인 효도를 하리라고 항상 결심하지만 현실적으로는 어머니를 뵈러 가기는커녕 편지 한 장도 올려보지 못한다. 그런 어느 날 직장의 일로 어머니가 계신 부산으로 출장을 가게 된다. 그나마 부산에 도착해서 친구들과 노느라고 어머니에게 가는 시간은 자꾸 지연된다. '균'은 하루가 지나서야 어머니 집에 갈 수 있었는데 그때는 이미 '균' 자신이 설사병이 나 있어서 어머니를 괴롭히기만 한다. 그러나 어머니는 자식이 힘들게 사는 것이 안쓰럽고 불쌍하여 자꾸 '균'의 얼굴을 들여다볼 뿐이다.

---

46) 조회경, 앞의 글, 168쪽.
47) 김윤식, 『한국근대문학사상연구 2』, 아세아문화사, 1994, 157쪽.
48) 조회경, 앞의 글, 168쪽.

일흔이 넘은 어머니를 이렇게도 괴롭히고 수고를 끼치는 것이 균에겐 그러나 송구스럽고 미안한 생각보다 웬 까닭인지 차라리 든든한 생각이 들었다. 더구나 몇 번인가 잠결에 눈이 뜨이자 바로 이마 위에 휘언한 달이 있고, 또 곁에 어머니가 누워 잇는 것을 발견했을 때마다 지나간 어느 소년 시절에 꾸다 둔 꿈을 마저 꾸는 듯한 그러한 행복감조차도 느껴지곤 하였다.[49]

어머니를 모시고 싶다는 것은 결국 어머니의 보살핌을 받고 싶다는 욕망과 다른 것이 아니다. 어머니의 모성은 '자신을 희생하여 새로움과 풍요로움을 빚어 이어가게 하는 것으로서 바로 종교적 사제의 모습 그것 자체'[50]임을 확인하면서 '균'은 어머니를 떠난다. '균'이 한순간이라도 속히 어머니를 떠나고 싶어 하는 것은 어머니를 사랑한다고 하면서 결국 자기 자신만을 사랑할 수밖에 없는 인간의 한계를 보았기 때문이다.

한편, 김동리의 작품세계와 여러 면에서 유사성을 보이는 황순원의 노년소설을 살펴보는 것도 시사적이다. 김동리와 황순원 소설에는 공통적으로 죽음의 순간 생명에의 의지가 전이되면서 승화에 이르는 경우가 등장한다. 다만, 김동리의 소설에서 매개체가 주로 종교와 관련된다면, 황순원의 소설에서는 예술과 관련된다는 점에서 차이가 드러난다.[51]

황순원의 「독 짓는 늙은이」와 「필묵장수」는 두 작중인물의 삶의 태도가 예술의 본질과 현실의 간극을 보여준다는 점에서 낭만적 아이

---

49) 김동리, 「아들 삼형제」, 『김동리전집 2』, 민음사, 1995, 124쪽.
50) 정진홍, 「한국 신화의 여성 상징」, 『한국종교문화의 전개』, 집문당, 1986, 138쪽.
51) 서재원, 『김동리와 황순원 소설의 낭만성과 역사성』, 월인, 2005, 139쪽.

러니와 수사를 배면에 깔고 있는 작품이다. 우선 두 작품의 주인공은 병들고 다리를 저는 인물로, 현실과는 화합하지 못하는 비극적인 인물이다. 독가마에 단정히 앉은 송 영감이나, 열에 들떠 필생의 작품인 매화 꽃송이를 그리는 서 노인은 모두 그 불행한 현실적 삶을 영원한 예술의식으로 승화시키는 행위를 하는 인물이다. 예술가의 예술적 능력은 자신의 고립감과 일치시키고 나아가 자신의 고립감을 자기 역량의 원천으로 승화시키려는 소외된 예술가의 모습으로 형상화되고 있다.

「독 짓는 늙은이」는 현실의 고통과 장인의식의 숭고함을 드러내는 비극적인 소설이다. 작중인물 '송 영감'은 늙고 병들었으며 아내는 일곱 살 아이를 남겨 놓고 젊은 조수와 눈이 맞아 도망간 상황이다. 그럼에도 불구하고 그는 한 가마 독만 잘 구우면 겨울 양식을 구해 어린 아들과 함께 살 수 있다는 희망을 버리지 않는다. 따라서 병든 송 영감의 무리한 독 짓는 행위는 죽음에의 예감과 어린 아들과의 이별에 대한 의식적 거부이며, 자신의 정체성 찾기에 대한 행위이다. 이 작품에서 독은 생명의 표상으로 송 영감 자신의 삶과 자기 동일성에 대한 집약적 표현이다. 그것은 이제 생존의 수단일 뿐만 아니라 삶과 죽음의 경계를 구분 짓는 상징적 사물이 된다. 그래서 아들을 양자로 보내라는 앵두나무 할머니의 말을 무시한다. 그러나 얼마 못가, 그는 자신의 목숨이 얼마 남지 않았음을 직감한다. 이에 아들을 부잣집에 양자로 보내는 비극적 상황을 맞이한다. 이제 현실에서 송 영감에게 남은 것은 아무것도 없다. 송 영감은 그런 절망적 상황에서 탈출할 수 있는 비상구로 독가마를 선택한다.

> 그러는 송영감의 눈앞에 독가마가 떠올랐다. 그러자 송영감은 그리

로 가라는 생각이 불현듯 일었다. 거기에만 가면 몸이 녹여지리라. 송영감은 기는 걸음으로 뜸막을 나섰다.

그러나 송영감은 다시 일어나 가마 안쪽으로 기기 시작했다. 무언가 지금의 온기로써는 부족이라도 한 듯이, 곧 예삿 사람으로는 더 견딜 수 없는 뜨거운 데까지 이르렀다. 그런데도 송영감은 거기를 멈추지 않았다. 그렇다고 그냥 덮어놓고 사는 것은 아니었다. 지금 마지막으로 남은 생명이 발산하는 듯어둑한 속에서도 이상스레 빛나는 송영감의 눈은 무엇을 찾고 있는 것이었다. 그러다가 열어젖힌 곁창으로 새어들어오는 늦가을 맑은 햇빛 속에서 송영감은 기던 걸음을 멈추었다. 자기가 찾던 것이 에 있다는 듯이, 거기에는 터져 나간 송영감 자신의 독조각들이 흩어져 있었다.

송영감은 조용히 몸을 일으켜 단정히, 아주 단정히 무릎을 꿇고 앉았다. 이렇게 해서 그 자신이 터져나간 자기의 독 대신이라도 하려는 것처럼.[52]

어려운 상황에서도 독을 구워 아들과 살고자 했던 송 영감의 꿈은 깨어진 독 조각처럼 산산이 부서진다. 결국 아이마저 양자로 보내버리고 희망을 잃은 그는 '이상스레 빛나는 눈'으로, 가마 안쪽으로 기어간다. 마지막에 단정히 꿇어앉아 죽음을 기다리는 송 영감의 모습은 일종의 비장한 느낌을 전달해 준다. 여기서 송 영감이 죽음을 선택하는 행위는 평범한 일상적 현실로부터 보상받지 못한 소외되고 무력한 자가 선택할 수 있는 자기 파괴적 대응방식이다. 따라서 마지막 장면의 '터져 나간 독 조각'은 독 짓는 송 영감이 더 이상은 독을 지을 수 없다는 예술가로서의 죽음을 상징적으로 보여주는 징표이다.

---

52) 황순원, 「독 짓는 늙은이」, 『황순원전집 1』, 문학과지성사, 1993, 293쪽. 앞으로는 인용 말미에 전집 권수와 인용한 쪽수만 밝힌다.

그러나 송 영감은 이런 실패를 오히려 죽음으로 극복하고자 한다. 즉 송 영감이 자신의 죽음을 선택하여 의연히 맞이하는 것은 장인정신의 극단이라고 할 수 있다.

프로이트는 죽음 본능을 '살아있는 모든 물질에서 가장 보편적인 경향은 무기적인 세계의 평화로 다시 되돌아가는 것'이라고 말하면서 '퇴행적 열망'의 표현으로 보았다. 그러나 프로이트와 다르게 독일 태생의 프랑스 사회학자 뒤르켐은 그의 『자살론』에서 자살은 개인의 심리나 물리적 환경에 달려 있지 않고 어디까지나 개인과 사회의 관계에 달려 있다고 보았다. '사회학적 연구'라는 이 책의 부제에도 드러나듯이 그는 사회적 결합성이나 긴밀성, 사회적 연대나 유대 또는 사회적 규범 따위에서 자살의 원인을 찾으려고 한다.[53)]

따라서 송 영감이 택한 죽음은 프로이트식으로 말하면 유기체적 세계에서 무기체의 평화로 되돌아가려는 퇴행 본능이요, 감당하기 어려운 큰 충격을 받은 후 택하는 죽음이 바로 아노미적 자살에 속한다. 특히 현실에서 초월하고자 하는 의지가 사회와의 관계 맺음에서 능동적으로 결합하지 못하는 경우, 극단적으로 자기 자신을 파괴하는 방법으로 충족시키는 형태의 죽음으로 이어진다. 이 작품은 그의 문학작품에서 자주 나타나는 파괴의지의 극단적 형태인 죽음(자살)의

---

53) 자살에서 이렇게 사회적 요인을 중시하는 뒤르켐은 자살을 크게 네 갈래로 나눈다. 첫째 타아적 자살, 둘째 자아적 자살, 셋째 운명적 자살 그리고 마지막으로 아노미적 자살이 바로 그것이다. 특히 아노미적 자살은 개인의 욕망과 야망을 억제하는 사회적 규범이 무너져 버릴 때에 나타난다. 한 사회에서 아노미가 늘어나면 개인의 정열이나 야망도 충족시킬 수 없는 수준까지 늘어난다. 또한 감당하기 어려운 큰 충격을 받거나 직장이나 재산을 잃었을 때처럼 개인과 사회의 관례적인 관계가 갑자기 무너질 때에도 아노미적 자살이 일어나기도 한다. '아노미'라는 이 용어도 뒤르캠이 아노미적 자살을 말하면서 처음으로 사용한 말이기도 하다.(보다 구체적인 것은 A. 기든스, 임영일 · 박오영 역, 〈뒤르켐〉, 『자본주의와 현대사회이론』, 한길사. 1981, 113-186쪽 참조)

모티프를 해명하는 데 좋은 단초를 마련해 준다.[54]

「필묵장수」의 작중인물 '서 노인'은 한평생을 외롭게 산 인물이다. 어려서부터 매화그림을 그렸으나 그림에 별 재주도 보이지 못하여 필묵장수로 연명해 가는 인물이다. 그런 그에게 섬광처럼 스쳐간 단 한 번의 빛나는 경험이란 바로 해방된 이듬해 어느 늦가을, 아들을 징용 보내고 기다리는 어떤 여인네가 만들어준 '흰 버선'을 선물로 받은 사건이다. 그 호의에 대한 보답으로 아들이 돌아오면 신방에 붙여주라며 매화그림을 그려주었다. 그러나 서 노인은 그 그림이 마음에 차지 않아, 진정한 그림을 그리면 여인에게 다시 주려는 희망을 품고 있다. 이때 '매화그림'은 여인을 향한 '서 노인'의 순수한 사랑의 이미지이다. 서 노인은 한국전쟁이 나기 얼마 전, 다시 그 마을에 들러 동장 집에 머물던 중에 훌륭한 매화그림을 그리게 된다.

> 서노인은 매화 한 폭을 그리기 시작했다. 그런데 좀 만에 서노인을 바라본 동장이 적이 놀라고 말았다. 서노인의 모양이 달라진 것이었다. 검누렇던 얼굴이 상기가 돼 있었다. 눈은 열에 뜬 사람처럼 빛을 띠고 있었다. 그리고 붓을 잡은 손이 사뭇 가늘게 떨리었다.
>
> 동장은 이 늙은이가 아직 앓고 있는 중이라고 생각하며, 오늘은 그만 그리라고 했다. 그러다가 무심코 그림에로 눈을 준 순간 동장은 다시 한번 놀랐다. 지금 서노인이 그린, 늙어 비틀어진 매화가지에 달린 꽃송이가 호들 하고 살아 움직인 것이었다.
>
> 그러는데 마지막으로 한두 군데 붓을 대고 난 서노인이 별안간 그림을 움켜쥐고는 밖으로 뛰어나가는 것이었다. 그리고는 그것을 잽싸게 허리춤 속에 집어넣는 것이었다. 이것이다, 이것이다. 여태 내가 그리

54) 김윤정, 『황순원 문학연구』, 새미, 2003, 90쪽.

고자 한 것이 바로 이것이다! 미친 사람 모양 혼자 중얼댔다.(3권, 131쪽)

서 노인은 평생 동안 그리고자 했던 완벽한 매화그림을 드디어 얻게 된 것이다. 그것의 임자는 따로 있기에, 서 노인은 동장에게 그 그림을 찢어 버렸다고 거짓말을 하고 길을 떠난다. 길을 떠나고 나서 전쟁이 났음을 알게 되고 다시 여인이 사는 집으로 갔으나 폭격으로 마을은 형체도 없이 사라지고 난 뒤였다. 전쟁이 끝난 후 동장은 동네에 거지가 죽어 있는 것을 보게 되는데 그것은 바로 서 노인이었다. 동장은, 자기가 죽으면 버선을 신겨 묻어 달라는 유언과 언젠가 자신의 집에서 그린 매화그림이 곱게 접혀 품에 간직되어 있는 것을 발견한다.

「독 짓는 늙은이」의 '독'과 「필묵장수」의 '매화그림'은 목숨과 맞바꾼 예술에 대한 그들의 시적 이미지이다. 작가는 현실적으로는 죽음이라는 결말로 마무리하나 이 죽음이 단순히 패배는 아니다. 낭만적 주체는 객관적 현실과 주관 사이의 틈을 주체의 주관적인 시적 이미지로 융합시키면서, 주체의 현실적 고통과 비참함을 거부하고 죽음을 서정으로 표현하고 있기 때문이다.[55] 요컨대 「독 짓는 늙은이」의 송 영감은 가마 굽는 곳에 들어가 죽음으로 독가마를 완성하는 것이며, 「필묵 장수」의 서 노인은 이상적인 매화그림 한 편을 남김으로 예술가로서의 삶을 마감한 것이다.

한편, 황순원의 「병든 나비」(1942)는 현실에 적응하지 못하고 죽음만을 동경하는 노인의 내면적 풍경을 섬세하게 묘파한 작품이다. 이 작품에서 정노인은 일상 속에서 생활의 기쁨을 잃어버린 '병든 나

---

55) 서재원, 앞의 책, 139쪽.

비'로 표상된다. '나비'가 기쁨을 상징하고 영혼, 죽음, 불멸성을 상징한다고 볼 때, 정노인은 현실에서 기쁨을 잃어버리고 죽음만을 편안한 것으로 인식하는 병든 나비이다.

> 그렇게 정노인은 이 목공소에를 자주 들렀다. 처음 여기에다 관 한 집을 사 놓은 뒤로, 어느 날쯤 새 관감이 와닿는다든지하면 그날은 아침결부터 와서 관감을 구경하고, 그리고 자기가 먼저 마춘 관보다 나은 것이면 돈을 더 주고 바꾸기도 했다. 그리고는 이 관이 다 짜이는 동안와 지키다시피 하는 수도 있었다. 힘에 부친 대로 대패질을 맞잡아도 주고, 관이 다 되면 칠하는 것도 돕곤 했다.[56)]

젊은 날의 정노인은 관을 두려워하고 꺼려했었다. 그런 그가 어머니의 입관과 아내의 입관을 본 후 죽음을 편안하게 인식하게끔 된다. 세상사에 대한 번거로움과 부담감에서 벗어나고 싶어 오히려 죽음을 갈망하고 있는 그의 내면적 상황은 생동하는 생명감을 감당하지 못하고 현기증을 느끼는 그의 심리 상태와 연결되어 있다. 곧 정노인은 살아있는 생명체의 약동감이나 생명감까지도 감당하지 못하고 현기증을 느낄 만큼 쇠약해 있고 병들어 가는 존재이다. 그리하여 그는 생명을 가진 꽃을 가꾸는 일이나 사군자 치기도 이제는 감당하지 못하고 현기증을 느끼면서, 자신이 죽은 후 들어갈 관을 짜 맞추어 놓고는 죽음을 동경한다. 정노인에게 있어 죽음이란 바로 편안함과 희・로・애・락 그리고 죽음까지를 대자연의 이치에 따른 결과로 보고, 그것을 받아들일 때 얻을 수 있는 마음의 평화인 것으로 이는 장자가 얘기하는 지락(至樂)의 상태라 볼 수 있다.[57)] 곧 정노인에게 있어 죽

56) 황순원, 「병든 나비」, 장현숙, 『황순원 다시 읽기』, 한국문화사, 2004, 79쪽.

음이란 어머니의 자궁 속과 같이 보호된 상태, 가장 근원적 상태로의 회귀를 뜻하며, 이는 자연에 대한 영원한 회귀를 의미한다. 이렇게 현재의 문제나 현실을 피해서 자꾸 편안한 상태를 추구하는 정노인의 내면적 상황은 이 작품 결미에 이르러 극적으로 상승되면서 정노인이 실제로 죽음에 이르는 사건으로 반전되고 있다.

> 그러면서였다. 정노인이 멈칫 발걸음을 멈춘 것은, 무어 별다른 일은 아니었다. 줄넘기 하던 계집애 중의 한 애기가 달려왔다고 생각했다. 그리고 그 애가 쭈그리고 앉았다고 생각했다. 그리고는 급한대로 거기서 소변을 보는 거로 알았다. 그뿐이었다.(86쪽)

계집애가 운동장에 쭈그리고 앉아 소변을 볼 때, 땅에서 꽃처럼 번져가는 물기의 번짐, 이것이 자궁의 이미지와 교묘하게 접합되면서, 정노인은 "꽃! 저게 정녕 꽃이 아닐까. 꽃!" 하고 경탄한다. 땅 곧 대지는 어머니를 상징하며 대지 위에 쭈그리고 앉아 있는 계집애의 모양은 곧 모체 속에 있는 태아를 연상하게 하고, 그리하여 정노인도 "그 자리에 주저 앉으며 눈을 지긋이 감았던" 것이다. 정노인은 '모체 속에 있는 태아'의 모습을 하고 죽어간다. 대지 위에 쭈그리고 앉아 소변을 보는 계집애의 모습은 바로 어머니의 자궁 속에 있는 태아를 상징하는 것으로서 이것이 '꽃'으로 인식되었다는 것은, 정노인이 내면 깊숙한 곳에서 '모체 속으로의 회귀' 또는 '모체 속으로의 퇴행'을 갈망하고 있었음을 단적으로 드러낸 것이라 볼 수 있다. 현실에서 행복을 찾을 수 없어 자꾸만 현실에서 도피하고자 하는 정노인, 죽음을 통해서 평안함을 갈구하는 정노인에게는 자궁 속으로의 회귀야말

57) 장현숙, 앞의 책, 작품해설, 87쪽.

로 진정한 생명과 재생과 부활이 이룩되는 곳으로 인식된다. 이럴 때 정노인은 "꽃! 저게 정녕 꽃이 아닐까. 꽃!"이라고 하며 절규하는 것이다. 진정한 꽃, 진정한 생명에 대한 추구는 부담스럽고 번거로운 이 세상을 떠나 어머니의 태 내 곧 자궁 회귀에서 가능하다는 것을 인식한 바로 그 순간, "그는 눈앞이 아찔해지며" 실제로 죽음에 이르게 된다.

그렇다면 작가가 정노인을 통해서 보여주는 죽음 의식은 어떠한 시대적 상황 하에서 말미암은 것일까. 그것은 바로 "1942년 일제하의 닫힌 현실 속에서 탈피하여 자유롭게 날아오르는 한 마리의 생명 있는 나비가 되고픈 작가의 열망이 정노인라는 병든 나비를 통하여 역설적으로 표출"된 것 또는 "현실의 암울한 상황에서 도피하여 아무에게도 구속받지 않고, 부담을 느낄 필요가 없는 자꾸만 편안한 상태로 나아가고 싶다는 작가의 내면세계가 모체 속으로의 퇴행을 갈망하는 정노인으로 표출"[58]된 것으로 해석할 수 있다. 다만, 이러한 해석은 자칫 일제하의 암울한 시기에 창작된 점과 시대적 배경을 자의적(恣意的)으로 연결한 논리의 비약으로 볼 여지도 안고 있다. 「병든 나비」에서의 정노인과 같이 '모체 회귀'를 통하여 오히려 새로운 자아를 찾으려는 희망이 표출된 것으로 보는 것이 온당해 보인다. 고통스러운 세속을 탈출하고자 하는 무의식적 상념을, 꽃을 찾는 한 마리 '병든 나비'를 통해서 드러내고 있는 것이기 때문이다. 동시에 「병든 나비」는 여전히 일제하라는 어둠의 시대를 살아가며, 죽음을 인식하고 고통스러워 했던 작가의 정신적 갈등과 자유에 대한 갈망이 투영된 작품으로 해석될 여지도 안고 있다.[59]

---

58) 위의 책, 88쪽.

59) 황순원 문학에 대한 일반적 평가는 '기교주의', '서정성', '순수에의 집착' 등으

이상 노년소설의 초기적 특성을 살펴보기 위해 이태준, 최정희, 김동리, 황순원의 작품들을 살펴보았다. 이외에도 박화성, 김정한 소설도 연구대상에 포함하려고 했으나 작품들을 일별하는 선에서 그쳤다. 위에서 열거한 작가들의 작품에서 노년소설의 소재로 흔히 등장하는 죽음의 문제만 보아도 작가마다 접근하는 시각차가 분명하다. 작가마다 문학관, 인생관이 다른 만큼 차이는 당연하다고 할 수도 있으나, 그 차이를 초래한 원인을 구명함으로써 노년소설의 초기 양상이 보다 분명하게 드러날 것이다. 앞에서 살펴본 최정희의 노년소설만 해도 그렇다. 최정희의 노년소설 역시 죽음에 관한 실존적 물음과 관련되어 있는 경우가 많다. 죽음을 대하는 작가의 태도를 비롯하여 죽음의 의미를 묻고 사색하는 작품의 경우도 김동리, 황순원과도 그 입각점이 다르다. 이태준의 노년소설과는 입각점이 더 확연하게 다르다. 여성 작가의 입장에서 노년의 삶, 특히 죽음의 문제를 일상의 삶과 결부시킬 경우 보다 핍진성 있게 드러낼 수 있는 장점을 갖는다. 하지만 이는 지엽적인 문제이고 본질적인 사항은 아니다. 이태순의 노년소설은 죽음의 문제를 비롯해 노년의 삶이 안고 있는 여러 문제를 드

로 요약하는 경우도 있으나, 해방공간을 시대적 배경으로 한 그의 작품들 중에는 집, 식량, 토지 등의 개인의 생존 수단을 매개로 한 다양한 인물들의 삶의 방식을 통해 여전히 되풀이되고 있는 해방공간의 혼란상과 파행적인 현실을 예리하게 묘파해 나간다. 이러한 점을 미루어 볼 때 황순원 소설은 시대적 상황에 대해 민감하게 반응한 경우도 적지 않다. 해방공간 그의 소설들은 진보적 리얼리즘 소설에서 일반적으로 제시되고 있는 '도식적 낙관주의'(schematic optimism) 함몰에서 얼마쯤 벗어나 있는 점도 주목할 만하다. 따라서 황순원은 해방 직후 일제잔재적인 요소의 온존과 이로 인한 세태의 혼란상을 경제적 불평등의 구조적 모순을 통해 잘 드러낸 작가로 평가하기도 한다. 이와 관련된 이 시기 대표적인 작품으로는 『목넘이 마을의 개』에 수록된 「술」(『신천지』, 1947. 2, 발표 당시는 「술 이야기」), 「집」(『신조선』, 1947. 4), 「황소들」(『문학』, 1947. 7) 등을 들 수 있다.(해방공간 황순원의 작품세계에 대한 보다 구체적인 분석은 졸고, 『해방기 소설의 시대정신』, 국학자료원, 1999, 155-173쪽 참조)

러낸다. 하지만 그 입각점이 좀 더 확대되어 있다. 예컨대, 세대에 따른 가치관의 충돌, 근대성의 문제 및 근대화 과정에서의 가치 충돌 등을 드러내는 데 더 주안점을 두고 있기 때문이다. 김동리 · 황순원의 노년소설 역시 실존적 물음과 관련되어 있지만, 이태준의 노년소설과는 입각점이 또 다르다.

이런 점에서 김동리의 작품세계와 여러 면에서 유사성을 보이고 있는 황순원의 노년소설을 살펴보았다. 김동리와 황순원 소설에는 공통적으로 죽음의 순간 생명에의 의지가 전이되면서 승화에 이르는 경우가 등장한다. 다만, 김동리의 소설에서 매개체가 주로 종교와 관련된다면, 황순원의 소설에서는 예술과 관련된다는 점에서 차이가 드러난다.

다음 장에서는 현대 노년소설의 특징을 살펴봄으로써 초기 노년소설의 특징과 변별점을 가늠해 볼 수 있을 뿐 아니라, 초기 노년소설의 특징을 어떻게 계승하고 이것이 어떻게 변모되고 있는지를 가늠해 보는데 유익할 것이다. 나아가 노년문제가 하나의 사회문제화되고 있는 작금의 시대적 추세와 노년소설이 어떻게 맞물려 있고, 또 이것을 해결하기 위해 문학이 어떻게 복무하고 있는지를 추출하는 데 시사점을 제공해 줄 것이다.

제 4 장

현대 노년소설의 서술 특성과 현실대응력

1. 박완서 노년소설의 서술 특성
2. 한승원 · 김원일 노년소설의 존재 근원과 회귀의식
3. 최일남 · 문순태 노년소설의 말년의식

제 4 장 현대 노년소설의 서술 특성과 현실대응력

현대 노년소설의 가능성과 그것이 갖는 문학적 함의를 고찰하기 위해 이 장에서는 박완서를 비롯해 김원일, 최일남, 문순태의 노년소설 분석에 주안점을 두려고 한다. 근래 들어 노년기에 접어든 작가들 중에서 노년의 삶과 일상을 소재로 주목할 만한 작품들을 창작한 경우가 적지 않다. 작가 스스로 노년기에 접어든 만큼 '노년의 삶'이 작품의 소재로서 익숙해진 것인지 아니면 소재를 떠나서 나이가 들면서 창작의 경지도 높아져 좋은 작품을 쓰는 것인지 그 인과관계를 정확하게 따져 볼 자리는 아니다. 다만, 노년기에 접어든 작가들의 노년소설에서 인간의 삶과 사회현상 그리고 세상을 꿰뚫어 보는 작가의 안목과 연륜이 묻어 있음을 발견할 수 있을 뿐 아니라, 수작(秀作)이 적지 않은 문학현상에 대해서 주목할 필요를 느낀다.

노년소설은 죽음의 문제를 비롯해 우리 삶의 본질을 환기시켜 주는 화두를 자연스럽게 작품의 주요 소재로 등장시키는 점은 소홀히 할 수 없는 요소이다. 작가도 자연인으로서 노년기를 맞는다. 노년의 기준이 각기 다르다고는 하지만 대체로 60세 이상 혹은 65세 전후를 기준으로 하여 그 이상의 연령대를 지칭한다고 볼 때, 우리나라 노인의 경우 유년시절에 한국전쟁을 겪거나 더 거슬러 올라가면 일제 강점기를 겪는 등 정신적으로 많은 시련을 겪은 세대이다. 따라서 노년기에 접어든 작가들이 자신의 경험과 삶을 올올이 창작품으로 형상화했을 경우 그것이 갖는 문학적 의미와 자산을 소홀히 할 수 없다. 더욱이 우리나라는 고령화 사회로의 진입이 가파르게 진전되면서 노인문제가 주요한 사회문제로 대두되고 있는 추세이다.[1)] 이러한 우리의 역사・사회적 특성을 고려해 볼 때, 문학에서 노년의 삶이 안고 있는 문제에 관심을 보이는 것은 지극히 마땅하다. 우리 사회의 발전에 기여해 온 측면, 사회적 소외, 경제적 빈곤, 건강악화, 노인학대 등과 관련해서 현대소설에서 노인을 어떻게 묘사하고 대상화해 놓고 있는지를 따져볼 필요가 있다.[2)]

이런 점에서 노년소설의 가능성과 그것이 갖는 문학적 함의, 나아가 문학사적 의미는 앞으로 더 증대될 가능성이 커 보인다. 박완서, 최일남, 이청준, 한승원, 김원일 그리고 문순태의 노년소설들을 주목하는 이유도 이런 맥락에서이다. 특히 박완서는 1980년대부터 노년의 삶에 얽힌 여러 측면을 다양하고 심도 있게 접근한 작가이다.[3)] 이

1) 우리나라에서 노인문제가 노인복지 관련 학계나 전문가들에 의해 사회문제로 인식되기 시작한 것은 노인 인구가 급증하기 시작한 1970년대 초반의 일이다. 이 글은 노년소설 속에서 노인문제를 어떻게 다루고 있으며, 또 여기에 대한 문학적 대응이 어떠했는지에 대한 연구에 초점을 두고 있지는 않다. 다만, 노년의 삶에 얽힌 여러 국면을 문학의 소재로 다루는 담론 방식을 고찰하는 과정에서 노인문제와 관련된 부분을 부수적으로 다루는 경우가 있을 것이다.

2) 노년문학 연구와 관련하여 서정자의 업적을 빼놓을 수 없다. 그는 「하강과 상승 그 복합성의 시학」에서 1985년부터 1994년까지 『현대문학』과 『문학사상』에 발표된 단편 1,200편 중 54편의 노년소설을 찾아내어 연구대상으로 삼아 분석한 것을 비롯해 노년소설 연구와 관련하여 주목할 만한 논의와 시사점을 제공한 바 있다(보다 구체적인 것은 서정자, 『한국 여성소설과 비평』, 푸른사상, 2001, 613-614쪽 노년소설목록 참조). 최근 들어 노년소설 연구와 관련하여 대상 작품을 확대하여 고찰한 것으로는 최명숙, 「한국 현대 노년소설 연구」(경원대 박사학위논문, 2006)가 주목에 값한다.

장에서 박완서의 노년소설을 다른 작가에 비해 보다 많은 비중을 두어 언급하는 이유도 여기에 있다. 따라서 박완서의 경우는 비교적 최근작인 『너무도 쓸쓸한 당신』에 수록된 작품들도 분석의 대상에 포함시켰다.

이외에도 문순태, 한승원, 이청준, 김원일 등의 경우도 주목할 만한 노년소설들을 다수 창작했는데, 노인문제가 사회문제로 대두된 이후 창작된 점을 감안하면 현대 노년소설의 면모와 특성을 아우르는데 유익하다. 노년소설의 가능성과 그것이 갖는 문학적 함의와 지형도를 제대로 드러내기 위해서는 이러한 작가들의 노년소설이 포함되어야 마땅하다.

이런 점에서 김원일의 『슬픈 시간의 기억』을 비롯해 한승원의 노년소설도 본격적으로 다룰 것이다. 또한, 최일남의 「흐르는 북」을 비롯해 『아주 느린 시간』, 『석류』에 실려 있는 작품들, 그리고 문순태의 소설집 『된장』에 실려 있는 「그리운 조팝꽃」, 「문고리」와 『울타리』에 실려 있는 「늙으신 어머니의 향기」, 「은행나무 아래서」, 「느티나무와 어머니」, 「대나무 꽃 피다」 등을 중점적으로 고찰하게 될 것이다. 특히 문순태와 최일남의 소설은 노년소설로서의 성격과 조건을 두루 구비하고 있을 뿐 아니라 노년의 삶에 얽힌 여러 측면을 다양하고 심도 있게 접근하고 있다는 점에서 비중을 두어 서술하려고 한다.

한편, 노년소설의 범주 및 그 대상에 대해서는 연구자들마다 조금씩 관점의 차이를 보이고 있다.[4] 하지만 노년소설은 노인들이 주요

---

3) 박완서의 노년소설과 관련하여 보다 구체적인 사항은 유남옥, 「풍자와 연민의 이중성: 박완서 소설에 나타난 노인」, 『한국문학에 나타난 노인의식』, 문학을 생각하는 모임, 백남문화사, 1996. 10 및 전흥남, 「박완서 노년소설의 담론 특성과 문학적 함의」, 『국어문학』 42집, 2007. 2 참조.

4) 노년소설의 범주와 대상 작품들에 대한 보다 구체적인 사항은, 본 저서의 "노년

인물로 등장하고 작품의 소재 역시 노년의 삶에 초점을 두고 작중화자도 노인으로 설정된 경우가 많다는 점에 대해서는 대체로 이견이 없다.[5] 이 글에서 본격적인 연구대상으로 삼고 있는 작품들도 당연히 이러한 범주에 속한다.

1. 박완서 노년소설의 서술 특성

박완서는 1970년대에 장편 「나목」이 『여성동아』 장편 공모에 당선되어 등단한 이래 30년 이상 작품 활동을 지속해 온 작가이다. 그동안 25권 내외의 소설집을 냈으니 1년 반에 한 권씩의 장편소설이나 소설집을 내면서 왕성하게 창작을 해온 셈이다. 그의 나이 70대에 들어선 지금까지도 후배 작가들이 무색해할 정도로 계속 문제작을 만들어 내면서 문단에 신선한 자극을 주고 있다.[6] 박완서는 대개 1950년

소설의 범주와 대상" 부분 참조.

5) 변정화는 노년소설의 개념 규정과 그 유형을 비교적 명확히 한다. 먼저, 노인의 개념과 그 연령선을 규정한 다음, 노년소설의 세부 요건으로는 노년의 인물이 주요 인물로 나타나야 할 것, 노인이 당면하고 있는 제반 문제와 갈등이 서사 골격을 이루고 있을 것, 노인만이 가질 수 있는 심리와 의식의 고유한 국면에 대한 천착이 있을 것 등을 설정한다. 그리고 서사화의 방법을 '외부로부터의 묘사'와 '내부로부터의 묘사' 등으로 세분화할 수도 있다고 하였다.(노년소설의 개념 및 유형화와 관련해서 보다 구체적인 것은 변정화, 「시간, 체험, 그리고 노년의 삶」, 문학을 생각하는 모임, 『한국문학에 나타난 노인의식』, 백남문화사, 1996, 176-177쪽 및 최명숙, 앞의 논문, 11-14쪽 참조)

6) 필자가 박완서의 노년소설과 관련된 글 「박완서 노년소설의 시학과 문학적 함의 II」(『국어문학』 제49집, 2010. 8)를 발표할 당시만 해도 박완서는 왕성하게 창작 활동을 하던 현역 작가였다. 하지만 이 책을 출판할 즈음에는 이미 고인이 되었다(2011년 1월 22일 별세했다). 그는 "문인들은 가난하니 부의금을 받지

에 등단한 전후 작가와 나이가 비슷하지만, 본격적인 작가로서의 활동을 1970년대부터 시작하여 지금까지 지속한 특이성도 지닌다.

박완서는 대체로 "각 시대를 원경으로 삼되 대사회적 발언의 톤은 거의 변함이 없는 작가이다. 박완서의 작가적 관심의 최종 목표는 가시적 현실의 소묘보다는 그 현실의 은밀한 배후의 파악과 폭로에 있었다."[7] 하지만 많은 평자들은 박완서에 대해 세태소설, 병리소설, 풍자소설의 작가라는 평가에 걸맞는 수준의 리얼리즘을 성취해 내었다고 평가한다. 그러나 박완서의 궁극적 관심은 가치 있는 삶의 모색과 해명에 있다. 박완서가 생각하는 삶 속에는 역사도 흐르고 있고 이데올로기도 침전되어 있기는 하지만, 그는 '세상살이'를 그려 내고 의미화하는 수준에서 소설 쓰기를 계속해 온 셈이다.

박완서 문학에 대한 평가는 1990년대에 들어서면서부터 본격화되었고 연구물도 상당히 축적되어 왔다.[8] 하지만 작품 연구는 주로 억척모성의 형성이나 전쟁체험의 의미 등 주제비평을 중심으로 이루어졌을 뿐, 노년소설에 주목한 연구는 상대적으로 빈약한 편이다. 이런 맥락에서 이 글은 박완서의 소설집 『저문 날의 삽화』, 『너무도 쓸쓸한 당신』을 중심으로 그의 노년소설이 안고 있는 담론 특성과 문학적 함의를 추출하는 데 주안점을 두게 될 것이다.

말고 후하게 대접하라"는 유훈(遺訓)을 남겨 잔잔한 감동을 선사하고 떠났다. 박완서의 산문집 『못가본 길이 더 아름답다』는 그의 유작이 되고 말았다. 그의 산문도 소설만큼이나 그윽하게 삶을 관조하는 기다림과 지혜를 엿볼 수 있게 하는 대목들이 적지 않다.

7) 조남현, 「한국문학과 박완서 문학」, 『박완서 문학 길찾기』, 세계사, 2000, 92쪽.

8) 박완서의 소설에 대한 연구 동향은 2000년에 박완서 문학 30주년 기념으로 발간된 『박완서 문학 길찾기』(이경호 · 권명아 엮음, 세계사)에 조명되어 있으며, 근래 주목할 만한 연구는 이선미, 『박완서 소설 연구』(깊은샘, 2004)의 "연구목록 및 참고문헌"에 소상하게 정리되어 있다.

1) '삽화', 기억에 의한 글쓰기

박완서 소설의 화자들은 여성으로서의 자신의 삶에서 자연스레 부딪치는 일상의 사소한 문제에서 전반적인 여성 존재의 문제성이라든지 더 나아가 자신들을 포함한 공동체의 삶이 처해 있는 사회적 맥락까지를 자연스레 접맥시키고 이야기를 풀어 나가는 공통점을 보인다. 앞으로 분석하게 될 「저문 날의 삽화 1-5」 연작은 소설 속의 화자인 등장인물이 실제 소설의 작가와 동일시되게 소설을 꾸미고, 더 나아가 화자의 일반적인 삶에 대한 태도를 소설 속의 이야기와는 별도의 방향에서 직접적으로 드러내고, 또 어느 면에서는 화자가 독자들에게 자신의 주장하는 바를 은근히 권하기도 한다는 점에서 자서전적인 성향을 강하게 드러낸다고 볼 수 있다.[9] 작가와 서술자 그리고 등장인물을 함께 묶는 공유된 정체성이야말로 자서전의 특징이기 때문이다. 또한 자서전의 성격이 글을 쓰는 현시점에서 저자가 살아온 삶의 순간순간에 대한 명확한 판단이나 해석을 한다는 점을 감안해 보면 이야기의 허구적 맥락과는 동떨어지게 어떠한 삶에 대한 태도가 불쑥 화자의 머릿속으로 침입해 들어오는 박완서의 이야기 전개방식은 더욱 그런 생각을 갖게 한다. 다음과 같은 예문을 통해서도 박완서 소설의 자서전적인 성향이 드러난다.

(1) 나는 고백소 앞으로 가서 줄을 섰다. 내 앞엔 세 사람이 있었고 나하고 같은 연배의 중늙은이들이었다. 한참 입심이 좋은 나이들이었다. 마냥 기다려야 될지도 모른다는 예감이 들었다. 기다리는 동안 내 바로 앞의 부인은 줄창 가늘게 떨고 있었다. 그 미세한 전율이 무엇 때

9) 김경수, 「여성경험의 소설화와 삽화형식」, 『문학의 편견』, 세계사, 1994, 392쪽.

문인지 짐작이 안 되는 채로 나는 약간 물러섰다. 옮아붙을 것 같아서 싫었다. 그 부인은 나보다 모가지 하나는 작아서 가리마를 중심으로 동그랗게 머리가 빠져 남자의 대머리처럼 반들반들 윤기나는 맨살을 몇 가닥 안 남은 머리칼이 어설프게 덮고 있는 것이 민망하도록 여실히 보였다. 그 부인이 고백소로 들어가 내가 맨 앞 차례가 될 때까지 줄곧 그 대머리는 늙은 여자의 치부를 훔쳐보는 것처럼 나를 참담하게 했다.

오래 걸리리라고 자신 있게 예상한 것과는 달리 그 부인은 곧 나왔다. 나는 나도 모르게 내 뒷사람들을 돌아다보았다. 세 사람이 더 서 있었고 그들의 무표정에 떠다밀린 것처럼 나는 아무런 준비 없이 고백소로 들어서고 말았다. 꼭 공중전화 박스만한 넓이의 실내는 침침하고 형언할 수 없이 고즈넉했다. 기대와는 달리 신부님하고 마주앉게 돼 있지 않았다. 신도는 무릎꿇게 돼 있었고 신부님은 칸막이 저쪽에 계신 듯 했다. 나는 황급히 성호경을 욌지만 그 소리의 떨림이 나의 것 같지 않아 낭패스러웠다. 신부님이 뭐라고 그러셨지만 내 가슴이 두근대는 소리가 하도 명료하게 들려 알아들을 수가 없었다.[10)]

(2) 큰 딸의 공부방이었던 건넌방은 지금은 남편의 서재였다. 말이 좋아 서재지 장서는 빈약했고 전문적이지도 장식적이지도 않았다. 딸의 나이 따라 열심히 들여놓아 준 전집들이 세계 명작동화로부터 문학, 역사 관계 전집류까지 손때보다는 세월의 때가 곱게 찌든 채 간간이 이가 빠지긴 했지만 고스란히 남아 있었고, 딸이 직접 샀음직한 릴케, 니체, 헷세의 책들도 딸의 정신에 영향을 미쳤다기 보다는 지적 허영심이나 채우다 말았음이 역력했다. 오래된 리본이나 포장지처럼 사용의 흔적없이 그냥 바래보였다. 남편의 책이라곤 일본말로 된 삼국지와 어쩌

10) 박완서, 「저문 날의 삽화 1」, 『저문 날의 삽화』, 문학과 지성사, 1991, 71-72쪽. 이 글에서 박완서의 작품 인용은 특별한 언급이 없는 한 이 소설집에 의존한다. 이후에는 인용 말미에 작품명과 쪽수만 적는다.

다 사는 종합지가 몇 권 있을 뿐이었다. 그래도 남편은 친한 친구가 오면 「우리 서재에서 바둑이나 한판 두세」 하기도 했고, 「여보 서재에서 술 한 잔 하게 해줘」 하기도 했다. 그래서 그 방은 남편의 서재였다. 나는 그 방에 남아있는 딸의 의자에 앉았다. 딸이 시험 공부할 때 피곤을 덜어주려고 사준 의자는 폭신하고 뱅글뱅글 도는 회전의자였다. 묵주의 기도 열 번은 너무 지루했다. 나는 내가 그 기도를 바침으로써 용서받고자 하는 잘못이 무엇이었던가를 골똘히 생각하느라 자주 기도문을 놓치고 헷갈렸다. 그러다가도 나도 모르게 전도서의 첫 구절을 외고 있었다.

―「저문 날의 삽화 1」(76쪽)

다소 장황하게 인용한 대목들은 「저문 날의 삽화 1」의 일부분이다. (1)은 신부님에게 고백하러 가서 무언가 급하게 고백할 일이 있는 듯이 조바심치며 기다리는 장면이며, (2)는 성당에 갔다 와서 "묵주의 기도 열 번"을 준비하는 장면이다. 두 개의 인용문 모두에서 작중인물인 서술자는 조바심치며, 중요하게 할 일을 앞에 두고 자기 생각에 빠져 있다. 다급하고도 진지하게 할 일이 있음에도, 자신이 해야 할 일보다 해도 그만 안 해도 그만인 주변 상황을 관찰하는 일에 더 빠져 있다. 고해성사를 위해 줄을 서서 앞에 있는 중년 부인의 머리를 보고 느끼는 참담한 심정을 장황하게 늘어놓은 것이나 한참 동안을 앞 여자의 머리에 대해 생각한 것과는 달리, 금방 나온 앞 여자 때문에 아무런 준비 없이 떠밀리다시피 고백소 안에 들어가서는 공중전화 박스를 연상하는 것은 늙은이인 서술자의 내면상황을 구체적으로 떠오르게 한다. "처음 하는 고해성사"에 긴장하고 조바심친 것과는 어울리지 않게 그저 "건성으로 들릴 만큼 빠르고 성의 없이" 고백할 수밖에 없었던 인물의 산만한 내면상태를 암시하는 것이다. 상황의 비유성뿐만 아니라, 쉬지 않고 떠드는 것 같은 장황한 내면묘사는 정작 말해야 할 때는 말하지 못하고 내면에서만 수많은 말들을 웅얼거리는 인물의 초조하고 응어리진 내면심리를 드러낸 것이다.

(2)는 묵주 신공을 열 번 하기 위해 남편의 서재로 들어간 주인공의 서술이다. 여기서도 서술자는 서재를 꼼꼼히 관찰한다. 기도를 하러 들어가서는 큰 딸이 쓰던 방이 어떻게 남편의 서재가 되었는가나 서재가 실제로 서재의 의미에 맞지 않다는 것을, 서재를 이루고 있는 책에서 짐작되는 딸과 남편의 심리를 덧붙이면서 자세하게 설명하고 있다. 행위의 목적은 제쳐두고 별로 중요하지 않을 주변적인 것들을 꼼꼼히 관찰하는 서술은 인물의 내면상황을 간접적으로 드러낸다. 이렇게 주변적인 것에 관심을 갖는 것은 인물이 하려고 하는 기도가 정작 기도가 되지 않는, 기도하는 것의 허위성과 기도를 믿지 못하는 마음을 보여 주는 것이다.

두 인용문을 통해서도 알 수 있듯이, 인물의 행위에 적합한 관심과 그 일에 대한 성실한 몰입은 제쳐 두고 전혀 상관없을 것 같은 주변적이고 사소한 것들에 집착하는 박완서의 서술 태도는 인물의 상황과 동떨어진 것들을 부각시킴으로써 산만성을 고조시킨다.[11)]

이러한 양상은 「저문 날의 삽화 1-5」 연작 외에도 「꽃을 찾아서」, 「우황청심환」 등 노년의 인물들이 주인공이면서 서술자로 등장하는 작품들에도 나타난다. 이 작품들은 전제적으로 한 작품으로 이해될 수 있을 정도로 비슷한 삽화식 구성과 사소한 것에 집착하는 서술자의 태도가 전면화되어 있다. 전부터 있어 왔던 것이나 사소한 것도 그냥 지나치지 않고 인물의 내면으로 끌어들임으로써 그런 사소한 것들이

11) 이선미, 『박완서 소설연구』, 깊은샘, 2004, 163쪽.

자기 삶의 한 단면임을 보여 준다. 즉, 사소한 일상사 구석구석에서도 흔적을 발견할 수 있는 억압된 자아를 의식하려는 서술방식인 것이다. 이런 점에서 박완서 소설의 삽화식 구성이 갖는 문학적 효과와 의미에 대해서 주목한 조혜정의 다음과 같은 지적은 시사하는 바가 크다.

> 박완서는 사실과 넉살, 익살과 엄살, 달램과 꾸짖음, 묘사와 설교라는 갖가지 방법으로 여성 독자들에게 다가간다. 똑똑한 이모가 되어, 달래는 언니가 되어, 꾸짖는 엄마가 되어, 조용히 성찰의 눈길을 보내는 친구가 되어 그는 「수다」를 떨기보다 책읽기를 좋아하는 「여자변종」들을 한데 불러 책을 통한 「수다」의 장을 열어간다. 또 「수다」를 분석하여 차원 높은 수다거리를 내놓는다. 「수다」가 공적인 담론이 되어가고 있는 것이다.[12]

위의 지적은 일종의 삽화로서의 소설 형식에 대한 재고를 요청하면서, 동시에 그 바탕 위에서 삽화라는 양식이 박완서가 추구하는 여성성의 문제와 어떻게 접맥되는가를 알아보기에 적합한 예다. 그뿐만 아니라 박완서의 서술방식은 독립적인 이야기일 수 있는 각각의 삽화들을 아무렇지도 않게 무작위적으로 연관짓는 식으로 또는 불쑥불쑥 얘기를 꺼내는 식으로 연결함으로써, 우리의 일상사를 전면적으로 지배하는 허위의식에 대한 반성의 계기를 제공한다는 점에서 문제적이다. 이것은 일상적 삶 전반에 스며 있어서 쉽게 분별해 낼 수 없는 삶의 허위성을 반성하게 하는 서술방식이며, 자기 내면의 깊은 곳까지 탐색해 들어가 억압된 자아를 복원해 내고 그것으로 죄의식을 확

---

12) 조혜정, 「박완서 문학에 있어 비평이란 무엇인가」, 『작가세계』, 1991 봄, 129쪽.

인하는 서사가 된다. 「저문 날의 삽화 1」의 한 대목을 통해서 이러한 점들을 보다 확연하게 살펴볼 수 있다.

> 남달리 자식 복이 많아 자그만치 육 남매를 둔 남편의 친구가 상처를 하더니 다음해엔 그마저 따라 죽은 사건은 남편의 친구들 사이에 적지 않은 충격이 되었다. 그들은 서둘러 사십대의 건강을 면밀히 체크해 보기도 했고 보약을 먹거나 건강식에 관심을 갖기도 했다. 안사람들은 죽은 사람이 남긴 자식의 반밖에 안 되는 제 자식을 얼싸안으며 두셋만 낳은 단출한 식구를 자축하기에 여념이 없었다. "세상에 육 남매라니, 모아놓은 재산도 없다는데, 맡아 줄만한 친척도 없다는데." 이러면서 알토란 같은 제 식구와 중년의 건강을 껴안은 마음에는 일말의 동정과 진이 날 듯이 농밀하고 잔혹한 쾌감이 없었다고는 말 못했다. 외할머니가 그 많은 외손들의 치다꺼리를 맡게 되었다는 뒷소식에 적이 마음이 놓이면서도 그 노인의 욕된 장수가 징그러워 몸서리를 치는 걸 잊지 않았다. 남편이 그 육 남매의 유자녀 중 막내인 영택이를 집으로 데려온 것은 그 후 얼마 안 돼서였다. …(중략)… 우리에겐 딸만 둘이 있었다. …(중략)… 딸들은 자라면서 나보다 한결 지혜롭게 영택이를 귀애했다. 남동생이 없다는 걸 아는 친구들에게 "우리 아빠가 낳아 들여온 동생이야. 역시 아들은 있어야겠나봐. 아빠도 아빠지만 엄마도 저렇게 좋아하신단다." 이렇게 말할 수 있을 만큼 능청스럽게 굴었다. 그 애들의 남동생에 대한 욕심은 대를 잇고 싶다는 우리의 맹목적인 갈망과는 달리 그들이 평생 지게 될지도 모르는 책임에서 놓여나고 싶은 걸 뜻했음으로 한결 용의주도했다.(79-80쪽)

영택이의 부모들이 죽고 외할머니가 영택이를 맡아 키우게 된 일에 대한 '나'의 회상적 진술이다. '나'의 생각이지만, 영택이가 고아가 되었다는 하나의 사건을 둘러싸고 있는 사람들 저마다의 반응이 드러나 있다. 그 반응들에는 이기적인 욕망이 스며들어 있다. 게다가 아들이 있어야 한다는 가부장 의식이나 자기 가족의 이익을 중심으로 살아가는 가족주의 이데올로기와 같은, 일상사에서 발견할 수 있는 규범의식과도 연관되어 있다. 이것이 과장된 상황이해라 할 수도 있다. 하지만 작품 속에 잘 드러나지 않는 화자의 겉모습에 대한 서술인 듯하면 어느새 자아의 숨겨진 이면을 탐색하는 서술로 바뀌는, 삽화적 특성을 보여 준다.

내면은 전적으로 한 인물의 목소리로만 서술됨으로써 적나라한 내면심리 묘사가 되기도 한다. 자기만 들을 수 있는 내면 목소리라는 서술상황으로 인해 있을 법한 생각들을 숨김없이 토로하게 되며, 이런저런 생각들이 겹쳐서 서술되고 있기 때문에 쓸데없이 덧붙이는 듯한 표현도 적지 않다. 덧붙여지는 듯 보이는 서술은 진짜 쓸데없이 덧붙여지는 것이 아니라 너무나 적나라하게 속 깊은 데까지 파고드는, 이른바 '까발리기'식 내면묘사로 독자들은 거부감을 갖는 경우도 있다. 하지만 박완서 소설의 문체적 특성은 이 덧붙임의 서술이 가져다주는 리얼리티에 있다고 해도 과언이 아니다.[13] 이런 문체적 특성은 독자의 심리를 자극하고 자기인식을 유도함으로써 회상과 고백의 인식적 효과를 강화한다.[14]

「저문 날의 삽화 3」 역시 도자기를 굽는 딸에 대한 화자의 허영심

13) 박완서 소설의 수다스러운 문체나 서술방식은 여러 논자들에 의해 작품의 결함으로 지적된 바 있다. 자기 고백적 회상의 소설들에는 이런 문체적 특성이 더 강하게 나타난다. 예컨대, 장황한 서술과 과장된 심리묘사가 많으며, 집요한 관찰과 내면 탐색이 심하다. 그러나 이는 결함이라기보다 독자가 인물의 내면 정서에 동화되지 않고 인물이 처한 현실을 비판적으로 인식하도록 유도하는 박완서 소설의 서술 특성이라는 점도 소홀히 할 수 없다고 본다.

14) 이선미, 앞의 책, 166쪽.

을 통해 미화되고 은폐된 이기심과 속물적 욕망을 발견하고 죄의식을 환기하는 작품이다. 도자기를 굽는 딸이 그럴듯한 도예가가 되기를 꿈꾸는 화자는 딸에게 투사된 자신의 꿈이 한갓 허영심일 수 있다고 생각하면서도, 그것을 혐오하는 딸에게서 배신감을 느낀다. 이 허영심과 배신감을 드러내는 도입부의 장황한 내면묘사는 동떨어진 삽화라 할 수 있을 정도로 뒤에 이어지는 만수네 이야기와 별 연관성이 없는 듯 보인다. 그런데 이 삽화는 가난하게 어린 손자들을 키우는 '만수네'에게 자신도 기억하지 못할 정도의 순간적인 허영심으로 동정을 베푼 일과 연결된다. 딸에게 걸었던 꿈이 자기황홀을 위한 장식적 기능밖에 하지 못하듯이 어릴 적 화자의 집에서 일을 거들며 살았던 '만수네'에게 보인 지난날의 선의 역시 순간적인 자기황홀에 지나지 않았음을 회상하는 것이다. 이로써 삽화적으로 나열된 두 개의 이야기는 자기미화를 위한 허영심을 폭로하는, 통렬한 자기반성의 주제로 모아진다.

김경수는 이런 '삽화' 양식에 주목하여, 작가 박완서가 여성들 개인의 사적 진실과 공적 진실을 연관 지으려는 내밀한 의도에서 자전적 성향을 두드러지게 드러내는 '삽화' 양식을 채택한 것으로 보고 "이것은 어쩌면 우리 시대의 여성성에 대한 소설화의 한 특이한 양상을 드러내는 소설의 한 양상"15)으로서 실제에 가까운 삶의 경험과 허구의 소설적 텍스트를 상호 연관 지으려는 여성 작가의 무의식적 기술방식이라고 규정한 바 있다.

위에서도 분석한 바와 같이 박완서의 작품들은 이처럼 사소하고 사사로운 이야기들을 생각나는 대로 늘어놓는 노인의 화법을 연상시

---

15) 김경수, 앞의 책, 390쪽.

키는 이야기 방식으로 전개된다. 제목에 쓰인 '삽화'라는 단어에서 삽입된 이야기들이 작고 사소한 내용일 것이라는 짐작이 가능하다. 노인들은 과거의 기억에 의지하여 이야기를 한다. 그것은 작고 사소하나 결코 잊히지 않는 것들이다. "서사활동은 주체가 사건화되어 있는 대상을 의미화하여 소통하는 일련의 과정"[16]으로서 아무렇게나 늘어놓은 이야기처럼 보일지라도 거기에는 의미화를 통해 가치적 권위를 확립하려는 작가의 '가치적 욕구'가 스며 있는 것이다. 박완서의 이야기는 수다스러우나 가볍게 지나칠 수 없는 공적 담론이 될 수 있는 이유가 여기에 있다.

2) '내면'적 자아를 통한 성격화

박완서 소설의 인물 성격화 방식으로서 서술 특성을 해명하기 위해서는 작가의 현실인식과 소설 창작의 동기가 함축되어 있는 '기억'과 '복원'의 의미에 주목할 필요가 있다. 「복원되지 못한 것들을 위하여」에 나오는 '복원'은 박완서의 '기억'의 의미를 보다 분명히 한다.

> 그가 수기의 제목을 「복원」이라고 붙인 건 참으로 적절했다. 깨진 간장종지 하나를 복원시키려도 더도 말고 덜도 말고 그 파편들을 잃지도 보태지도 말고 고스란히 주워 모아야 하듯이 섬세한 부분도 잊어버리지 않고 있다가 제자리를 찾아 맞춘 그의 기억력은 감탄할 만했다. 십 수년의 세월과 그의 연령으로 미루어 기록해두지 않으면 그럴 수도 없는 일이었다. 권력과 힘없는 평범한 사람들의 이해관계가 찰떡같이

16) 우한용, 「소설의 서사기능 상실과 회복의 논리」, 『현대소설연구』 제8호, 한국현대소설학회, 1998. 6, 466쪽.

맞물리면서 부정을 모의하게 된 경위뿐 아니라, 부정 자체가 지닌 인력 때문에 한번 발을 들여놓자마자 정신없이 빨려들게 되는 모습이 여실하면서도 그 꼼꼼한 기록성 때문에 그 동안도 그가 깨어 있었다는 걸 짐작하게 하는 거야말로 그 수기의 마지막 진가였다.

―「복원되지 못한 것들을 위하여」(182-183쪽)

인용문은 소설의 한 대목이지만 작가 자신이 염두에 두고 있는 소설의 의미를 대변한 듯한 인상을 준다. 작품의 주인공인 소설가가 "복원"이라는 수기를 중요하게 여기는 것은 "소재보다는 그의 특출한 기술방법" 때문이다. 부정의 추악상을 드러내는 데 있어서 "권력과 힘없는 평범한 사람들의 이해관계가 찰떡같이 맞물리"는 경위에다가 "부정 자체가 지닌 인력 때문에 한번 발을 들여놓자마자 정신없이 빨려들게 되는 모습"까지도 여실히 드러낸 점에 주목하는 것이다. 따라서 "흔한 고발이나 폭로의 의도도 엿보이지 않았거니와 속죄양이 되어 모든 잘못을 자신이 뒤집어쓰는 것처럼 꾸미고, 실은 고백은 손톱만큼 하고 태산같은 위선의 기쁨을 누리려는 참회록 따위"와도 구별된다고 여긴다. 하지만 이 소설에서 소설 속 주인공인 작가가 주목한 "복원"이라는 수기는 발표되지 못하고 만다. 현실은 자기고발조차 허용하지 않을 정도로 여전하기 때문이다. 수기를 쓴 자가 은폐할 수밖에 없었던 자기상실의 체험은 여전히 억압될 수밖에 없는 현실인 것이다.

뒤이어 나타나는 주인공의 고등학교 때 선생님과 관련된 일화는 '사실'이 은폐되고 미화될 수밖에 없는 현실을 다시 강조한다. 따라서 「복원되지 못한 것들을 위하여」라는 이 소설의 제목은 작품의 주제라 할 수 있다. 그리고 '복원'은 바로 박완서 문학세계를 가능케

한 '기억'의 의미와 상통한다.[17)]

「복원되지 못한 것들을 위하여」의 서술자인 작가가 주목한 '복원'의 의미는 바로 자기상실의 체험마저도 은폐되고 미화되어 여전히 억압되어야 하는 과거의 '사실'을 '기억'함으로써 현실을 비판하는 미적 전략과 통한다. 이때 작품에서 강조되는 것은 은폐와 미화의 작업에 정신없이 빨려 들어가는 자기 자신의 모습까지도 고스란히 복원하는 치열한 자기비판과 반성적 자기인식이다. "내면"을 파고드는 인물 스스로의 시선이나 서술자의 시선은 바로 반성적 자기 인식에서 나온다. 인물은 은폐되고 미화된 것들을 걷어 내고 속속들이 파헤쳐진 '내면'으로 성격화되며, 적나라하게 드러난 속내를 자신의 것으로 인정하게 하는 서술방식을 통해 반성적 인식이 유도된다. 인물의 내면을 겹겹이 헤집어 치사한 속내까지도 보고 마는 인물묘사나, 자기 자신을 상실한 것으로서 과거를 기억하려다가 과거 자체를 '사실'로서 기억할 수 없도록 만드는 현실의 실상을 파악해 내고 그 현실을 문제시하는 결말에 이르는 구성 역시 '기억'의 방법론 때문이다.

작가가 과거의 경험이 사실로 받아들여지지 않는 현실을 비판하기 위해 기억으로 억압의 체험을 복원하려 하듯이, 작품 속 인물들 역시 대사나 행동으로 외화되지 못하고 내면에만 담아 두어야 하는 억압된 자아의 면모로 성격화됨으로서 자아의 진상을 드러낸다. 즉 '이면'이라고 할 수 있는 '내면'은 억압된 자아를 발견함으로써 자아의 면모를 간직한 유일한 흔적이다. 억압된 내면적 자아의 면모는 사회・역사적 경험이 집약된 최종 지점이 되는 것이다. 박완서 소설의 인물 성격화에서 '내면'이 중요한 것은 이 때문이다. '내면'은 인물의 성격

---

17) 이선미, 앞의 책, 23쪽.

화에 중심범주가 된다. 내면적 자아를 통한 성격화 방식을 통해 박완서 소설의 서술 특성을 파악할 수 있는 이유도 이런 점과 무관하지 않다.[18] 이렇듯 '내면'을 통한 성격화나 내면화된 허위의식을 문제 삼는 서술 태도는 은폐된 삶의 '이면'을 전제함으로써만 '진상' 혹은 '사실'에 다가갈 수 있다는 '이면지향적' 사유에 의한 것이다.[19]

따라서 박완서 소설에서 소설을 통해 인물의 이면이나 삶의 이면이 들추어진다는 것은 개별적 삶에 드리워진 사회・역사적 요인이나 억압의 실체를 드러내는 것이 된다. 이면을 전제하고 그것을 사실로 복원하려는 박완서 소설의 서술 특성은 억압의 역사적 경험을 드러냄과 동시에 그것을 은폐하려는 현실을 비판하는 것이다. 다만, 노년소설에서는 그 비판의 강도와 예리함이 궁극적으로 지향하는 세계가 따듯함과 그리움으로 연결되고 있다는 점에 주목을 요한다. 다음 장에서 이와 관련된 보다 구체적인 것을 살펴볼 차례이다.

3) 환상, 환멸을 넘어 그리움으로

박완서 문학의 특징과 그 성향은 대체로 "지식인의 허위의식 비판, 소시민의 물욕, 부당한 권력에 대한 문학적 저항"[20]으로 거칠게 요약할 수 있다. 박완서 소설의 주인공들은 그때마다 정확하고 날카롭게 문제를 지적해 왔다. 그런데 「저문 날의 삽화 1」의 주인공 '나'는 무기력하고 피곤한 모습으로 양 손을 벌리고 매일매일이라는 삶의 과정

18) 이선미, 앞의 책, 26쪽.
19) 위의 책, 32쪽.
20) 하응백, "모성, 그 생명과 평화", 「조그만 체험기」, 『박완서 단편소설전집 2』, 문학동네, 1999, 359쪽.

속에서 이웃을 판단했던 모든 행위가 죄였음을 고백한다.

> 놋쇠로 된 십자고상은 너무 반짝거렸다. 가까이에서 표정을 살피고 싶어 다가가니 마침 내 입술이 못박힌 예수의 발에 닿았다. 그 우연한 사실에 감동해서 나도 애절한 마음으로 그의 얼굴을 우러르며 물었다.
> "주여, 한 말씀만 하소서. 저희들이 매일매일 말과 행위로 못박는 죄인 중 의인은 몇몇이나 되리이까?"(87쪽)

해답을 얻지 못한 '나'의 질문은 미완의 결말을 통해 독자에게 그 답을 열어 둔다. 이는 실제로는 개인의 일상적 삶의 뿌리는 눈에 보이지 않는 잡다한 이데올로기가 작용하여 빚어낸 결정체이기 때문에 개인의 한순간의 결단만으로는 근본적인 변화를 이룰 수 없다는 데에 기인한다.

중년여성의 소외된 삶을 다룬 작품에서 "박완서 소설의 감각 주체들은 감각의 모호함을 항상 구체적으로 자세히 설명함으로써, 그 비유적 의미를 일순간에 단일하게 고정시켜 버"[21]리는 경향이 있었다. 그런데 「저문 날의 삽화 1」에서는 소설 주체의 해석적 서술을 현저히 줄이고, 애매모호한 일상의 불가사의를 인식하되 그 인식의 저변을 열어 놓는 열림의 구조를 채택하고 있다. 분명하고 날카롭게 잘못을 적시하고 단죄하는 일방적 당당함보다는, 독자에게 질문을 던짐으로써 내면화된 규범 앞에서 동요하고 무수한 일상의 사소함이 만들어 낸 경직성에서 벗어나고자 하는 것이다. 손주의 조립을 지켜보며 결과보다 과정이 중요하다는 것을 깨닫는다거나(「저문 날의 삽화 1」), 노부부가 자동차 운전을 배우고 중고차를 사서 고속도로를 향해 달려

---

21) 이선미, 「여성언어와 서사」, 『박완서 문학 길찾기』, 세계사, 2002, 212쪽.

나가는 것(「저문 날의 삽화 4」)은 경직된 자신의 내면화된 규범을 깨뜨려 보려는 노력의 일환인 셈이다.

이와 함께 "감각적 체험의 자아와 이성적 판단의 서술자가 인물의 내면에서 공존"하면서 "감각의 모호함을 항상 구체적으로 자세히 설명함으로써, 그 비유적 의미를 일순간에 단일하게 고정시켜"[22] 버려야 직성이 풀리던 박완서 소설의 인물화 방법도 조금씩 비유적 내면의 진술로 방향을 틀고 있음을 확인할 수 있다.[23] "전통적 리얼리즘의 관습에 있어서 한 편의 소설을 둘러싸고 이루어지는 작가와 독자 사이의 의사소통은 텍스트 안에 존재하는 화자와 피화자 사이의 그것으로 간접화되고 매개화되었다고 할 수 있다."[24] 주인공 '나'의 막막함이나 안타까움이, 놋쇠로 만든 십자고상을 대면한 '나'의 입술이 예수의 맨발에 닿았을 때 해소된다는 것은 페르소나를 동반하고 독자에게 간접적으로 말을 걸었던 리얼리즘 소설의 관습에서 벗어나 자신만의 담화 형식을 찾고자 하는 작가의 심정을 대변한다.

자전적 성향의 '삽화' 양식을 선택하여 독자에게 더욱 간절한 공감을 기대하는 것과 주인공이 성당의 신부님을 통하지 않고 '놋쇠로 된 십가고상'에 직접 다가가 말을 건네도록 한 것은, 추상이나 관념에서 비롯된 허구적 현실보다는 경험 현실 속에서 문제를 직시하려는 작가의 간절한 바람을 반영한 것으로 해석할 수 있다.

「저문 날의 삽화 2」(1987)는 비슷한 시기에 발표된 「무중(霧中)」(1982), 「저문 날의 삽화 1」(1987), 「우황청심환」(1991), 「여덟 개의

---

22) 위의 책, 215쪽.
23) 조회경, 「'사소한 그러나 잊을 수 없는 일'의 복원을 위하여」, 『한국노년문학연구 III』, 푸른사상, 2002, 102쪽.
24) 김경수, 「자성소설의 대두와 그 의미」, 『문학의 편견』, 세계사, 1994, 62쪽.

모자로 남은 당신」(1991) 등과 마찬가지로 운동권 인물을 등장시키고 있다. 이 소설은 다른 작품들이 운동권 인물과 운동가의 큰 시련이라는 모티프를 단편적 · 간접적으로 다루고 있는 것과는 달리 직접적으로 비중 있게 다루고 있다. 이 소설은 운동하다가 끌려가 전신이 망가져 정신병원에 가게 된 아들을 둔 한 부부가 겪는 일을 중심사건으로 삼고 있다. 이 소설 속의 '나'는 운동권 인물을 남편으로 둔 옛 제자 민가연을 만나 그녀가 겪는 어려움에 동참하게 된다. 민가연의 남편은 몇 년째 운동을 하면서 생활 대책은 고사하고 툭하면 동지들에게는 숙식을 제공하고 자신이 가진 것을 다 벗어주면서 친정에서 생활비를 대주는 것은 당연한 것으로 여긴다. 처음에는 민가연의 남편 편을 들던 '나'는 점차 제자 민가연의 편을 들기 시작한다. 최소한의 인간 대접도 받지 못하는 제자 앞에서 그녀의 남편을 욕하고 나서는 "바로 보고, 바로 보기 위해선 자립을"(106쪽) 하라고 충고한다. 박완서는 여성성은 곧 관습성이나 복종성이라고 파악하면서, 그것을 맹목적으로 지켜 온 모든 여성들을 향해 자립하라고 외치는 것처럼 보인다.

「저문 날의 삽화 1-5」 연작, 「가(家)」(1989), 「엄마의 말뚝 3」(1991), 「여덟 개의 모자로 남은 당신」 등이 잘 보여 주고 있는 것처럼 노년기에 든 인물들을 주인공이 화자로 설정한 작품들이 급증한 점은 노년기에 접어든 박완서로서는 어쩌면 자연스러운 변화이다. 박완서는 이러한 소설들에서 생활인으로서 자신의 삶의 변화를 정직하게 응시하고 다른 사람들에게는 무욕의 태도로 다가가려 하였다. 노인의 눈과 입을 통해 「소묘」에서는 허세를, 「초대」에서는 속물근성을, 「저문 날의 삽화 2」에서는 독선을, 「복원되지 못한 것들을 위하여」에서는 현세 중심주의를 꼬집는다. 1980－1990년대 우리 사회를 대상으로 생태학 보고서를 작성하고 있는 이러한 작품들은 들떠 있고 흔들리며 방황하는 동시대인들에게 진정제로서의 효과를 가져다준다. 나아가 "박완서는 노인이나 노쇠한 것을 통해서 오히려 생명을 발견하려고 한다."[25]

박완서에게 늙음은 순진무구의 단순성으로 회귀하는 길이다. 이제까지 줄곧 박완서를 괴롭히던 그 만연된 허위와 체면으로부터 자연스럽게 벗어나는 길이기도 하다. 그것은 자유와 평화를 보장하는 것같이 생각되기도 한다. 그러나 그것이 얼마나 부질없는 신기루인가를 「저문 날의 삽화 5」는 폭로한다. 그림 같은 풍경 속의 노후생활 속에서 노부부는 신혼 못지않은 부부애뿐만 아니라 아름답게 완숙된 사랑의 실체를 보여 준다. 그런데 뜻하지 않게 파국이 복병처럼 노부부의 일상을 습격한다. 아들 부부가 교통사고를 당했다는 한 통의 전화가 평화롭게 늙어 가기를 원하던 부부의 삶을 산산이 부서뜨리고 만 것이다. 그리고 그 전화와 함께 떠오른 것은, 사실은 낡고 너덜너덜한 가족관계의 정체이다. 남들에게 한껏 부풀리고 미화하며 살고 있었지만 한순간 그 남루함이 드러나고 말았을 때 전도서는 다시 한 번 되풀이 된다.

> 헛되고 헛되다. 세상만사 헛되다. 사람이 하늘 아래서 아무리 수고한들 무슨 보람이 있으랴. 한 세대가 가면 한 세대가 오지만 이 땅은 영원히 그대로이다. 떴다 지는 해는 다시 떴던 곳으로 숨가삐지고, 남쪽으로 불어갔다 북쪽으로 돌아오는 바람은 돌고 돌아 제자리로 돌아온다. …(중략)… 아무리 보아도 보고 싶은 대로 보는 수가 없고 아무리 들어도 듣고 싶은 대로 듣는 수가 없다. 지금 있는 것은 언젠가 있

25) 조남현, 앞의 글, 98쪽.

었던 것이요, 지금 생긴 일은 언젠가 있었던 일이라 하늘 아래 새 것이 있을 리 없다.

—「저문 날의 삽화 1」(76-77쪽)

노년에 느끼는 생의 허망함은 「저문 날의 삽화 1-5」 연작을 관통하는 주제이다. 그러나 작가의 시선은 여기에 머무르지 않는다. 박완서는 인간 사이에 일어나는 여러 가지 '불합리한 일'들로부터 차원을 달리하여 '불가사의한 일'들을 향해 얼굴을 돌린다. 이러한 시선 전환에 뒤따르는 철학적 · 종교적 조명은 인간 삶의 불가해한 부분들을 갈피갈피 비춤으로써 인생에 대한 심오한 성찰과 이해에 도달하도록 이끈다.[26] 박완서는 "가족의 실체는 결코 따뜻하고 화목한 색채가 아니라 아비규환과 혼돈, 섬뜩한 고립감이며, 그것이 가족의 진실이라는 것을"[27] 기왕의 작품에서도 드러낸 바 있다.[28]

박완서의 글쓰기는 한마디로 환멸과의 싸움이다. 그것은 인간을 억압하는 각종 이데올로기와의 투쟁이기도 하다. 특히 여성을 억압하는 '현모양처 · 효부 이데올로기'의 껍데기를 벗겨 내기 위해 쓴 많은 소설에서 남편은 가부장제의 군주로서 박완서의 공격 대상이 되곤 했다. 그러나 이 글에서 검토하는 일련의 노년소설에서 '남편'은 적이자 동지이다. "일상의 이름으로 속 빈 강정 같은 이데올로기의 헛됨을 직시하고 있는 작가의 생존본능은 언제나 허황한 연애놀음을 종식

---

26) 조회경, 앞의 글, 105-106쪽.

27) 권명아, 「〈가족의 기원〉에 관한 역사소설적 탐구」, 『박완서 문학 길찾기』, 세계사, 2000, 292쪽.

28) 장성하여 부모 곁을 떠난 아들에게서 가족의 따뜻함을 기대하는 것이 환상임을 잘 보여 주는 작품으로는 「너무도 쓸쓸한 당신」(『너무도 쓸쓸한 당신』, 창작과비평사, 1998)을 들 수 있다.

시키며 일상의 안정감으로 삶의 균형 감각을 유지시켜 주는 남편에게서 일상적 모랄 감각을 확인"[29]하기도 했지만, 박완서는 "자신과 같은 세대에 속하는 남성들의 권위주의적인 행태에 대해 늘상 날카로운 비판을 제기해 왔다."[30]

그러나 그의 노년소설에서는 비판이나 경멸보다는 인간에 대한 이해를 바탕으로 한 연민과 화해와 동지애를 강조하게 된 이유가 궁금해진다. 그가 줄기차게 비판해 왔던 가부장적 남성들도 결국 가부장제의 희생자에 불과하다는 인식을 분명히 보여 주는 것이라고 할 수도 있겠지만, 무엇보다도 늙어 가는 남편 앞에 놓인 죽음을 상정한 노년의 아내에게 일어난 변화로 읽힌다. "우리네 삶을 채우고 있는 허위의식에 대한 비판적 탐구"[31]는 죽음 앞에서 이처럼 깊어져, 겸허하고 정직한 순진무구의 단순성으로 심화되었다. 박완서는 이처럼 노부부의 삶을 연민과 애정을 담아 그려 낸다. 그 때문에 노년에 들어선 박완서에게서 예전의 날카로운 남녀 간의 대립의식은 찾아보기 힘들다.

죽음을 앞둔 부부의 사랑을 진지하게 그린 작품은 「여덟 개의 모자로 남은 당신」이다. 박완서의 작품 가운데 이만큼 남편과 화해를 이룬 작품이 있을까. 남편의 지나온 삶은 비로소 서술자인 아내에 의해 의미화된다. 그저 그런 남편이었다는 표현 속에는 결코 그저 그런 남편이 아니었다는 작가의 '초월적 상상력'이 발휘되고 있음을 확인할 수 있다.

---

29) 신수정, "자아의 서사, 소설의 기원: 진경시대 예술가의 초상", 「해산바가지」, 『박완서 단편소설전집 4』, 문학동네, 1999, 383쪽.

30) 한만수, 「썩 물렀거라 자전거」, 『당대비평』, 1999 여름, 468쪽.

31) 정호웅, "스스로 넓어지고 깊어지는 문학", 「가는 비, 이슬비」, 『박완서 단편소설집 5』, 문학동네, 1999, 357쪽.

차 한 잔을 앞에 놓고 외삼촌은 "우리집안으로 말할 것 같으면 ……."을 서두로 우리가 얼마나 뼈대 있는 집안이란 걸 늘어놓고 나서 그의 지체를 캐묻기 전에 짐짓 난감하고도 동정적인 표정을 지어 보였다. 그러나 그는 그닥 오랫동안 외삼촌의 시험에 들지 않고, 선대가 종로에서 선전을 하던 중인(中人) 집안이라고 그의 지체를 털어놓았다. 양반이 아니면 사람이 아니라고 여기고 싶어하는 사람들 앞에서 스스로를 중인이라고 말하는 그의 태도가 어쩌면 그렇게 담담하고 떳떳한지 나는 속이 다 후련했다.

—「여덟 개의 모자로 남은 당신」(284쪽)

'물리적으로 회복될 수 없는 과거를 서사 속에서 이념화'함으로써 평범한 남편의 삶에 특별한 의미화를 이루고 있음을 알 수 있다. 「저문 날의 삽화 5」에서 작중화자인 남편을 통하여 아내의 삶이 의미화되었다면 「여덟 개의 모자로 남은 당신」에서는 유명을 달리한 남편의 생전의 삶이 아내인 '나'의 서술에 의해 이념화됨으로써 두 작품은 서로 짝을 이루고 있다.[32)]

「가(家)」는 '억척어멈'의 맹목적이고 한 서린 모성이 장성한 자식들에게 철저히 소외되는 현실을 냉정하게 보여 준다. '성구'는 홀어머니의 외아들이고 모자가 살고 있는 '집'은 홀어머니의 전 재산이다. 결혼을 앞둔 아들에게 홀어머니는 매우 부담스러운 존재이다. 거기에 외할머니까지 들어와 여인 이대(二代)와 함께 살지도 모른다는 불안감이 '성구'를 누르고 있는 상황이다.

이 소설은 성구의 눈을 통해 외할머니의 일생을 그리면서 그 억척스러운 삶의 궁극적 의미를 묻고 있다. 외할머니 교하댁은 집과 아들

32) 조회경, 앞의 글, 114쪽.

을 소유하기 위하여 평생 억척스럽게 살아왔다. 교하댁에게 집은 "개별적 존재로서의 인간의 삶이 시작되고 끝나는 가장 원초적이고도 안전한 공간이면서, 그의 사회적 존재로서의 정체성이 비롯되는 시발점(215쪽)"이라는 각별한 의미를 지닌 신앙의 대상이었다. 그러나 교하댁이 늦게 얻은 아들에게 집은 물질일 뿐이었다. 장성하여 결혼한 아들은 우여곡절 끝에 어머니의 집을 팔아 자신의 가족이 살 집을 마련하고 어머니를 쫓아내 버렸다. 결국 교하댁의 삶은 그녀가 평생 노력하여 얻었다고 생각한 '집'과 '아들' 때문에 뒤틀리고 일그러졌다.

"박완서 문학에 이르러 가장 뚜렷하고도 선명한 문학적 표상을 얻은 '억척모성'은 우리 격변의 근대사의 산물인 동시에 근대사 과정에서 여성의 자기 정체성 찾기의 특질을 가장 명확하게 보여주"[33]었으나, 「가(家)」에서 '억척어멈'의 노후는 외손자에게 얹혀 살아야 할 정도로 초라하다. '집'이나 '아들'에 대한 신앙적 집착은 자식들에겐 불쾌한 부담일 뿐이다. 박완서의 노년소설은 우리 사회에 산재해 있는 이런 냉엄하고도 비정한 현실을 외면하지 않는다. 그는 소설 속에서 노년의 삶을 유별나지 않은 욕망의 한 현장으로 여실하게 축조해 낸다. 흥분하지 않고 차분하게 그리고 냉정하게.

지금까지 박완서의 소설집 『저문 날의 삽화』에 실려 있는 노년소설을 주요 대상으로 그의 소설이 갖고 있는 담론 특성과 문학적 함의를 추출하는 데 주안점을 두어 분석했다. 노년소설에 대한 관심이나 연구가 다소 빈약한 점에 주목해서, 박완서의 노년소설을 통해 그의 소설이 갖는 문제성과 미래적 가치를 모색하는 데 『저문 날의 삽화』는 시사해 주는 바가 적지 않을 것으로 판단되었기 때문이다.

---

33) 권명아, 「박완서: 자기상실의 '근대사'와 여성들의 자기 찾기」, 『역사비평』 제45집, 1998. 11, 392쪽.

여성노인이 주인공으로 등장하는 박완서의 소설들은 대부분 1인칭 화자나 '나'의 고백체를 사용하고 있다. 게다가 사소하고 사사로운 이야기를 생각나는 대로 늘어놓는 노인의 화법을 연상시키는 이야기 방식으로 전개되지만, 이야기 속에 결코 잊히지 않는 것들을 지극히 선택적으로 배열함으로써 작가의 '가치적 욕구'가 스며 있다는 것을 알 수 있었다. 그 때문에 박완서의 이야기는 수다스러우나 가볍게 지나칠 수 없는 공적 담론의 기능을 수행한다. '삽화' 양식은 박완서의 문학적 미덕을 최대한 발휘할 수 있는 용기로서, 경험과 허구사이를 자연스럽게 넘나들면서 독자와의 공감대를 넓히고자 작가가 사용한 새로운 담론 형식인 것이다.

또 박완서의 소설은 환상과 현실을 넘나듦으로써 현실에서 이룰 수 없는 꿈을 환상적 풍경을 통해 재현한다. 이는 우리가 몸담고 있는 현실이 인간다움의 근거가 와해된 반생명적 공간이라는 통렬한 인식을 드러내는 방식이기도 하다. 이른바 박완서 특유의 "문밖의식"[34]이 있었기에 가능했다고 본다.

박완서의 노년소설의 문학적 가치와 함의를 제대로 분석하기 위해서는 대상 작품의 범위와 대상을 좀더 확대해서 그의 노년소설이 갖고 있는 문제성과 다른 작가들의 작품과의 변별성을 파악하려는 노력이 요구된다. 이런 점에서 박완서의 비교적 최근작에 해당하는 소설집 『너무도 쓸쓸한 당신』에 수록된 소설들은 한국 노년소설의 방향과 지향점을 가늠하는 데 시사적이다. 여기에 실린 단편들의 성격을

34) 박완서는 '문밖의식'을 "좀 비켜난 자리에서 뭘 더 많이, 총체적으로 볼 수 있다"고 말함으로써 경계선에서 가지는 객관적 태도를 자신의 창작 태도로 말한 바 있다(박완서, 「서울내기 시골뜨기 2」, 『서 있는 여자의 갈등』, 나남, 1986, 209쪽).

가늠해 보기 위해 작가의 서문을 한번 되짚어 보는 것도 유익하다.

> 여기 수록된 단편들은 젊은이들 보기엔 무슨 맛으로 살까 싶은 늙은이들 얘기가 대부분이다. 늙은이 너무 불쌍해 마라, 늙어도 살맛은 여전하단다. 그래주고 싶어 쓴 것처럼 읽히기도 하는데 그게 강변이 아니라 내가 아직도 사는 것을 맛있어하면서 살고 있기 때문에 저절로 우러난 소리 같아서 대견할 뿐 아니라 고맙기까지 하다. 물론 내가 맛있다고 말할 수 있는 게 단맛만은 아니다. 쓰고 불편한 것의 맛을 아는 게 연륜이고, 나는 감추려야 감출 길 없는 내 연륜을 당당하게 긍정하고 싶다.

서문의 글을 통해서도 『너무도 쓸쓸한 당신』에 수록된 소설의 성격을 어느 정도 짐작할 수 있듯이, 여기에 수록된 소설들은 대부분 노년소설의 성격에 해당하는 작품들이다. 작품의 주인공들은 회갑을 앞둔 「마른 꽃」의 과부, 치매에 걸린 어머니를 찾는 「환각의 나비」의 딸, 죽음을 기다리며 자신의 신산했던 삶을 되돌아보는 「길고 재미없는 영화가 끝나갈 때」와 「꽃잎 속의 가시」에 나오는 노인 등 대부분이 작가와 같은 노년들이다.

4) '노년'의 아이러니와 '이물감'

「너무도 쓸쓸한 당신」은 소설집 『너무도 쓸쓸한 당신』의 표제작으로 바람직한 노년의 부부상을 역설적으로 암시받을 수 있는 작품이다. 결코 단란하거나 의좋은 부부가 아니었던, 아내와 소학교 교장으로 명예퇴직한 남편은 젊은 시절부터 아이를 핑계대며 별거를 한 사이이다. 단상에만 올라가면 저절로 권위적인 억양에 아무도 흠잡을 수 없는 지당한 말씀만 줄줄이 하는 매력 없는 남편은 뼛속까지 권력 추종적이고 경직된 가부장이다.

> 입만 열었다 하면 옛날 고렷적 도덕책 같은 소리만 하는 남편을 외면하면서 그녀는 아무래도 안되겠다는 생각을 했다. 그녀 마음을 누군가가 읽고 안되겠는 게 뭐냐고 묻는다 해도 아마 대답을 못했을 것이다. 그녀의 마음은 그렇게 두서가 없고 애매했다.[35]

이렇게 두서없고 애매한 그녀에 비하면 남편은 한마디로 '위로가 필요 없는 사람'이다. 매력 없음의 본질을 이루는 남편의 체제 순응적 성향은 그야말로 체질적인 것으로서, 시골 초등학교 교장이었던 남편에게 그녀가 진절머리를 쳤던 것이 그 '갈등 없는 추종'이다. 그녀가 남편은 아무래도 안되겠다고 생각한 것도 거기에 연유한다. 주인의 이름이나 인품은 전혀 중요하지 않은 채 다만 주인이라는 것만이 중요할 뿐인, 참을 수 없는 남편의 인격 때문에 그녀는 서울로 유학 간 자식을 핑계 삼아 남편과의 오랜 별거에 돌입한다.

자연히 남편과 아내는 누가 먼저랄 것도 없이 서로의 몸을 원하거나 그리워하는 일을 안 하게 되었고, 하다못해 스킨십조차 없는 완전히 남남인 사이이다. 아들의 졸업식 날 사돈 앞에서 모멸감을 느끼고 충동적으로 교외에 나갔다가 쉬기 위해 들른 모텔에서 아내는 속옷만 입고 자는 남편의 하체를 보며 '혐오스러움'[36]을 느낀다.

---

35) 박완서, 「너무도 쓸쓸한 당신」, 『너무도 쓸쓸한 당신』, 창작과비평사, 2004, 150쪽. 앞으로 본 장에서의 박완서의 작품은 이 소설집에 의존하며, 인용한 말미에 쪽수만 밝힌다.

36) 작가는 인생의 '쓰고 불편한 맛'을 종종 '이물감'이라는 단어로 표현해 왔다.

욕실에서 나오는 남편을 돌아보다가 그녀는 에구머니, 소리를 지를 뻔하게 놀라면서 얼굴을 돌렸다. 팬티만 입은 남편의 하체가 보기 흉했다. 넓적다리에 약간 남은 살은 물주머니처럼 축 처져 있고, 툭 불거진 무릎 아래 털이 듬성듬성한 정강이는 몽둥이처럼 깡말라 보였다. 순간적으로 닭살이 돋을 것처럼 혐오스러웠다. 징그러운 것하고는 달랐다. 징그럽다는 느낌에는 그래도 약간의 윤기가 있게 마련인데, 이건 군더더기 없는 혐오 그 자체였다. 살을 대고 산 적이 있는 부부 사이에 그럴 수는 없는 일이었다.(172-173쪽)

집에 있는 구닥다리 장롱이나 책상, 밥상을 보듯 있을 게 있을 자리에 있을 때 아무런 느낌도 없는 것처럼 그냥 무심했던 아내가 이제와 느끼는 절망감과 밀려오는 회한 같은 것에서 함께 늙어 가는 사람들의 삶의 자세와 방향을 암시받을 수 있다. 아내가 느끼는 회한과 남편에 대한 생각이 결말에 이르러 화자를 통해 더욱 압축적으로 제시된다.

그녀는 남편이 잠들기에 충분한 시간을 흐르는 강물을 망연히 바라보는 것으로 보내다가 방으로 되돌아왔다. 방안은 강바람 부는 강변보다 더 시원하고 남편은 침대 덮개도 안 걷어내고 그 위에서 헐렁하게 낡아빠진 팬티만 입은 채 코를 골고 있었다. 보기 싫은 것은 둘째치고

'혐오스러움'도 일종의 '이물감'의 다른 표현이다. 하수정은 '이물감'을 박완서의 노년소설을 이해하는 중요한 코드로 사용한다. 이를테면 「너무도 쓸쓸한 당신」에서 남편의 손톱 밑에 낀 투박한 손이 주는 인상 혹은 남편의 말라빠진 정강이가 주는 낯섦을 '이물감'으로 표현하는데, 이것을 자신이 여지껏 겪어 본 어떤 외로움하고도 닮지 않은 "이상한 외로움"과 등치시키면서 박완서 노년소설을 이해하는 중요한 코드로 사용하기도 한다. (보다 구체적인 것은 하수정, 「노년의 삶과 박완서의 페미니즘」, 『문예미학』 제11호, 2004, 86-90쪽 참조)

감기가 들 것 같아 덮어주려고 꽃무늬 덮개 자락을 들추다 말고 어쩔 수 없이 벗은 하체를 가까이 보게 되었다. 모기 물린 자국이 시뻘겋게 한창 약이 오른 것도 있고, 무르스름 가라앉은 것도 있고, 무수했다. 이 말라빠진 정강이에서 피를 빨다니, 아무리 미물이라도 어떻게 그렇게 잔혹할 수 있을까? 도대체 어떡하고 살기에 제 몸을 저렇게 만들었을까? 때가 낀 손톱과 함께 그의 지나치게 초라하고 고달픈 살림살이가 눈에 선했다.(177쪽)

주인공은 남편이 시골학교 교장인 탓에 떨어져 살다가 아들의 대학 졸업식에서 오랜만에 만난다. 그녀는 졸업식에서 안사돈에게 은근한 모욕을 당하고, 매사 멋대가리라고는 없이 순응하는 삶을 살아가는 남편에게 괜한 경멸감마저 가진다. 심지어 남편의 말라빠진 정강이를 그저 냉담한 제3자의 시선으로 바라봤다. 하지만 인용문을 통해서 적시하고 있는 바와 같이, 가까이에서 본 남편의 정강이에는 무수하게 모기에게 물린 자국이 있었고, 거기서 드러나는 지나치게 초라하고 고달픈 살림살이 속에서 그녀는 가부장의 고단한 의무에 마냥 얽매여 있으려는 남편의 어쩔 수 없는 한계를 가슴 깊이 이해하게 된다. 그녀는 그제서야 자신이 하찮게 여겼던 '몸'의 만남에 대한 중요성을 깨닫는다. 이때 몸의 만남이란 구체적인 욕망이라거나 욕정이 아니라, 신체적 접촉을 통한 사람과 사람 사이의 만남을 의미한다. '몸'은 때로 정신이 알아차리거나 미처 숨기지 못하는 고통스러운 삶의 흔적을 고스란히 전달해 주기도 하고, 열 마디 말이 전해 주지 못하는 따스함과 애정을 전해 주기도 한다. 아내는 남편의 몸을 통해 그의 삶 전체를 들여다보게 되고, 그 몸에 생경함을 느끼며 그들 사이에 완전히 부재했고 앞으로도 가능할 것 같지 않았던 둘 사이의 소통을 확인한다.

그런 의미에서 남편 정강이의 모기 물린 자국을 가만히 어루만지는 행위는 가부장제 이데올로기와의 정서적 화해라기보다는 아내가 여지껏 알던 것과는 전혀 다른 외로움, '이물스러운' 늙음이 가져다주는 쓸쓸함이 곧 자신의 것이기도 하다는 사실, 성적 욕망이 피어나는 젊은 '육체'가 아니라 삶의 흔적들이 그대로 묻어 있는 노년의 '몸'을 새로운 시각으로 받아들일 준비를 갖추는 것을 의미한다.[37] 동시에 남편을 무시한 세월이 나이 들어 후회스럽거나 허전함을 느끼게 되지 않도록, '몸의 만남'을 단절시키지 않아야겠다는 아내의 자각에서 노년을 위한 삶의 한 자세를 읽을 수 있다.

「길고 재미없는 영화가 끝나갈 때」의 가부장제 속에 얽매인 어머니는 그러한 삶 속에서도 품위 있고 당당해지기 위해 헌신과 희생을 쏟아 놓는다. 아버지의 무관심 속에서도 그토록 정갈했던 어머니가 암에 걸려 악취를 풍기며 딸인 여주인공의 집에 누워 있을 때, 여주인공은 전화를 통해 소실을 두어 애먹이던 아버지가 어머니에게 사랑한다고 고백하는 것을 엿듣게 된다. 어머니의 사후에도 여유롭고 자연스럽게 노인들과 멋을 내는 아버지를 그제야 이해하게 되는 여주인공의 심정이 나타난다. 동시에, 의식과 무관하게 진행되는 육체의 반란 혹은 깔끔한 육체의 활동을 배반하는 희미하고 산만한 정신이라는 난해한 노년의 아이러니도 적나라하게 드러나 있다.

타인의 질병과 노년은 노년기에 있지 않은 사람들에게는 그 자체로 무척 낯선 것이며, 자신에게 닥쳐왔을 때조차 '익숙하지 않은' 것임에 분명하다. 질병과 노년에 직면한 자신과 타인에게서 느끼는 낯

37) 하수정, 앞의 논문, 88쪽.

섦 혹은 이물감은 주로 정신과 육체의 엄청난 부조화를 경험하는 데서 온다. 위암 수술 후 괄약근이 "고무줄이 빠진 것처럼 열린 채 오므라드는" 작용을 못하는 항문 앞에서 어머니와 '나'는 속수무책이다. 더욱이 죽는 문제만 남겨 놓고 모든 가능성을 다 소진해 버린 노인네들의 넋두리를 들으며 어머니는 "난 방귀를 참을 수 있을 때까지만 살았으면 싶다우" 했지만 하필 말년에 괄약근이 열린 채 오므라들 줄 모르게 되어 딸 집에 기거하게 된다. '내'가 이해하기로 방귀를 참는 것이 어머니에게는 단순한 생리 현상을 넘어서서 체면과 자존심으로 똘똘 뭉친 삶의 존재 이유이기 때문에, 항문의 고무줄이 빠지는 일은 어머니에겐 거의 죽음과 맞먹는 치욕스러운 일이 된다.

부모의 명을 거역할 수 없어서 소학교밖에 나오지 못하고 그다지 예쁜 축에도 못 드는 어머니와 결혼한 아버지는 첫날밤에 시부모를 극진히 받들고 시동생, 시누이들과 우애 있게 지내는 것이 아내의 할 일임을 엄숙하게 선언한다. 그때부터 그 절제절명의 명제를 주제로 한 어머니 주연의 '길고 재미없는 영화'가 시작되었던 것이다. 그저 월급봉투를 꼬박꼬박 큰집으로 들이는 것을 조강지처에 대한 유일한 대접으로 아는 바람둥이 남자 주인공에도 불구하고, 그 재미없는 영화가 지루하게나마 지속될 수 있었던 것은 남편으로부터 받은 어떠한 굴욕과 수모 앞에서도 굳건히 유지한 여주인공의 안주인으로서의 체통과 자존심 덕이었다.

> 넌 연애결혼이니까 그런 일은 없겠지만서두 만약의 경우에 대비해 일러두는 건데, 혹시 첫날밤 네 신랑이 제 부모 잘 모셔야 한다는 소리를 제일 먼저 하거나 계집은 또 얻을 수 있어도 부모는 또 얻을 수 없다는 식의 수작을 하거든, 그 자리에서 혼인 파투 치고 나와도 너를 내

> 치지 않으마. 야단도 안 치마. 그쪽만 귀하게 기른 자식인줄 알지 말거라. 너도 똑같이 귀하게 길렀어.(131쪽)

시집갈 날을 앞에 둔 딸에게 단 한 번 그 분노를 내비쳤을 뿐 비장한 자존심으로 무장한 채 철저하게 자신을 갈무리하고 산 어머니에게 닥친 항문 고장은 난해하기 짝이 없는 삶의 아이러니이다. 하지만 뜻밖에도 그 아이러니에서 '나'는 가부장제의 전형적 인물이었던 아버지와 화해할 실마리를 찾게 된다. 아내의 남은 명이 다섯 달도 안 될 것이라는 말을 듣고 자세가 바뀌는 장면은 지나친 반전으로 다가온다. 남편은 아내에게 생전 하지 않던 전화를 해서 울음을 참은 채 '사랑해'를 세 번이나 연발해 말하는데, 그 말을 엿들은 '나'뿐만 아니라 당사자인 어머니마저 감동의 눈물을 흘리는 것이 아니라 방바닥에 나뒹굴며 포복절도한다. 돌연한 화해 같은 것은 들어 있지 않다. 바로 이 대목에 이르러 박완서의 넓어진 지평을 엿볼 수 있다. 어머니가 죽음이 예고된 뒤 결국 임종하자, 눈물을 뚝뚝 흘리는 아버지에 비해 자식들은 그런 아버지에게 민망함을 느끼고 슬픔보다는 시원함에 가까운 감정을 느낀다. "상주인 오빠의 얼굴을 보고 있으면 영락없이 길고 지루한 영화가 끝났을 때의 관객의 얼굴을 연상시켰다"는 비판은 오늘날 노인문제의 현주소를 보여 준다.

5) 임종과 죽음 그리고 치매

임종은 모국에서 맞고 싶어 하는 노인의 성향은 박완서의 「꽃잎 속의 가시」에 잘 드러나 있다. 30년 동안 미국에서 이민생활을 한 화자의 언니는 손자의 결혼식에 참석하기 위해 일시적으로 귀국하면서 가방 속에 수의를 넣어 가지고 들어온다. 그러나 노인의 소망은 가족들의 태도에서 여지없이 무너지고 만다. 노인의 가방에서 안동포로 지어 온 수의를 발견한 가족들의 태도는 고국에서 죽고 싶어 하는 노인의 의도와 상충되어 나타나기 때문이다. 30년 동안 잘 적응한 것처럼 보이는 노인의 미국생활이 죽음 직전에 이르러서는 '모국'에서 죽고 싶은 욕망으로 전환되는데, 노인 특유의 임종공간에 대한 성향을 드러낸 것으로 볼 수 있다. 노인의 그러한 성향을 이해하지 못한 가족들은 노인의 미국행을 종용하게 되고, 미국에 돌아간 지 2개월 후 노인은 정신을 놓은 상태로 양로원에서 지내다 숨을 거두게 된다. 이처럼 평생 동안 이국생활을 했으면서도 임종공간은 모국이길 원하는 노인의 바람은 이해받지 못한다. 오로지 화자인 '나'만이 언니인 노인의 심정을 이해하지만 소극적인 태도를 보인다. 결국 노인의 소망은 노년의 삶이나 성향에 대한 가족들의 몰이해로 이루어지지 못하는 것으로 드러난다.

「환각의 나비」는 치매를 예외적으로 밝게 묘사한 작품이다. 실종됐던 치매 노인이 엉뚱한 곳에서 살아가고 있는 모습이 가족들에게 발견되지만, 그 사태에 즈음해 당황하고 절망하는 것은 가족들일 뿐이고 정작 당사자에게 보이는 것은 "살아온 무게나 잔재를 완전히 털어버린 그 가벼움, 그 자유로움"일 따름이다. 이때의 치매란 곧 죽음과도 마찬가지이다. 이처럼 "그 집에는 느낌이 있었다"로 시작하는 「환각의 나비」는 칠순 노인의 방황과 원형으로의 회귀를 다루면서 딸인 주인공의 시선으로 가족 사이의 애정과 노인의 치매현상 그리고 젊은이들의 위친의 자세를 말하고 있는 노인문제 소설이다.[38)]

---

38) 정영자, 「소설 속에 나타난 여성의 삶과 나이 먹기」, 『여성연구논집』 제16집, 2005, 28쪽.

이 소설은 아들이 있으면서도 딸의 집에 기거해야 하는 굴욕스러움 때문에 아들집의 요원함과 그 아득함에도 불구하고 기어이 발에 물집이 생기도록 걸어서라도 아들집에 이르고야 말겠다는 어머니의 집념이 무참하게 으깨진 발가락에 그대로 남아 있음을 묘사한다. 그러나 막상 아들집에 들어간 어머니는 딸이 예전에 살던 동네로 보내달라고 보챈다. 작가는 딸인 주인공 영주의 시선으로 여기 있으면 저기 있고 싶고 저기 있으면 여기 있고 싶은 노인들의 심리를 적확하게 표현한다.

「환각의 나비」를 통해서 두 가지를 생각해 볼 수 있다. 하나는 스스로의 의지에 따라서가 아니라 가족이 이끄는 대로 살아온 '어머니' 또는 여성의 삶이고, 다른 하나는 노년의 '몸'이 가지는 존엄성이다. 작품에서 노년의 '몸'은 여태까지의 비주체적 삶을 벗어나 자신의 의지로 '가족이 아닌' 타인과 소통하게 해주는 중요한 도구로 작용한다.[39] 이때 노년이 된 어머니의 '몸'이란 물론 왕성한 성적 욕망이나 생산성 혹은 노동력의 공간은 더 이상 아니다. 어떤 의미에서 노년의 '몸'은 '기억'의 저장고이다. 정신이 기억하지 못하고 알지 못하는 곳에서도 '몸'은 알아차리고 기억한다. 이 작품에서 자신의 집도 제대로 찾지 못할 정도로 망령 난 어머니가 예전과 다름없이 빨래를 반듯하게 개키고 아욱을 다듬고 밥을 짓는다. 그리고 정신이 아무런 것도 깨닫지 못하는 채로 '몸'만은 자신이 가장 행복했던 시간이 있는 공간으로 찾아간다.

부처님 앞, 연등 아래 널찍한 마루에서 회색 승복을 입은 두 여자가

---

39) 하수정, 앞의 논문, 93쪽.

도란도란 도란거리면서 더덕껍질을 벗기고 있었다. 더할 나위 없이 화해로운 분위기가 아지랑이처럼 두 여인 둘레에서 피어오르고 있었다. 몸집에 비해 큰 승복 때문에 그런지 어머니의 조그만 몸은 날개를 접고 있는 큰 나비처럼 보였다. 아니아니 헐렁한 승복 때문만이 아니었다. 살아온 무게나 잔재를 완전히 털어버린 그 가벼움, 그 자유로움 때문이었다.(89쪽)

영주는 '그 집'을 보면서 아버지가 돌아가신 후 어머니가 하숙을 치던 종암집을 생각했다. '그 집'이야말로 어머니의 유일한 자존심의 근거지였던 것이고, 어머니가 가장 돌아가고 싶었던 시간대였던 것이다. 어머니의 자존심은 자식 밥을 얻어먹기 위해서가 아니라 당신 손으로 자식을 빌어 먹이기 위해, 일생 동안 힘들게 일하면서 터득한 당당함에서 비롯된다. 이제 가족 안에서는 더 이상 가능하지 않은 그 일을 '몸'이 본능적으로 찾아 나선 것이다.

작가는 이 단편을 통해 자식들이 가족 이데올로기[40]가 요구하는 관념을 통해서가 아니라 현재 살아 숨 쉬고 있는 실체로서 눈앞에 존재하는 '어머니'들을 바라볼 것과, '어머니'들 또한 마치 바람난 에미가 자식이 잠든 틈을 타 어린 것이 손목에다 묶어 놓은 저고리 옷고름을 가위로 자르고 달려 나가듯 하루빨리 가족이 강요한 과다한 짐을 벗어던질 것을 권유한다. 그래서 새롭고 낯설고 때로는 두렵지만, '몸'이든 '정신'이든 스스로가 원하고 또 자신의 사랑이나 능력을 필

40) 바렛과 매킨토시는 가족주의(familism)와 가족주의 이데올로기(familialism)라는 개념을 구분할 것을 강조한다. "전자는 가족을 옹호하거나 강화하고자 하는 보수주의자의 입장이며, 후자는 가족관련 가치에 준거한 이데올로기"로서 가족 영역에 한정된 이념이 아니라 사회생활 일반을 지배한다.(미셸 바렛 · 매리 매킨토시, 김혜경 옮김, 『가족은 반사회적인가』, 여성사, 1994, 11쪽. 하수정, 앞의 논문, 91쪽 재인용)

요로 하는 다른 관계들 속에 기꺼이 포섭되기를 바란다.[41]

6) 노년의 성과 재혼

박완서는 칠순을 바라보는 나이에 「마른 꽃」(1995)과 같은 작품에서 노인들의 연애 심리를 그린다.[42] 「마른 꽃」은 홀로 된 60살 어머니의 연애사건 이야기이다. 대구에서 치뤄진 조카 결혼식에 고모라고 한복을 차려 입고 갔던 '내'가 환갑 나이에 늙은이 대접을 제대로 못 받고 스산하게 움직인다. 부모가 안 계신지라 폐백을 생략했다는 바람에 입고 간 한복도 무색해지고, 먼 데서 온 고모에게 자고 가라는 말 한마디 없어 거의 쫓겨나는 기분으로 '나'는 고속버스 터미널에서 겨우 표 한 장을 구해 서울행 버스를 탄다. 이때 버스 옆자리에 앉은 멋진 신사와의 로맨스가 시작된다. 그는 멋쟁이일 뿐 아니라 체중 관리도 잘했는지 배도 안 나오고, 다리도 길고 걸음걸이는 여유 있고도 늠름하다. 고속버스 안에서 남들 자는 동안 이들은 젊은이들처럼 재잘대는 그 모든 짓거리들이 그렇게 재미있을 수가 없다. 공교롭게도 사는 곳도 같은 방향이라 그 후에도 그들의 만남은 이어진다. 그와 만나면서 세상의 곳곳이 새로워 탄성을 지르기도 하고 열여섯 살 먹은 계집아이처럼 깡총거리며 스스로 자신이 경박하면서도 예민한 탄력을 지니게 되었다는 것을 느낀다. '나'가 자신 속에서 느끼는 경박

---

41) 하수정, 앞의 논문, 96쪽.

42) 제1회 황순원문학상을 받은 「그리움을 위하여」도 「마른 꽃」처럼 노년의 사랑과 재혼을 작품의 모티프로 삼고 있다. 집안일을 도와주는 동생이 쉰 넘은 나이에 당당히 재혼하여 노후에도 얼마든지 행복해질 권리가 있음을 보여 준다. 홍상화의 「동백꽃」도 노인들의 재혼에 대한 양상을 그린 소설로서 「마른 꽃」과 여러모로 비교된다.

한 즐거움은 유희의 기쁨 같은 것이었다. 해가 바뀌자 회갑기념으로 미국지사에 있는 큰 아들이 미국 구경을 오시라는 전화가 왔지만 '나'는 모든 제의를 거절한다.

> 회갑이란 본인에게만 고약한 게 아니라 자식들에게 더 고약하게 돼 있나보다. 순순히 여행을 가고 싶어하지 않자 그럼 잔치를 하고 싶은가 알고 싶어했고 그도저도 아니란 걸 알자 속마음을 알고 싶어 안달을 했다. **나도 모르는 속마음을 저희들이 무슨 수로 알겠다는 건지, 속으로 우습기도 하고 조금은 기분이 좋기도 했다.**(고딕표시-인용자, 36쪽)

"친정에서 일어나는 일을 제가 모르고 있는 걸 못참아"하는 딸이 '나'의 사건을 알게 되고, 딸의 입에서 '그 늙은이'가 '조박사님'으로 변하면서 그의 며느리와 '나'의 딸 사이에서 자연스럽게 재혼 말이 오가게 된다. '나'는 그의 며느리가 홀시아버지를 모시는 게 힘들 때마다 '자원봉사 하는 셈친다'고 하는 말을 전해 듣고 가슴이 뭉클해지기도 했지만 순간적인 분노와 연민으로 중요한 (재혼)문제를 결정할 수는 없는 일이라고 생각한다. 재혼 말이 커지면서 "이 에미는 아버지 곁에 묻히고 싶다"는 말에 "엄마가 재혼해도 돌아가시면 아버지하고 합장해드릴게 염려 마세요"라는 식의 반응이 올 정도이다. 딸의 반응을 통해서 마음의 행적을 돌이켜 보니 남편을 좋아할 때에는 정열이라 해도 좋고 정욕이라 해도 좋은 그 어떤 것이 있었으나, 지금 조박사를 좋아하는 마음에는 그게 없었다. 연애감정은 젊었을 때와 조금도 다르지 않은데 정욕이 비어 있었던 것이다.

> 나는 그와 그럴듯한 겉멋을 부려본데 지나지 않았나보다. **정욕이 눈**

> **을 가리지 않으니까 너무도 빠안히 모든 것이 보였다.** 아무리 멋쟁이라고 해도 어쩔 수 없이 닥칠 늙음의 속성들이 그렇게 투명하게 보일 수가 없었다. 내복을 갈아 입을 때마다 드러날 기름기 없이 처진 속살과 거기서 우수수 떨굴 비듬, 태산 준령을 넘는 것처럼 버겁고 자지러지는 코골, 아무데나 터는 담뱃재, 카악 기를 쓰듯이 목을 빼고 끌어올린 진한 가래, 일부러 엉덩이를 들고 뀌는 줄방귀, 제아무리 거드름을 피워 봤댔자 위액 냄새만 나는 트림, 제 입밖에 모르는 게걸스러운 식욕, 의처증과 건망증이 범벅이 된 끝없는 잔소리, 백살도 넘어 살 것 같은 인색함, 그런 것들이 너무도 뻔히 보였다. **그런 것들을 아무렇지도 않게 견딘다는 것은 사랑만 있다고 되는 것은 아니다. 적어도 같은 아이를 만들고, 낳고, 기르는 그 짐승스러운 시간을 같이 한 사이가 아니면 안 되리라.** 그런 것들을 아무렇지도 않게 견딘다는 것은 사랑만 있다고 되는 것이 아니다. 적어도 같이 아이를 만들고, 낳고, 기르는 그 짐승스러운 시간을 같이 한 사이가 아니면 안되리라. 겉멋에 비해 정욕이 얼마나 아름다운 것인지 이제야 알 것 같았다. 재고할 여지는 조금도 없었다.(고딕표시—인용자, 43-44쪽)

앞에서 살펴본 「너무도 쓸쓸한 당신」의 결말부분과도 여러 면에서 연관된다. 노인의 연애감정도 애틋함과 절절함은 젊은이들 못지않건만 불쑥불쑥 나는, '짐승스러운 시간'을 함께 해 온 남편에 대한 생각과 회한의 벽을 넘지 못하고 마는 것이다. '나'의 거절에 그의 며느리는 더 이상 수발을 들 수 없어서 배고픈 할머니나 한 분 모셔올지 모른다고 했지만, '나'는 그를 만나 아들에게 갈 거라며 작별을 고한다. 여기서 박완서는 노인의 결혼이라도 단지 '함께'라는 의미 이상의 어떤 것, 욕망이 있어야 함을 말하고 있다.[43] 동시에 작품에

43) 박완서의 「마른 꽃」과 같이 재혼을 모티프로 삼고 있는 홍상화의 「동백꽃」은

서 주인공이 먼저 죽은 남편의 무덤 옆자리로 들어갈 생각을 할 때면, 현실의 그 어떤 기쁨과 슬픔도 침범하지 못할 깊은 평화를 느낀다고 토로하는 데에서 죽음에 대한 긍정도 엿볼 수 있다.

박완서의 노년소설은 노년의 사랑을 적나라하게 그리면서, 노년의 심리와 젊은이들의 이기주의를 일상의 삶 속에서 다룬다. 박완서는 이 소설에서 노년의 관계에서 서정적 사랑만으로 이루어진 사랑이 아니라 오랜 세월동안 짐승 같은 정욕의 세월을 함께 나눈 정 같은 사랑이 우선임을 말하고 있으면서도, 노년의 남녀관계를 더욱 따사롭게 그리고 차원 높게 심화시킨다.[44]

노후는 세상에서 비껴 난 한가로움이 아니라, 그때에도 무엇을 시작할 수 있는 설레임과 사랑에 대한 두근거림이 남아 있는 시기일 수 있다. 노년은 참으로 공평하게 모든 사람에게 온다. 이와 관련해서 박완서의 노년소설의 특성에 대한 다음과 같은 한 연구자의 언급은 우리에게 시사해 주는 바가 크다.

> 박완서는 시어머니와 친정어머니를 통해 노인문제에 남달리 민감했고, 곧 그것은 소설의 모티프가 되었다. '진저리치기'와 '연민'이라는 상호 모순된 심리상태는 노인에 대한 작가적 시각의 이중성으로 드러난다. 박완서의 소설에는 여성 자아가 보다 관계적이고 순환적인 형태

결혼은 이루어졌지만 자식들과의 재산 문제가 여전히 중요한 관심사로 가족관계를 어지럽히고 있음을 보여 준다. 아울러 「동백꽃」은 남녀가 성생활이 가능한 띠동갑이고 여전히 정력적인 남성의 시각에서 써진 데 비해, 「마른 꽃」은 그런 의욕을 이미 잃은 냉정한 이지력을 지닌 여성의 시각으로 써졌다. 그래서 제목에서 시사해 주는 바도 차이가 있다. 같은 꽃이지만 하나는 애처로운 '동백꽃'이고 다른 하나는 이미 욕망과 생기를 잃은 '마른 꽃'인 것이다.(보다 구체적인 것은 이정숙, 「현대소설에 나타난 노인들 삶의 변화 양상」, 『현대소설연구』 제41집, 2009, 264-268쪽 참조)

44) 정영자, 앞의 논문, 30쪽.

로 나타나는데, 이는 '어머니와 딸'이라는 구체적인 관계를 형상화하는 데서 알 수 있다. 그녀에게 있어 '어머니와 딸'이라는 관계 모티프는 끊임없는 공생적 융합의 과정으로 드러나고, 이것은 흔히 자전적 소설의 형태를 취하고 있다.[45]

인용문에서도 적절하게 지적하고 있듯이, 박완서의 노년소설은 친어머니와 시어머니를 통해 체험한 여성 노인의 실체를 작품에 투영하고 있음을 알 수 있다.

결과적으로 박완서의 소설에는 먼저, 현대사회를 사는 노인의 총체적 위기의식이 드러난다. 자식들과의 불화나 괴리감으로 인한 노인의 소외현상이 나타나며, 또한 그러한 위기의식을 절감하고 노년을 수용하고자 하는 의지가 표출되기도 한다. 여성 노인이 애착을 갖는 것은 가족이다. 또한 병든 노인은 가족 해체의 원인 또는 장치로 드러난다. 특히 여성 노인의 치매증은 가족 해체의 극한적 단서를 제공한다.

유남옥은 박완서 소설의 노인은 풍자와 연민의 이중성을 띤다고 보았다.[46] 부정적인 노인상은 풍자의 대상이 되고, 긍정적이거나 따스한 노인상은 연민의 대상이 되었다. 자신의 친정어머니와 시어머니에게서 때로는 사랑을, 때로는 갈등을 시시각각으로 체험하며 살았다는 작가였기에 이러한 이중성의 표출은 너무도 당연한 것으로 보인다.

앞에서 살펴본 바와 같이 『너무도 쓸쓸한 당신』에 오면, 박완서의 소설은 내밀한 향기와 밖으로 나타나는 웃음과 폭넓은 일상성에 대한 여유로움을 가지고, 세상과 사람에 대한 적절한 거리를 유지함으로써

45) 위의 논문, 31쪽.
46) 유남옥, 「풍자와 연민의 이중성: 박완서 소설에 나타난 노인」, 『한국문학에 나타난 노인의식』, 문학을 생각하는 모임, 백남문화사, 1996. 10, 286쪽.

노년문학의 성과를 거두고 있다. 그래서인지 「마른 꽃」에서 할머니의 내면에 숨겨져 있던 앙큼 맞은 소녀 취향이 주책스러우면서도 밉지 않았고, 「너무도 쓸쓸한 당신」 역시 사돈집에 뒤지지 않으려는 반발심이 엉뚱한 곳으로 튀는 것도 전혀 흉물스럽지 않고 오히려 속 빤히 들여다보이는 장난을 천연덕스럽게 치고 있는 어린 아이와 같이 느껴진다. 그 뿐만 아니라 박완서는 한걸음 더 나아가 칠순에도 첫사랑은 시작된다는 노년의 오롯한 사랑의 맛에도 달금질하고 있다. 자유, 그리고 무한한 삶의 바탕에 그 누구도 항변하지 못하는 노년의 사랑을 형상화시키고 있다. 박완서의 소설에 등장하는 노인의 삶에서 OPAL족이라는 말도 연상된다.[47] 최근 핵가족화와 고령화 시대를 맞이한 실버 세대들 중에 안정된 경제력으로 적극적이고 활동적인 삶을 살려고 하는 노인들이 각광받고 있는데, 이들은 대개 남은 인생을 스스로 아름답게 가꿔 나가는 데 적극적이다. 이런 점에서 박완서의 연륜은 늙음에 대한 막연하고도 그릇된 공식을 깨뜨린다는 점에서 그의 소설에 나오는 노인 중에는 OPAL족과 상통하는 측면도 지닌다.

또 박완서는 인간은 어느 날 갑자기 늙는 것이 아니라 '늙어가는 것'임을 분명히 보여 준다. 그의 소설은 인간의 감정이 어느 날 갑자기 없어지거나 변질될 수 없다는 것을 생생하게 보여 준다. 박완서는 젊은이와 똑같이 온갖 감정이 고스란히 존재함에도 불구하고 나이와 체면이라는 허위적 의식에 의해 많은 것을 포기하고 감추어야 하는 인생에 대한 재발견을 시도하면서 인생의 황혼기에 맛보는 삶의 숨겨

---

47) 영어 'Old People with Active Life'의 머리글자를 딴 것이다. 경제적인 풍요와 의학의 발달로 고령인구가 늘어나면서 등장한 새로운 개념의 노인층으로, 조용히 시간을 보내며 현재에 만족하는 삶을 사는 것이 아니라 적극적이고 활동적으로 자신의 삶을 아름답게 가꾸어 가며 사는 노인들을 일컫는다.

진 진실을 다룬다. 그러면서 여성 노인에게 '가족으로부터 벗어나기'를 조심스럽게 제안한다. 혈연으로 맺어진 가족에 대한 집착으로부터 벗어나 더 넓은 공동체를 향해 풍성한 모성을 나누기를 촉구한다.

박완서 소설은 개인이 겪는 슬픔과 기쁨, 성공과 실패가 사회 현실의 전체적인 문맥과 어떻게 연결되어 있는지에 대해 깊은 이해를 보여 준다. 그것은 박완서가 구체적인 생활 체험에 뿌리를 둔 직관력과 섬세한 언어 감각을 통해서, 개인과 사회라는 추상 형태를 생생한 리얼리티로 빚어내는 데 뛰어난 능력을 지니고 있어 가능한 것이다. 그리고 이 작가의 전반적인 주제의식은, 어떻게 해서 개인과 사회가 도덕적으로 마비되고 정신적으로 붕괴되는가의 원인을 파헤치는 데 놓여 있는 점에도 주목할 필요가 있다. 이러한 점들은 박완서 소설이 갖는 생명력이자 독자들에게 공감의 폭과 인식의 지평을 높이는 요소로 작용하고 있다.

2. 한승원 · 김원일 노년소설의 존재 근원과 회귀의식

1) 한승원 노년소설과 존재의 근원으로의 회귀

한승원의 노년소설에 해당하는 작품으로는 「수방청의 소」, 「저 길로 가면 율산이지라우?」, 「그러나 다 그러는 것만은 아니다」, 「감 따는 날의 연통」, 「버들댁」, 「잠수 거미」 등을 논의 범주에 넣을 수 있다. 위의 작품들은 소설집 『잠수거미』에 수록되어 있는 작품들이다. 물론 위에서 열거한 한승원의 소설들은 노년소설의 범주 안에서만 논의할 성격은 아니다. 양진오가 소설집 『잠수거미』를 해설하면서도 적절하게 언급한 바 있듯이, 한승원의 소설 기저에 일관되게 깔려 있는 '고향' 탐색의 도정과도 맞물려 있는 경우가 적지 않기 때문이다.

> 한승원의 문학은 그 어느 순간에도 고향의 자리를 떠나 이루어진 것이라고 볼 수 없다. 그의 문학은 언제나 고향으로 회귀하려는 문학이었고 고향에 탯줄을 대어 자기 정체성을 회복하려고 한 문학이었다. 요컨대 고향은 한승원 문학의 근원적 공간이며 그의 문학을 영글게 한 뿌리에 해당한다고 할 수 있다.[48)]

한승원만 고향의 애환과 운명을 조감한 작가라고는 할 수 없다. 적지 않은 작가들이 도시화와 산업화의 추세에 밀려 고향이 붕괴되어가는 양상을 작품의 주요 테마로 다룬 바 있다. 예컨대, 이문구는 『관촌수필』에서 산업화와 근대화의 질주 앞에서 고향이 어떻게 붕괴되는가를 집중적으로 다룬다. 유기적 공동체로서의 농촌이 폭력적인 근대와 만나면서 어떻게 훼손되는가를 독특한 문체로 유려하게 보여 주고 있는 것이다. 황석영의 「삼포 가는 길」도 그렇다. 황석영은 「삼포 가는 길」에서 국가가 주도하는 산업화의 거친 공세 앞에서 더 이상 유토피아적 이미지를 구현할 수 없는 고향 상실의 비극적 순간과 아이러니한 상황을 포착하고 있다. 반면 "한승원은 고향의 붕괴와 상실을 비중 있게 서술하기보다는 그 고향이 인간의 자기 정체성 형성에 긴요하다는 것을 자주 서술해 왔다. 한승원이 고향을 한, 애증, 가족사, 욕망 등 그 어떤 관점으로 다루더라도 우리들이 주목해야 하는 것은 한승원 문학의 고향은 혼돈과 분열에 놓인 인간의 자기 정체성을 새

48) 양진오, 「고향의 시간과 성찰」, 『잠수거미』 해설, 문이당, 2004(초판 2쇄), 322쪽.

롭게 갱신시키는 존재의 터전으로 그의 소설에서 빈번하게 묘사되었다는 점이다."[49]

따라서 위에서 열거한 작품들이 일정 정도 고향을 어떻게 그려 내고 있으며, 또 여전히 고향을 한, 애증, 역사, 그리고 욕망의 관점에서 그리고 있다는 점에 주목해야 할 필요성은 있다. 하지만 작품 속에 등장하는 인물들의 삶의 면면을 통해서 드러나는 '삶의 자리' 역시 소중한 한 측면을 담아내고 있다는 점을 놓칠 수 없다. 특히 열거한 작품들 중에서 「수방청의 소」, 「저 길로 가면 율산이지라우?」, 「그러나 다 그러는 것만은 아니다」의 작품에는 노모가 주요 등장인물로 등장할 뿐 아니라 서사의 주체를 형성한다. 따라서 이러한 작품들은 노년소설의 범주 속에서 분석할 때 한승원 소설의 본질 해명에 보다 용이하고 효과적이라는 점에서 주목할 만하다. 위에서 열거한 세 작품들을 중점적으로 분석하는 과정에서 한승원 노년소설의 면모와 특징을 파악해 나감은 물론 한승원의 노년소설을 해명하는 데 유효한 시사점을 제공해 줄 것으로 판단되기 때문이다. 물론 논의를 진전시키는 과정에서 노년소설과 관련된 그 밖의 작품들도 언급하게 될 것이다.

먼저, 「그러나 다 그러는 것만은 아니다」를 분석해 보자. '백수를 한 해 앞두고 있는 허리 기역 자로 굽은 노파'를 둔 김명윤과 여섯 해 전에 아내를 여읜 이장환은 죽마고우다. 애초부터 둘 사이가 친했던 건 아니다. 이장환은 개화를 한 아버지 덕택에 중학교 문턱을 밟아 보았을 뿐 아니라 사진관을 운영하면서 손톱 밑에 때가 끼는 일 없이 평생 베레모를 쓰고 카메라를 걸치고 멋을 부리며 살았다. 반면,

---

49) 양진오, 위의 글, 323쪽.

김명윤은 초등학교 문턱도 밟아보지 못했을 뿐 아니라 평생 고기잡이로 생계를 이어가며 동물을 키우고 논밭을 일구면서 살아왔다. 예전 같으면 술자리에서 마주 앉을 수도 없었고 길거리에서 만나도 고개나 까딱하고 지나치는 사이였지만 지금은 늙어 친구들이 저승으로 떠나고 몇 남지 않아 외로워져 조금씩 가까워지고 있는 사이다. 수문 마을과 율산 마을을 통틀어 동갑내기 중에 오직 두 사람만 남았을 뿐이다.

그런데 김명윤이 이장환의 행위에 대해 분을 삭이지 못하는 사건이 발생한다. 이장환은 김명윤의 노모를 대접한답시고 노모의 고운 한복을 한 벌 마련해 드리려고 모시고 나갔다가 순천만 갈대밭에서 앳된 여자와 벌거벗는 모습을 망원렌즈로 카메라에 담는 사건이 발생했기 때문이다. 그것도 치밀하게 계획을 세워 비밀리에 실행에 옮겼는데도 발각되고 만 것이다. 일부러 노모와 20만 원을 주고 산 앳된 여자의 속저고리와 저고리의 고름, 속속곳끈, 속곳끈, 속치마끈, 치마끈 들을 잘 풀리지 않도록 단단하게 마주 홀맺어 놓았다. 홀맺은 매듭을 푸는 데만도 한 2, 3분씩 걸리도록.

> 그는 카메라 속에 노모와 앳된 여자가 옷을 하나씩 벗어가는 모습을 담고, 알몸이 된 두 여자의 모습, 속속곳과 속곳과 속치마의 끈을 푸는 모습, 알몸이 된 앳된 여자가 노모의 알몸에 옷을 입히는 모습, 한복을 곱게 차려입은 노모가 앳된 여자의 옷 입는 것을 도와주는 모습, 노모가 앳된 여자의 알몸 여기저기를 탐스럽다고 찬탄하면서 쓰다듬고 어루만지는 모습, 속속곳 · 속곳 · 속치마 · 치마를 차례로 입느라고 엉거주춤 일어서거나 엉덩이를 빼거나 몸을 외튼 모습, 치마를 허리에 두르며 발아래를 내려다보는 모습, 저고리를 입고 고름을 매는 모습, 잘못 맨 것을 노모가 고쳐 매주는 모습들도 담았다.[50)]

뿐만 아니다. 달콤한 매실주 석 잔에 노모는 얼큰하게 취해 있었다. 두 활대를 벌리고 앳된 처녀와 춤을 추는 모습들을 카메라에 모두 담았다. 그런데 이러한 사실이 알려지면서 김명윤은 분노하고, 앳된 소녀는 그 일을 겪은 후 감기에 걸리자 학교 측이 알고서 경찰서에 고소하는 사건이 발생하게 된다. 하지만 이 사건을 맡은 경찰은 이장환 노인의 행위를 예술 행위로 이해하고 두 사람의 화해를 주선하기까지 한다. 김명윤 역시 경찰관의 간곡한 화해 권유와 주변의 설득으로 몇 가지 조건을 제시하고 잊으려 한다. 김명윤이 제시한 조건 중에는 노모에게 갈대밭에서의 무례한 행위에 대해 용서를 빌고 사진을 불태우는 것이 포함되어 있었다. 이장환이 김명윤과 함께 노모에게 사죄하기 위해 찾아갔을 때 자초지종을 전해 들은 노모의 반응은 의외다.

「안 된다이 절대로 안 된다잉. 그 사진 다 맨들어 갖고 오너라이. 나 진작에 모든 것을 다 알고 있었어야. 장환이 이 사람이 사신에 비친 놈이라는 것을 이 근동 사람 쳐놓고 모르는 사람이 어디 있냐? 잉? 나 그 사진 얼른 보고 싶다이. 그라고잉, 그것들 죽을 때 내 관속에 넣어주라고 할란께 한나도 뗀게 뿔지 말고 옴씨래미 다 가지고 오너라이. 죽으면은 썩어질 몸뚱이 사진으로 조깐 찍으면 어짠다냐? 잉? 느그 어메 살이 닳아진다더냐? 명이 짧아진다더냐? 사진기 눈깔이 느그 어메 살을 파묵는다더냐, 잉? 그날 나 얼매나 즐거웠는지 아냐? 이 늙은 몸뚱이가 아직 쓸모 있다고 생각한게 환장하게 좋드라이. …(중략)… 그 가시내 젖통, 엉뎅이, 눈, 코, 입, 귀, 볼, 턱, 머리카락 들 참말로 참말

50) 한승원, 「그러나 다 그러는 것만은 아니다」, 『잠수거미』, 문이당, 2004(초판 2쇄), 87쪽. 앞으로 한승원 작품의 인용은 필자의 별도의 언급이 없으면 여기에 의존하며 인용한 쪽수만 말미에 적어둔다.

로 참깨꽃같이 희고 보들보들하고 탐스럽다이. 다 찌그러진 몸뗑이하고 참깨꽃같이 피어난 몸뗑이하고, 그 두 가지 것 한번 맏대 보자이. 그 가시내 벗은 몸을 본께 나 젊었을 적 일이 생각나드라. 내가 다시 싱싱해진 것같이 가슴이 수런거리고 환장하게 좋기만 하드라…」(97-98쪽)

노모의 늙은 몸과 앳된 여자의 싱싱한 몸이라는 선명한 대비로, 육체는 시간에 종속된 존재의 외형임을 알 수 있다. 그 외형의 변화가 늙음, 낡음, 망가짐과 문드러짐에 이른다는 뜻에서, 시간은 육체에 대한 폭력형식이라 할 것이다. 그런데 천진하게도 '찌그러진 몸'과 '피어난 몸'을 '맞대 보자'고 할 때, 노모는 처음과 끝이라는 시간의 선적 논리에 지배되지 않는다. 젊은 시절이 생각나고 '다시 그렇게 싱싱해진 것같이' 환장하게 좋더라고 말할 때, 노모는 처음과 끝을 회통시킨다고 할 수 있다.

이런 회통을 두고 한승원은 '농현같은 시간'이라고 표현한다. 포르노의 육체가 상품의 시간처럼 일회적으로 소모되는 것이라면, 이장환의 사진은 처음과 끝이 맞물린 시간, 즉 '농현같은 시간'을 담아낸 것이다. 농현은 가야금이나 거문고 연주자가 줄을 퉁기면서 흔드는 기법을 뜻한다.

가야금이나 거문고는 두 선을 동시에 뜯어 화음을 내지 않는 대신 한 현을 뜯고 흔들면서 한 소리로 하여금 그 위와 아래 혹은 양옆으로 넘나들게 한다. …(중략)… 여름에 피어 있는 해바라기꽃 속에 지난 가을에 맺힌 꽃씨가 있고 그 꽃씨 속에 지난해 여름의 꽃과 다음 여름에 피어날 꽃이 있다. 갓난아기 속에 자기를 낳아 준 아비 어미가 있고, 그 아비 어미를 낳아 준 할아비 할미가 있고, 그 갓난아기 속에 장차의 아비 어미, 할아비 할미가 있고, 더 먼 장래의 흙 한 줌이 들어

있다.(80-81쪽)

연금술의 기적처럼, 농현은 수직과 수평, 대칭과 비대칭이라는 대립물을 하나로 융합한다. 부처와 중생 사이에 경계가 사라지고, 아름다움과 슬픔이 서로 횡단하는 경지라면, 농현으로서의 시간은 불교적인 윤회전생이 아니라 해탈의 경지라 할 것이다.[51] 꽃과 꽃씨, 아기와 부모가 서로를 품고 있는 형국이라면, 농현같은 시간은 계량할 수 없고, 거기에 순차나 선후관념도 스며들 수 없을 것이다. 그러니 한승원의 소설이 늙은 육체를 부정적인 태도로 대하거나 늙은 몸을 참담하게 대할 이유가 없다.

한편, 한승원의 소설에서 유난히 두드러진 조손의 유대관계, 노인과 아이의 상호의존 관계도 주목할 필요가 있다. 「수방청의 소」에서 김명윤 노인은 손자의 대학 학자금을 마련해 주겠다는 '희망'으로 사력을 다해 암소 열두 마리를 키운다. 파산지경에 이른 아들이 소를 훔쳐 팔아치웠을 때, 김명윤의 노모는 세상에 목숨을 가진 것들은 모두 도둑놈, 사기꾼이라고 말한다. 부모의 피땀을 훔쳐 자라난 자신이 마치 하늘에서 뚝 떨어져 자기 복으로 살게 된 것처럼 큰소리치는 것이 그러하다. 반대로, 꿔 달라고 말 한마디 하지 않은 자식에게 이것저것 꾸어주고 나중에 몇 백 배로 받아 먹는다는 엉뚱한 논리는 「버들댁」에서 자식들을 위한 희생이 곧 자기 자신을 살게 만드는 힘이라는 역설에 도달한다.

버들댁은 자식을 위하여 희생하는 전형적인 이 땅의 여성 노인이다. 아들에 이어 손자대까지의 고난의 여성을 대변하고 있다고 해도

51) 황국명, 「한국소설의 말년에 관한 사유」, 『오늘의 문예비평』 70호, 2008 가을, 63-64쪽.

과언이 아니다. 「버들댁」은 아들 손자로 이어지는 고단한 삶 속에서도 주어진 현실을 원망하고 좌절하기보다는 꿋꿋하게 이어가는 생명력과 자식에 대한 무한한 애정을 그린 소설이다.

"사립에 있는 실버드나무 때문에 그녀를 실버들댁으로 불리다가 앞에 붙은 '실'이란 말이 귀찮아 '버들댁'"으로 불린 여자가 있었다. 이 할머니에게는 손자 용복이 있었다. "막일을 하러 다니다가 싸움질을 하고 교도소에" 간 버들댁의 늦둥이 아들 하나가 "앞으로 결혼할 미장원 처녀가 낳은 아기"라고 하면서 데려온 손자가 용복이었다. 그런데 이 용복도 자기 아버지의 전철을 밟았다. "농고를 졸업하고 자동차 정비 공장에 다닌다더니 그것을 그만두고 식당일을 한다고" 한 용복이었고, "싸움질을 하는지 가끔 눈두덩이 멍들거나 입술이 터진 채 밤 깊어 차를 몰고 찾아오곤" 하는 용복이었다.

용복이 천둥벌거숭이 같은 손자라면 버들댁은 이 손자를 조건 없는 내리사랑으로 끝까지 포용하는 모성적 존재로 그려지고 있다. '미물일지라도 공을 들이면 복을 받는 법'이라고 생각하는 버들댁, 패륜을 자행하는 천둥벌거숭이 손자에게서도 사람의 온기를 느끼는 버들댁은 수난 속에서도 내리사랑을 구현함으로써 독자들의 강한 연민을 한 몸에 받고 있다. 버들댁은 현대 여성들의 존재론적 고뇌를 서술하는 여성주의적 문학 스타일과는 좀처럼 어울리지 않는 고루한 인물처럼 보일 수 있다. 그러나 이 고루함의 이면을 살펴보아야 한다. 현실과 남성들의 폭력 앞에서 한숨을 쉬고 통성을 터트리면서도 투철한 의욕으로 아이들을 키워 대를 이어나가는 한승원 소설의 그 숱한 어머니와 할머니들처럼 버들댁도 그의 손자를 감싸 안는다. 수난의 개인사를 용서와 사랑으로 헤쳐 나가는 여성, '가슴에 따스한 양광 같은 빛'을 지니고 살아가는 여성, 자기 몸 안의 선함을 조건 없이 실현하는 여성, 즉 이타적 모성의 소유자가 바로 버들댁이었다.[52] 용복은 버들댁에게 "삶의 허기를 충족시켜 주는 보물"인 것이다.

한승원에게 노인과 아이, 선조와 후손은 상호 유대하고, 늙음과 젊음은 역설적으로 공존한다. 「감 따는 날의 연통」은 이러한 한승원의 말년의식을 압축적으로 드러낸 작품으로 읽어도 무방하다. 기독교적 상징에서 나무의 열매와 맺은 관계가 인간고통의 기원이 된다면, 이 작품에서 늙은 감나무는 우주목이 된다.

> 그렇다. 정말 그렇다. 땅도 사실은 음험한 한 세계의 심장 그 자체인 것이고, 땅 심장의 관상 동맥 혈관들은 이 늙은 감나무의 뿌리들이다. 땅의 심장은 그 뿌리들과 가지들을 통해 피를 하늘로 짜 보내고 그 피는 하늘 안의 구석구석을 휘돌다가 다시 땅으로 되돌아오곤 하는 것이다. 그것은 연통(連通)이다.
>
> ―「감 따는 날의 연통」(140쪽)

엘리아데의 지적에 의존한다면, 한승원 소설의 늙은 나무는 수직적으로 하늘과 땅을 연결하는 우주목, 불멸의 절대현실을 상징한다고 할 수 있다. 이런 연결을 '연통'이라고 하거니와, 천지를 소통시키는 늙은 나무는 우주의 중심축이라 하겠고, 나무로 유비(類比)된 조손의 대칭적 조화에 경외심을 품을 만하다.

> 응접실 유리창을 통해 조손의 감 따는 작업을 바라보는 내 가슴에는 뜨거운 기운 한 줄기가 일고 있었다. 우주의 대칭적인 조화가 그 늙은

52) 양진오, 「고향의 시간과 성찰」, 한승원, 『잠수거미』, 문이당, 2004, 329쪽.

감나무 주위에 형성되고 있었다.

—「감 따는 날의 연통」(138쪽)

우람한 고목나무 곁에서 행복한 유년을 보낸 추억을 떠올린다면, 노인과 아이의 친화, 늙음과 젊음의 동락(同樂)을 어렵지 않게 이해할 수 있다. 결국 나무와 열매, 노인과 아이는 우주적 조화를 상징하며, 이런 조화에 대한 작가의 '경외심'은 우주적 근원에 대한 신화적 혹은 주술적 반응과 다르지 않을 것이다.[53]

작가는 이장환의 사진 작업에 모델로 나선 김명윤의 노모나 자기 집 "마당 가장자리에 서 있는 수령 60년을 넘어선 늙은 재래종 감나무"나 모두 자기에게 "시간을 인식시켜 주는 계량기" 같은 대상들이라고 생각한다. 그런데 "시간 속에서 모든 것들은 점차 낡아간다"는 진리를 표상하는 이 대상들은 소멸을 운명으로 받아들이면서도 새로운 잉태와 도약을 꿈꾸기에 작가에게 감동을 준다. 이장환의 사진기 앞에 선 노모는 "얼씨구, 하면서 춤을 추기 시작"했고 늙은 재래종 감나무는 "상처의 옹이 밑부분에서 움터 나온 새 가지 예닐곱 개"를 "하늘을 향해 줄곧" 뻗고 있다. 소멸의 운명 속에 노출된 이 대상들이 발산하는 생명력 앞에서 작가는 감동하고 있다.[54] 이 감동은 작가에게 아름다운 성찰을 낳고 있기에 그 의미가 각별하다. "내게도 저런 상처가 있고 상처 아문 자리 밑에서 새 가지가 뻗어 나고 있을까. 그것에는 앞으로 몇 해 동안 어떤 모양새의 열매가 달리게 될까"하는 성찰을 말이다. 이 성찰이 한승원 소설의 밑거름이 되는 것은 두말할 필요도 없다. 이렇게 한승원의 소설에는 혼재와 연통, 그리고

---

53) 황국명, 앞의 글, 66쪽.
54) 양진오, 앞의 글, 335쪽.

우주적 조화가 일이관지하게 흐르고 있다. 다시 말해 존재의 근원으로의 회귀를 끊임없이 시도하고 있다고 할 수 있는 것이다. 우주적 조화와 삶의 근원으로의 회귀를 일관되게 좇는다면 삶과 죽음도 이원적으로 구분되지 않을 것이며 서로를 적대하지 않을 것이다. 예컨대, 신생아는 자궁에 가장 가까운, 달리 말하면 존재 이전, 즉 죽음에 가장 근접한 존재라고 할 수 있다. 이런 의미에서, 아이 혹은 자궁은 삶과 죽음의 역설적 공간을 암시한다. 그렇기 때문에, 한승원 소설에서 죽음은 고통스럽거나 두려운 단계가 아니다. 「저길로 가면 율산이 지라우?」에 나오는 노모는 과거와 현재, 꿈과 현실을 넘나들고 이승과 저승을 함께 살고 있다. 어쩌면 망령 든 노인네라고 할 노모의 착란에 대해 일흔 살 넘은 아들 김명윤이 슬픔을 갖지 않는 건 아니지만, 그러나 그 슬픔은 고통스럽지 않다. 노모는 일상의 질서로부터 추방된다기보다 조상의 혼령과 소통하기 때문이다. 아들 자신도 노모의 꿈을 예지몽으로 여기게 되는 것처럼, 노모는 현세와 내세의 경계를 횡단하는 신령스런 존재로 보인다. 여기엔 과학이라든지 합리의 빛 따위가 스며들 여지가 없다.

한승원 소설에 나타난 죽음에 대한 인식도 이런 맥락에 놓인다. 애초에 삶의 근원은 '비어 있음'에 있기 때문이다. 「잠수 거미」의 한 대목을 통해서도 한승원의 이러한 생각이 스며 있다.

> 하늘은 진한 쪽빛으로 채색되어 있고 텅 비어 있었다. 그 비어 있음은 세상이 원래 비어있음을 말해 주는 것이었다. 지구와 달과 태양과 수많은 별들이 생겨나기 이전 세상은 텅 비어 있었을 것이다. 모든 살아있는 것은 구름처럼 일어났다가 비어 있음 속으로 사라져 가지 않으면 안 된다.(187쪽)

다소 현학적인 위의 인용문을 통해서도 존재의 근원, 나아가 죽음에 대한 한승원의 생각의 일단을 추단해 볼 단서를 제공해 준다. 죽음은 생명의 원초적 근원, 즉 우주적 질서로의 복귀이다. 바로 이런 이유로 삶과 죽음은 서로에게 극복대상일 수 없다. 왜냐하면 삶(有)은 죽음(無)에서 비롯되기 때문이다. 다소 허무한 기운이 드리워져 있지만, 생의 허무에 대한 자각은 존재의 근원으로 회귀하는 우주적 화해로 이해될 수 있다.

한편, 한승원의 「태양의 집」은 노년의 자아정체성에 대하여 깊이 성찰하게 하는 작품으로 작가는 이 작품을 통해 노년의 삶에 대한 전망을 제시하고 있다. 화자 '나'는 선배인 안기철 선생이 외손자인 영후를 보살피는 것을 보며, 어린 시절의 할아버지를 떠올린다. 할아버지는 '나'의 생김이나 성격에 대하여 부정적으로 말했던 아버지와 다르게 '나'에게서 무한한 가능성을 발견하고 꿈을 심어주었다. '나'에 대한 아버지와 할아버지의 견해 차이는 '연'으로 상징되어 나타난다.

> 나에게서 처음 연을 만들어 준 사람은 할아버지였다. 내가 처음 가져본 것은 병어연이었다. 할아버지는 나에게 글을 읽히다가 연을 만들어 가지고 동산으로 가서 띄웠다. 반면 아버지는 연 띄우는 일이 백해무익한 일이라며 권하지 않고 꾸짖기만 했다. 쓸데없이 종이와 글 읽을 시간을 낭비할 뿐만 아니라 허황한 꿈을 허공에 띄우는 것이라고 했다.[55]

'나'는 이러한 할아버지의 격려에 힘입어 긍정적이며 자신감을 가진 아이로 자라나 소설가가 된다. 할아버지는 '나'에게 꿈을 심어주

---

55) 한승원, 「태양의 집」, 김윤식・김미현 엮음, 『소설, 노년을 말하다』, 황금가지, 2004. 12, 35쪽.

고 가치 있는 삶을 가르쳐 주는 존재이다. 노년기에 이른 화자 '나'는 그런 할아버지의 모습을 선배인 안기철 선생에게서 발견한다. 안기철 선생은 사업하다 망한 사위와 딸이 맡기고 사라진 외손자 영후를 키운다. 안기철 선생은 영후에게 어머니의 '자궁'과 같은 역할을 해주려고 한다. 어머니의 '자궁'이 생명을 잉태하고 자라게 하듯이 어머니가 부재하는 영후에게 '자궁'의 역할을 스스로 한다. 어머니의 자궁은 창조의 사물이고, 하나의 소우주이다. 우리들의 원초적인 고향인 셈이다.

여기서 노년의 삶을 어떻게 살아야 할 것인가에 대한 작가의 전망을 드러내고 있다고 볼 수 있는데, 그것은 '노인들이 새로운 세대의 자궁 역할'을 할 수 있다고 작중인물인 안기철 선생의 입을 통해 말해주고 있다. 여기서 안기철 선생이 옥호를 '태양의 집'으로 지은 것도 '자궁'의 역할과 무관하지 않음을 발견할 수 있다. 안기철 선생의 의도를 깨달은 '나'는 연꽃 이야기를 영후에게 해주며, 결손가정에서 자라는 영후가 자라서 아름다운 삶을 꽃피우기를 바란다. 결국 작가는 안기철 선생이나 화자인 '나' 두 노인을 통해 현대의 노인들이 새 생명을 기르는 '자궁'의 역할을 해야 한다고 보는 것이다. 인생에서 자신의 실체를 인식한다는 것이 삶의 질에 영향을 미친다고 볼 때, 황혼기의 삶에서 자아정체성을 갖는 것은 중요하다.[56] 이런 점에서 노년소설 속에서 자아정체성을 획득한 노인의 모습을 발견하고 그 노인의 삶의 행적을 따라가 보는 것은 의미 있는 일이 되기도 한다. 한승원의 노년소설 속에 나오는 인물들 역시 정도의 차이는 있지만 나름대로의 생활 속에서 노인으로서의 품위를 잃지 않으면서, 비굴하지

56) 최명숙, 앞의 논문, 163쪽.

않게 인생의 마지막을 살아가는 모습을 발견할 수 있는 것이다. 다음에 살펴볼 김원일의 소설은 문제의식이나 입각점은 동궤에 있으나 접근하는 방식에서는 차이를 드러낸다.

2) 김원일 노년소설의 문제성

김원일의 노년소설로는 『슬픈 시간의 기억』을 주목해야 한다. 작품을 분석하는 과정에서 밝혀질 터이지만, 삶의 근원적인 질문을 위해 작가는 노년층의 의식과 생태를 매우 정밀하게 관찰하고 탐사하기 때문이다. 노년층에 대한 가없는 연민과 애정 없이는 이르지 못할 관찰의 깊이가 이 연작의 장편에 스며 있는 것이다. 이 작품은 「나는 누구인가」, 「나는 나를 안다」, 「나는 두려워요」, 「나는 존재하지 않았다」 등 4편의 중편들로 구성되어 있다. 「나는 누구인가」를 포함하여 「나는 나를 안다」, 「나는 두려워요」의 화자 모두 여성들이다. 「나는 존재하지 않았다」의 주인공만 남성인 셈이다. 따라서 김원일의 소설문장이라고는 보기 힘들 정도로 다소 관능적이고 감각적인 문체가 등장하기도 한다. 그것도 여성 화자에 의한 내면적 독백이 숨 가쁘게 전개되고 있는 상황이 다소 이채롭다.

> 숨길이 가빠진다. 참으로 야릇한 일이다. 까마득히 잊어버린, 떠올려도 예전의 느낌조차 아슴아슴하던 성감이 이 나이에 다시 살아나다니. 그네는 코앞에 떠도는 향기를 슬며시 끌어안는다. …(중략)… 미나리의 여린 이파리가 흔들리며 일으키던 질 안의 성감이 향기를 뒤쫓아 문틈 사이로 빠져나간다. 미나리가 뿌리채 뽑혀 질을 탈출해 버리니 쾌감이 언제였나 싶게 사라져버린다. 놓쳐선 안돼. 널 잡아야 해. 널 놓치면

난 송장이 되고 말아. 모든 감각이 마비되어 숨 끊어질 시간만 기다리는 식물인간이 되고 말거야.[57]

중편 「나는 나를 안다」의 한 대목이다. 이 작품에서의 화자인 한 여사의 내면풍경을 엿볼 수 있는 대목이다. 지문과 대화, 독백의 구분을 없앤 빡빡한 행간에도 불구하고 책은 스피드하게 잘 읽힌다. 하지만 『슬픈 시간의 기억』에 수록된 작품들이 모두 이렇게 감각적인 문체로 일관하는 것은 아니다.

「나는 나를 안다」는 술도갓집 딸로 30대 초반에 과부가 된 초정댁이 주인공이다. 그녀 역시 폐병을 앓던 남편을 두고 다른 남자와 정분을 트고 지냈는가 하면, 팔십이 다 된 할머니이면서도 포르노 비디오에 관심을 가지고 있는 위인이다. 사실 그녀에게는 젊은 시절 색욕을 밝히다가 살인까지 저지른 과거가 있었다. 우씨라는 정체불명의 사내를 유혹해서 불륜을 저질렀는가 하면, 방앗간 머슴 이씨라는 홀아비와 음욕의 나날을 보내다가 결국 그를 죽였던 것이다. 40년을 넘는 시간 저쪽의 일이었는데, 그녀는 배짱 좋게 지금껏 버티어 오고 있다.

살인을 했다고? 웃기고 자빠졌네. 난 아무 죄가 없어. 서방 있고 자식 둔 아녀자를 협박한 그 자식이 죽일 놈이지. 내가 왜 서방과 자식 버리고 백수건달을 따라나서. 애초부터 그럴 마음도 없었지만. …(중략)… 밤낮없이 배꼽 맞춰 절구질이야 물리도록 하겠지만 낯선 객지에서 내 신세는 또 어떻게 됐게.(128쪽)

---

57) 김원일, 「나는 누구인가」, 『슬픈 시간의 기억』, 문학과지성사, 2002, 42-43쪽. 김원일의 작품의 인용은 여기에 의존하며 말미에 인용한 쪽수만 밝힌다.

초정댁은 남편이 듣지도 말하지도 못하는 중증 장애인이었다는 원초적 슬픔을 안고 있다. 뿐만 아니라 장남 또한 온전치 못했고 딸들을 어려서 잃는 고통도 겪었다. 하지만 이것이 살인을 하고도 양심의 가책을 느끼지 못하거나 반성적인 성찰의 자세를 보이지 않는 것은 범죄의식이나 다름없다. 초정댁이 그런 집에 시집을 가기로 한 이유도 따지고 보면 물욕의 소산이었다. 그런 초정댁도 마침내 죽음에 이른다. 이 때 찾아온 자랑스런 대학 교수 외아들은 어미의 임종보다 유산에만 관심을 보인다. 그러나 초정댁은 남편 아닌 우씨의 종자인 그 아들과는 끝까지 생활비 입금을 조건으로 한 집요한 거래를 놓지 않는다. 죽음도 그 욕망과 자기의지를 넘어서지 못하는 것이다.

반면, 「나는 누구인가」의 화자인 한여사는 말을 더듬으며 "나, 느,, 누, 구, 야?" 하고 자문한다. 요컨대 자신의 정체성에 대한 의문과 혼란으로 삶을 마치는 것이다. 주인공 한여사 할머니는 이미 상당히 고령인 데다 양로원에 있는 인물이다. 혼혈 아들과 며느리 그리고 손자가 있으나 남이나 다름없이 미국으로 가 버려 혈혈단신이 된 그녀의 생각과 의식을 지배하는 것은 오직 추억뿐. 그것도 자신이 탐했고 또한 자신을 탐했던 사람들의 몸을 통한 몸의 기억들뿐이다.

> 호텔방에서 눈뜬 아침이면 그분이 내 침상에 허리를 숙여 이마에 다정하게 키스해줬지. 내 가슴 융기에 있는 큰 점을 쓰다듬어 줬어. 아침 바람 쐐요. 내 말에 그분은 트레이닝복을 입고 나섰다. 바다 위로 먼동이 터오면 우리는 손을 잡고 모래톱을 거닐었지. 그분의 육체가 이미 쇠하여 우린 플라토닉한 사랑을 나누었어.(24쪽)

한여사는 육체에 대한 기억을 통해 '아름다운' 것으로 존재한다. 그러나 그 아름다움은 육체에 대한 집착을 강화시키면서 육체적인 인생관・세계관을 배태시킨다. "숨 끊어지면 한 생명체의 영혼은 이 세상을 두 번 다시 볼 수 없게 하직하고 육체는 썩어 흙이 되고 마는 게 불변의 진리라 믿는다"는 한여사의 태도는 바로 이러한 과정에서 자연스럽게 생성된 것이다. 나아가 김원일이 보여주는 노년층의 성감이나 육체의 풍경은 외설스럽거나 불결한 것으로 전혀 비춰지지 않는다. 오히려 노년층에 대한 연민의 정서를 아주 효율적으로 환기하는 기제로 구사하고 있다.[58] 양로원에 와서 일상을 화장하는 일로 메우는 그녀의 삶의 끝은 이 과정의 자연스러운 끝일 수밖에 없는 것이다.

> (…상략…) 한여사는 영양크림 통에서 장지로 크림을 찍어 이마, 양뺨, 콧등, 턱에 흰점을 찍는다. 양 손가락으로 원을 그리며 피부에 크림이 고르게 스며들게 오랫동안 마사지한다. 다음은 분첩을 열고 촉촉한 피부에 파우더 가루를 퍼프로 토닥거려준다. 그네가 사용하는 밝고 옅은 핑크 톤은 피부가 깨끗하고 싱싱한 느낌을 주는 색이다. 닭볏같이 검붉고 주름이 엉긴 목도 빼놓을 수 없다. 꼼꼼하고 세밀하게. 주름살에 더 신경을 써서 분을 먹이면 고랑이나 금이 어느 정도 감추어진다. 깊은 주름은 아무래도 손가락을 사용하지 않을 수 없다. 그네는 떨리는 손가락으로 분가루를 문지르고 쓸어 붙인다. 빰 화장은 짙은 핑크 톤을 살짝 올려준다. 한여사가 그렇게 얼굴화장을 하는 시간은 한 시간 정도 걸린다. 얼굴 화장이 대충 끝나고 나면 얼굴과 목에 주름살이 얼마나 감추어지고 분가루가 피부에 자연스럽게 먹었느냐를 확대 거울로 확인한다. (16쪽)

---

58) 우찬제, 『고독한 공생』, 문학과지성사, 2003, 173쪽.

한여사가 화장하는 장면을 묘사한 이 대목에서 우리는 여성 작가의 솜씨 이상으로 그리고 있음을 알게 된다. 그런데 이런 미시 묘사는 고정된 한 장면을 묘사할 때보다 시간의 퇴적층을 자유롭게 오르내리며 복합적인 묘사를 보일 때 더욱 웅숭 깊어진다. 다음은 한 여사가 치매상태에서 무의식과 의식, 현대와 과거를 넘나들면서 보이는 몸짓 및 말짓과 이를 보는 주위 사람들의 행태를 교차해 가면서 복합적으로 묘사한 부분이다.

보퉁이 하나 껴안고 군함을 타자, 한경자는 눈물이 쏟아져 앞을 가렸다. 한 여사가 갑자기 온몸을 떨다니 눈 부릅뜨고 외친다. 날, 제발. 거기로 보내지마. 마. 난. 안. 갈 테야! 그때만도 한경자는 자신의 처지가 그렇게 될 줄 몰랐다. 한 여사의 다리가 경련을 일으킨다. 초정 댁이 그네의 두 다리를 누르며, 안 가겠다고? 죽음에는 순서가 없어! 하고 윽박지른다. 다 죽어가며 웬 힘이 이렇게 세. 초정 댁이 정강이뼈가 부러지라고 그네의 다리를 꾹꾹 누른다. 한 여사가 나동으로 가기 싫은가 봐. 임자보고 나동으로 가라면 가겠어? 허긴 그래. 나동은 송장 대기소니깐. 그러나 어쩔 수 없이 가게 될 날이 오겠지. 가는 세월을 누가 막아. 둘러선 늙은이들이 탄식한다. 죽는다는 게 얼마나 무섭고 골수에 사무쳤으면 저럴까. 누군 가고 싶어 가나. 하고 한 늙은이가 말한다. 난. 안. 가. 그. 지옥에는, 안, 갈 테야. 하는 한 여사의 외침이 잦아진다. 인젠 향기가 그녀의 콧속으로 스며들지 않는다. 온몸이 찢어질 것 같은 통증이 엄습한다. 난, 차라리, 홍씨가 탄, 유령선을, 탈, 거야. 지옥에 가더라도, 군함은, 안, 탈 테야! 한 여사가 안간힘 쓰듯 다시 외친다. 아닌 밤중에 홍두깨라더니, 무슨 배를 탄다구? 홍이 누구야? 혹시 아파트에 사는 노망난 노인이 홍씨 아냐? 주위의 늙은이들이 말한다. 부웅부웅. 뱃고동이 울었다. 군함이 미끄러지듯 바다 가운데로 나

가자 용두산공원과 부둣거리가 차츰 멀어졌다.(50-51쪽)

긴 설명이 필요 없는 역동적 묘사다. 물론 한 여사로 지칭되는 문장은 현재이고, 한경자로 지시되는 부분은 과거이다. 이런 식의 역동적 미시 묘사를 통해서 김원일은 인물의 삶 전체 구조에 육박하는 서사전략을 구현하고자 한다. 이를 테면, 지극히 부분적이고 사적인 이야기를 미시적으로 하는 것 같으면서도 그 안에 전체적이고 공적인 이야기를 거시적으로 온축하고 있는 새로운 스타일의 서사전략과도 맞물려 있다는 점을 주목해야 할 것이다.

또한, 작품을 분석하는 과정에서도 드러난 바와 같이 한 여사는 「나는 나를 안다」의 초정댁과는 다른 모습을 보인다. 「나는 누구인가」의 한 여사가 말을 더듬으며 나는 누구인가를 묻는 반면, 「나는 나를 안다」의 화자인 초정댁은 한마디 더듬는 일도 없이 "한마디로 나는 나를 안다"고 명백히 진술한다. 두 사람의 이 현격한 간극은 어디서 오는 것일까? 일차적으로 생각할 수 있는 것은, 김주연에 의해서도 적절하게 제시된 바와 같이 "한 여사의 정체성 혼란은 인간 존재의 본원적인 문제라는 점이며, 초정댁의 단호한 진술은 그녀가 그토록 애고하는 둘째 아들 박 교수가 남편이 아닌 다른 남자의 소생이라는 비밀에 대한 고백이다. 전자가 인간 실존에 관한 질문이라면, 후자는 훨씬 현실적인 사안에 대한 자백"[59]이라는 점에서 확연히 다르다.

다른 두 편의 중편 「나는 두려워요」, 「나는 존재하지 않았다」는 다른 시각에서 이 문제에 접근한다. 「나는 두려워요」 역시 할머니 화자를 갖고 있음에도 불구하고 앞의 두 작품들과는 판이하게 다르다.

59) 김주연, 「육체의 소멸과 죽음의 상상력」, 『슬픈 시간의 기억』, 문학과지성사, 2002(5쇄), 302쪽.

육체적 욕망과 그 열락을 멀리해 온 독실한 기독교인으로서 그녀의 말년을 다음과 같이 묘사한다.

> 저는 세상 사람들 앞에서 교사로서의 품위를 보이려 위선이란 옷을 입고, 모범으로 꾸미며, 내 몸을 상하지 않고 살아왔습니다. 주님을 섬긴다고 멸시를 당했거나 수난과 박해를 겪은 적이 없습니다. 하나님의 나라를 이 땅에 건설하기 위해 정의와 자유와 사랑을 위해 비바람 맞으며 앞장서서 나서본 적도 없습니다. 그런데도 저 같은 죄인이 주님이 계신 하늘나라에 들 수 있을까요?(212쪽)

인용문에서도 감지할 수 있듯이 그녀의 삶은 영적인 것이다. 어린 시절부터 그녀의 성정과 상황이 경건함 속에 있었던 것은 아니다. 언청이었던 그녀는 선교사의 도움으로 수술을 받은 후 하나님의 존재를 체험한 신앙인이 되었다. 그녀의 신앙이 세속적인 행복을 가져다주지는 않았다. 그럼에도 신앙은 그녀의 삶을 축복하고 있었다. 결혼, 출산, 출세, 재물과 같은 일상적 행복과는 멀리 있음에도 불구하고 그녀의 삶이 축복으로 규정될 수 있다면, 그것은 바로 그러한 상황 속에서도 하나님을 향해 더 가까이 가려는 그녀의 심령에 대한 이름이라고 할 수 있을 것이다. 비몽사몽 중에 생각하는 그녀의 신앙심은 예수의 삶을 닮고 싶어 하는 수준에서의 안타까움이다. 결국 이러한 생각 때문에 그녀는 죽음 앞에서 말을 더듬으며 주님을 만나기가 두렵다고 고백한다. 이러한 신앙관은 정욕과 자기의라는 두 개의 들보 가운데에서, 정욕은 금욕으로 극복하면서도 자기의에 대해서는 약간의 혼란이 남아 있음을 보여준다.[60)]

60) 위의 글, 306쪽.

유일한 남성 화자를 주인공으로 삼는 소설 「나는 존재하지 않았다」는 앞의 윤선생의 기독교적 세계관과 달리 실존주의적 세계관에 의한 존재와 죽음의 문제를 다룬다.

양로원 사무국장인 화자 김씨의 일생 또한 앞의 세 여인과 같은 시대, 비슷한 고난의 통로를 지나온 인물이다. 그러나 도서관 사서로 오랜 시간을 살아온 그에게는 독서체험이라는 지적 시간들이 있었다. 북에 본처를 두고 남에 와서 다시 후처와 재혼하고 살았으나 자식은 두지 못한 무욕의 세월이었다. 김중호의 생애는 요컨대 절반쯤 금욕에 가까운 선비의 삶이었다. 그리하여 그의 죽음도 이와 같은 실존의식 안에서 이루어진다. 네 사람의 주인공 가운데 그의 죽음이 가장 '문학적'으로 느껴지는 것은 이런 점 때문이다.

> 늙은이들은 외로워도 참고, 아파도 참고, 그리워도 참고 살지. 모진 성깔만 남아 화를 내고 누구에겐가 욕질하며, 욕질하다 슬퍼져 그리워하며, 그렇게 참는 게야. …(중략)… 죽는다는 게 두려워 그렇게 참고 견디지만 죽음은 의외로 빨리 닥쳐. 몸이 죽으면 혼미한 정신도 체념상태가 되어 마지막 순간을 받아들이지 않을 수 없지.(292-293쪽)

이상 김원일의 『슬픈 시간의 기억』을 분석했다. 네 편의 중편소설이 연작 형식으로 구성되었다. 네 편 모두 노인이 주인공이자 화자로 등장한다는 공통점을 지닌다. 따라서 작품의 사건 전개방식도 과거의 삶에 대한 기억과 회고에 의한 서사에 의존할 수밖에 없다. 동시에 노년의 관심사인 죽음에 대해 작중인물이 갖고 있는 생각들이 주요 소재로 등장한다.

이 작품에서 주목할 것은, 단지 노년의 피상적인 생태 풍경 묘사에서 그치지 않고 노인들의 삶 전체를 통해 20세기 한국사 전체를 투시할 수 있는 서사적 장치를 고안한 점, 다시 말해 개인의 사적 미시 역사를 통해 우리나라 전체의 공적 거대 역사를 성찰하도록 유도하고 있는 점 등 여러 면에서 김원일의 『슬픈 시간의 기억』은 노년소설의 진경을 새로운 방식으로 펼치고 있다는 점[61]이다. 요컨대 이 작품은 역동적 미시 묘사를 통해 미시적 개인사 기술의 새로운 가능성을 보여주었으며, 그것은 다시 거시적인 측면에서 20세기 민족사 전체나 정신사적 차원까지 꿸 수 있는 탄력적인 서사전략이라는 점에서 주목에 값한다. 지극히 부분적이고 사적인 이야기를 미시적으로 하는 것 같으면서도 그 안에 전체적이고 공적인 이야기를 거시적으로 온축하고 있는 새로운 스타일의 창조와도 맞물려 있기 때문이다.

노년은 인생의 정리기에 해당한다. 김원일은 인생의 정리기를 여성 노인의 삶의 관점에서 특유의 문체와 서사전략 및 어법으로 노년의 삶과 의미를 조감한 수작을 발표했던 것이다. 노년소설의 관점에서 볼 때 큰 수확이다. 다만, 이 작품은 성과에 비해 비평적 세례와 조명을 제대로 받지 못한 아쉬움이 남는다.

다음 절에서 살펴볼 최일남・문순태의 노년소설은 한승원・김원일의 소설과 마찬가지로 노인의 삶의 관점에서 특유의 문체와 서사전략 및 어법으로 노년의 삶과 의미를 다루고 있다. 특히 '말년의식'과 결부해서 작품을 분석해 나갈 때 노년소설의 지향점에 적지 않은 시사점을 제공해 준다. 물론 최일남과 문순태 소설의 말년의식이 같을 수는 없을 것이다. 최일남의 노년소설이 해찰과 역리를 통해 노년의 삶을 현미경적으로 조감한다면, 문순태는 소통의 방식과 노년의 건강성

61) 우찬제, 앞의 책, 173쪽.

에 보다 비중을 두어 원경적(遠境的)으로 접근하고 있다. 보다 구체적인 차이는 작품 분석을 통해 드러날 것이다.

3. 최일남·문순태 노년소설의 말년의식

1) 최일남 노년소설의 해찰과 역리(逆理)

최일남 노년소설의 면모와 특성을 파악하기 위해서는 소설집 『아주 느린 시간』과 『석류』를 분석해 보면 그 윤곽이 어느 정도 드러난다. 특히 소설집 『아주 느린 시간』에 실린 소설들은 노년소설 위주인 만큼 최일남 노년소설의 면모와 특징을 온전하게 드러내고 있다. 앞서 열거한 소설집에 실린 작품들을 언급하기 이전에 「흐르는 북」을 언급하지 않을 수 없다.

「흐르는 북」은 문학사상이 제정한 제10회 이상문학상을 수상한 1980년대 소설이다. 이 작품은 당대에 성공한 고위 공무원 아들을 둔 노인 민익태의 삶과 아들의 성공한 삶, 그리고 손자인 성규와 성규의 아버지 사이의 가치문제로 인한 갈등을 다루고 있다.

이 작품은 정현기로부터 "작품 끝머리에서 손자 성규가 데모하나 잡혀간 사실을 알고 두 세대가 다른 행적을 보이는 바와 같이, 모든 가치는 서로 충돌하거나 의존하는 관계로 발전한다는 원리를 작가 최일남은 절묘하게 부각시켜 놓았다"[62]는 평가를 받은 바 있다. 「흐르

62) 정현기, 「〈흐르는 북〉 작품 해설」, 최일남 외, 『흐르는 북』, 푸른사상, 2008, 11쪽.

는 북」이 최일남의 노년소설에서 원형에 해당하는 만큼 여기서 개괄적으로나마 분석할 필요를 느낀다.

이 작품은 할아버지의 '재능'과 '끼'가 손자인 성규에게 대물림되는 모티프를 중심으로 이야기가 전개되고 있다.63) 성규의 할아버지 민노인은 평생 북장이로 가정을 돌보지 않고 살다가 나중에 늙어서 아들 대찬의 집에서 함께 살게 된다. 아들과 며느리는 민노인이 북 치는 것을 싫어한다. 여기서 아들과 며느리에게 '북'은 부끄러움의 대상이며 경계의 대상으로 드러난다. 더구나 고급 관리인 아들의 고향 친구들을 초청했을 때, 아들 친구의 권유로 민노인이 북을 잡게 된다. 그런데 손님들이 돌아가고 나자 아들은 자기의 체면을 상하게 했다며 '아버지를 마음 깊숙이 받아들일 수 없는 건 바로 북 때문'이라고 말한다. 북장이로 떠돌던 아버지에 대한 좋지 않은 기억이 아들에게 상처로 남아 있음을 드러내고 있다. 그렇기 때문에 민노인과 아들은 심리적으로 갈등하는 인물로 나타난다. 이 북을 경계의 대상으로 삼으려 하는 아들과 달리, 손자 성규는 북 치는 할아버지의 재능과 인생을 인정한다. 민노인에게 '북'은 한이고 인생의 전부이며, 갈등의 모티프이면서 이해와 화합의 모티프로 작용한다. 즉 '북' 때문에 민노인은 아들과 갈등관계에 놓이지만 손자인 성규는 '북'을 통해 할아버지의 삶을 이해하게 되고, 손녀인 수경도 북소리를 싫어하지 않음으로써 할아버지의 재능을 인정하게 되는 것이다.

---

63) 노년소설의 모티프 가운데 '대물림' 모티프는 그 양상이 다양하게 나타나는데, 성격이나 신체적인 부분뿐 아니라 정신적인 부분, 관심 있는 부분 등에 대한 '대물림'으로도 나타난다. '대물림'이 바로 직계의 자녀에게 나타나는 경우도 있고, 대를 건너서 손자에게 나타나는 경우도 있다.(보다 구체적인 것은 최명숙, 앞의 논문, 46-49쪽 참조)

> 그날 밤, 민노인은 근래에 흔치 않은 노곤함으로 깊은 잠을 잤다. 춤판이 끝나고 아이들과 어울려 조금 과음한 까닭도 있을 것이었다. 더 많이는 오랜만에 돌아온 자기 몫을 제대로 해냈다는 느긋함이 꿈도 없는 잠을 거쳐 상큼한 아침을 맞게 했을 것으로 믿었는데 그런 흐뭇함은 오래 가지 않았다.[64]

이렇게 민노인은 성규가 다니고 있는 대학의 서클 활동에 초청을 받고, 거기서 북을 치게 된다. 그때 대학생들로부터 예술성을 인정받은 민노인은 그곳에서 북을 마음껏 치고 나서야 자기 몫을 제대로 한 것 같은 기분이 든다. 즉 자기의 정체성을 확립하는 것으로 나타난다.[65]

예술인으로서 가지고 있는 정서를 펼칠 때, 비로소 민노인은 행복감과 보람을 느끼는 것으로 드러난다. 이런 할아버지의 '재능'과 '끼'가 손자에게 대물림된다. 성규가 대학 서클 탈춤반에서 활동하고 있는 것을 보면 알 수 있다. 아들과 며느리는 성규의 '끼'가 할아버지를 닮아서 그렇다며 마뜩찮게 여기는 것에서, 민노인이 평생 해 온 행위를 이해하지 못하는 아들의 심리적인 양상이 드러나고 있다. 그러나 성규는 할아버지의 삶과 예술성을 인정함으로써 조손간의 관계는 친밀하고 노소동락하는 모습을 보여주고 있다. 그 내면에는 할아버지로부터 성규에게 대물림이 된 재능과 끼가 있음으로써 할아버지의 성향을 잘 이해할 수 있도록 하는 것이다

위에서도 살펴본 바와 같이, 「흐르는 북」은 민익태의 삶에 초점을 두고 기본 줄거리와 서사가 진행되는 만큼 노년소설로서의 성격을 두루 갖추고 있다. 앞으로 분석하게 될 최일남의 노년소설은 「흐르는

---

64) 최일남, 「흐르는 북」, 최일남 외, 『흐르는 북』, 푸른사상, 2008, 34쪽.
65) 최명숙, 앞의 논문, 47쪽.

북」의 연장선 위에 서 있다.

최일남의 소설집 『아주 느린 시간』에 수록된 「아주 느린 시간」을 비롯하여 「풍경」, 「힘」, 「사진」, 「그들은 말했네」, 「고도는 못 오신다네」 등은 각기 다른 울림과 목소리로 노년소설로서의 성격과 조건을 두루 갖추고 있는 수작들이다. 열거한 작품 모두를 여기서 구체적으로 분석할 정도는 아니고 「아주 느린 시간」과 「풍경」을 중심으로 언급하겠다. 작가 스스로 소설집 서문에서 "직행 질주의 반대편에 자리 잡은 퇴행 해찰의 한 산물"로 밝히고 있는 만큼 작품마다 정도의 차이는 있지만 대체로 작가로서 시대적・지배적 가치의 '반대편'에 놓인 '퇴행 해찰'에의 유혹을 뿌리칠 수 없었음이 작품 곳곳에서 표출되고 있다. 직행과 질주, 속도의 효율을 우리 시대의 지배적 가치로 본다면, 작가는 시대의 결을 의식적으로 거슬러 보았다는 뜻이다. 이런 점에서 황국명이 "최일남의 소설에서 과거로 퇴행하는 '시간여행'은 가속도의 세상, "저립(佇立)을 용서하지 않는 질주의 시대"를 견디는 힘"[66]이라는 지적은 설득력을 지닌다.

「아주 느린 시간」은 소설집 『아주 느린 시간』의 표제작으로 최일남 노년소설의 성향을 일정 정도 대변한다. 물론 위에서 열거한 작품마다 각기 다른 특성과 울림이 있지만, 「아주 느린 시간」은 최일남 노년소설의 특성과 경향을 가늠해 보는 데 시사하는 바가 크다는 점만은 부인할 수 없다. 다섯 노인의 이야기를 통해 삶과 죽음을 바라보는 시각이 어떻게 서사의 초점이 되고 있는지 살펴보자.

"기왕 태워 없앨 것 나무면 어떻고 종이면 어때. 기다리는 지루함을

---

66) 황국명, 「한국소설의 말년에 관한 사유」, 『오늘의 문예비평』 70호 , 2008 가을, 75쪽.

덜기 위해서도 빠를수록 좋지. 안 그래?"

"거기까지 갈 것 뭐 있수. 병원에 누웠다가 해부학 교실로 직행하는 사람도 더러 있습니다. 빠르기로 따지면야 그게 제일이겠네."

"암. 맘먹기에 따라서는."

"화장 다음엔 납골당인가요."

"그렇지. 값의 고하에 따라 재질이 다른 단지에 가루를 담아 가까운 납골당으로 향하는데, 개중에는 장례장 안에 붙은 작은 동산에 올라 그 자리에서 뿌리는 사람도 있더라구."

"산에다 곧장?"

"아냐. 바로 뿌리면 산을 오염시킬 염려가 있기 때문에 산림법 제 몇조에 걸린대나."

"비료 구실을 해서 토양이나 나무에 이로울 텐데."

"그쯤 여기는 게 보통인데 실지로는 그렇지 않은가 봐. 별도로 마련 해놓은 대형 단지 투입구에 촉감이 아직 따끈따끈한 뼛가루를 조르르 쏟게 되어 있어요. 그것으로 끝이야. 손 탈탈 털고 돌아서는 거지. 먼 하늘로 눈을 돌리는 사람이 있는가 하면 엉엉 우는 얼굴로 계단을 비틀비틀 내려오는 유족이 있지."

"얼라. 흐르는 강물에 뿌리면? 물고기는 좋아한대요?"

"그건 나도 몰라. 물고기한테 물어보지 않은 담에야 난들 어찌아누. 산은 늘 거기 있고 내는 쉬지 않고 흐르는 차이가 있을까."

"세상에나. 말짱 헛거네."

"공수래공수거의 절정이지. 땅으로 스며들든 물로 흐르든 사라지는 건 마찬가지인데, 그런 이들에겐 적어도 납골당의 답답함에서 해방된 기쁨이 여간 아닐 거야."[67)]

---

67) 최일남, 「아주 느린 시간」, 『아주 느린 시간』, 문학동네, 2000, 53-54쪽, 앞으로 이 작품을 포함하여 소설집에서 인용한 경우 말미에 작품명과 쪽수만 밝힌다.

사람이 죽은 후 매장할 것인지 화장을 해서 납골당에 안치할 것인지와 관련해서 노인들끼리 서로 의견을 교환하는 장면이다. 결국 죽은 후 장례는 타인의 문제가 아니라 자신들에게 닥친 문제이기도 한 것이다. 노인들에게 있어 죽음의 문제는 단연 관심사항이다. 아니 노인들에게만 국한된 것은 아닐 것이다. 인간에게 엄습하는 가장 큰 공포는 시간의 불가역성으로부터 비롯된다. 그것은 곧 죽음에 대한 공포이기도 하다. 종교나 철학이나 문학이 궁극적으로 다루는 것은 이러한 시간의 공포, 즉 죽음의 공포를 극복하는 문제와 밀접하게 관련되어 있음도 이러한 저간의 사정을 반영한다.

경험을 통해 형성된 죽음에 대한 표상은 이제 역으로 우리의 삶에 깊은 영향을 끼친다. 죽음을 삶의 거울이라고 말한다. 죽음, 그리고 그것에 대한 표상이 삶을 되비춰 준다는 말이다. 파란 거울에 비친 삶은 파랗게 보이며 검은 거울에 비친 삶은 검게 보인다. 마찬가지로 죽음을 밝게 보는 사람은 삶을 밝게 보게 되며 죽음을 어둡게 보는 사람은 삶을 어둡게 보게 된다. '죽음' 하면 노랑나비를 연상하는 사람과 시커먼 까마귀를 연상하는 사람, 이들은 죽음을 그렇게 보며 그런 눈으로 삶을 본다. 이것은 죽음은 하나인데, 그것에 대한 심적인 상태에 따라 그것이 아주 다양하게 받아들여진다는 것을 의미한다. 물론 죽음에 대한 표상이 전적으로 개인적인 것은 아니다. 개인에 앞서 그 개인이 속해 있는 문화적 환경이 있고, 역사적 배경이 있으며 종교적 신념이 있다. 오히려 개인적 경험은 이런 환경이나 배경 그리고 신념 속에서 이루어지는 것이어서, 그런 것들을 고려하지 않고서는 개인적 표상에 관해 말할 수가 없을 것이다.[68]

---

68) 정동호 외, 「죽음에 대한 철학적 성찰」, 『철학, 죽음을 말하다』, 산해, 2004, 33쪽.

이런 맥락에서 "죽음에 대한 생각은 필연적으로 어떤 삶을 살아야 할지 고민케 한다. 죽음이 피할 수 없는 삶의 단계라고 한다면 우리는 그것에 대해 아는 만큼 자유로워질 수 있다"[69]고 말한다. 하지만 한편으로는 죽음은 알면 알수록 거머쥘 수 없는 미래이자 미지이다. 그래서 개인에게 죽음은 언제나 처음이자 마지막 실험인 셈이다. 우리가 죽음에 떠밀릴 수밖에 없는 것처럼, 죽음에 대해 우리는 수동적인 피실험자임을 뜻한다. 말하자면 우리는 죽음의 주인이 아니라는 것, 우리가 죽음을 향해 나아간다기보다 죽음이 우리에게 느닷없이 닥쳐온다는 것, 그것이 죽음과의 진짜 관계라는 것이다. 이러한 맥락에서 죽음에 대한 시각은 최일남의 소설 「사진」에서 작중인물의 시각에 의존하여 죽음의 문제를 바라보는 관점과도 상통한다.

> "아무리 나이를 많이 먹은 사람도, 아무리 이 세상 인간사에 도통한 현인도, 이거다 하고 답을 내리지 못하는 게 죽음이 아닌가. 관념적으로야 무슨 말을 못 해. 너무 넘쳐 걱정일 지경이지. 그러나 정작 죽음과 맞닥뜨리면 까짓 자식이 무슨 소용인가. 눈꼽만큼도 도움이 안 돼. 자신이 직접 당해보지 않고는 나락처럼 캄캄한 것이 죽음이라고 했을 때, 천만년 전이나 오늘이나 저마다 최초이자 최후의 실험자로 떠밀릴 밖에 없다고 했을 때, 어느 누가 본능적인 공포에 휘말리지 않겠나. 과정이 아니라 죽음 자체에 대해서……."(고딕표시－인용자)
>
> 「사진」(121쪽)

인용문에 나온 작중인물의 시각에 의존해 볼 때, 최일남은 죽음에 우주적 근원으로의 귀환이나 자연으로의 회귀와 같은 의미를 두지 않

69) 천선영, 「문화일보」, 2001년 6월 15일자.

는다. 위의 작품에서 보듯, 당자의 생전 삶을 알려주지도 않고 죽음 자체에 관심을 두지도 않는 장례는 결국 살아남은 자의 '분탕질'에 불과하다는 것, 그래서 죽음은 익명화된다고 말할 뿐이다.[70)]

이처럼 최일남의 노년소설에서는 작품마다 조금씩 차이는 있지만 죽음에 대해 여러 형태의 수사(修辭)와 빛깔을 드러낸다. 「아주 느린 시간」에서처럼 다소 '어깃장 놓기'를 통한 가벼움과 능치는 수사로 기존의 관념에서 비켜서 보기도 한다. 「아주 느린 시간」 역시 노인들이 죽음을 둘러싼 문제를 비롯해 노년에 겪는 여러 관심 사항을 자유롭게 교환하면서 서사의 기본 줄거리를 형성하고 있다.

> **자 다섯 사람의 이야기가 주마간산 식으로나마 끝났다.** 어느 하늘 아래, 어느 땅 위엔들 이와 비슷한 사연이 없을까. 많고 많을 터이다. 죽음이라는 편향된 시각을 거두고 전향적인 보고서를 시도할 수도 있을 것이다. 도처에 이렇게 노인들이 몰려오는 장관을 아무튼 눈 크게 뜨고 보라.
>
> 해가 진 당산에 쟁반 같은 달이 서서히 떠오르고 있다. 그러나 해는 내일도 어김없이 뜬다. 그러므로 **내일 아침이면 또 어디론가 길을 나설 그들의 행각을 기대해도 좋다.**(고딕표시—인용자)
>
> —「아주 느린 시간」(73쪽)

위의 인용문은 「아주 느린 시간」의 말미다. 인용문의 고딕표시에 주의해서 살펴보면, 이 작품에서 서술자는 객관적인 어조로 다섯 노인의 삶과 죽음에 관련된 생각을 스포츠 중계방송 하듯이 담담하게 술회하고 있다. 특히 이 작품에서 서술자는 작중인물과의 객관적 거리를

70) 황국명, 앞의 논문, 78쪽.

유지하면서 서사를 진행시킨다. 즉 화자가 작중인물의 감정에 이입되는 경우를 차단하거나 자제하고 있다. 이러한 서술 양상은 죽음을 포함한 노년의 삶을 인생의 큰 틀 안에서 유난스럽지 않게 수용함으로써 독자로 하여금 진한 감동과 여운으로 이끄는 효과를 지닌다.

이러한 담론 양상은 『아주 느린 시간』에 실려 있는 「풍경」을 통해서도 확인된다. 이 작품은 퇴임한 장관 출신의 노인의 삶을 통해 노년기에 겪는 시간 보내기의 난처함과 외로움을 짙게 반영하고 있다. 특히 직장에서 퇴임한 후 시간 관리는 노년에 부딪치는 어려움 중 하나이다. 시간이 지나면서 잘 적응해 가는 경우도 있겠으나 남아도는 시간을 보내는 것이 쉬운 일만은 아니기 때문이다. 현역시절에 바쁘게 보낸 사람일수록 더 힘들다고 볼 수 있다. 노년기에 남아도는 시간은 노년생활의 삶의 질을 좌우한다고 해도 과언이 아닐 것이다. 소설 「풍경」 속의 작중인물 정 총재의 하루 일과를 통해서 노년기에 닥친 여가 보내기의 풍경 속으로 들어가 보자.

> 새삼스럽기는 하지만 정 총재는 김 기사가 모는 승용차 뒷좌석에 앉아서도 영 마음이 썰렁하다. 누구는 옷을 벗자마자 수발 들던 군식구들이 떨어져나가 홀가분하다고 했는데 그것도 사람 나름일게다. 그는 오히려 허전하다. 우선 조수석이 비어 이 빠진 느낌이다. …(중략)… 기중 힘든 것이 일일계획 세우기다. 꽉 짜인 스케줄대로 움직이다가 자기 손으로 하루 시간 일과표를 작성하는 일마저 수월하지 않다.
>
> 처음 얼마 동안은 괜찮았다 하랴. 위로전화에 점심 저녁 초대에 골프 권유에 제법 바빴다. 질색인 것은 중간에 뻥 뚫린 시간이나 온전히 뜬 빈 날 메우기다. …(중략)…
>
> 초친 맛으로 칠 것 같으면 오늘 산소행 역시 엉뚱하다. 늦가을 찬 날씨에 어쩌자고 부모님 묘소를 찾아 길을 나섰는지. 자동차로 두어 시간

이면 닿을 곳이긴 해도 어지간히 멋쩍다. …(중략)… 바람쐬는 기분으로 겸사겸사 나들이를 마음먹었다. 그리고 그 뜻을 아내에게 비쳤다. 웬걸, 미쳐 동행을 제의하기도 전에 손사래를 쳤다.

—「풍경」(183-184쪽)

노년의 시간은 젊은 날의 시간과 다르다. 사람에 따라 개인차는 있겠지만 남아도는 시간을 보내는 것이 여간 곤혹스러운 것이 아니다. 자칫하면 무력감으로 이어질 수 있는 것이다. 물론 노화로 인한 신체적 기능의 저하와 체력의 부족이나 상실에서 오는 점이 크다고 본다. 하지만 신체적 노화로 인한 무력감과 아울러 노인들의 가족 내 역할 및 지위 상실, 친구 상실, 경제력 상실 등은 심리적·사회적 무력감을 동반한다. 결국 신체적·심리적·사회적 기능의 약화로 노인들이 경험하는 상실과 그에 따른 스트레스는 노인을 더욱 무력하게 한다. 무력감의 요소를 '밀려남', '받아들여지지 않음', '덧없음', '의지할 데가 없음', '기력이 다 해 감', '단절됨', '뒤쳐짐', '쓸모없음' 등의 8가지로 정리할 수 있을 것이다.[71] 노인들이 무력감을 느끼게 되는 '밀려남' 혹은 '덧없음'이 소설 속에서 전형적으로 드러나기도 한다.

"가령 연하장을 예로 들어봄세. 현직에 있을 적에는 귀찮을 정도로 많이 쌓여 제대로 눈을 주지도 않고 치운 사정이야 다들 짐작하겠지. 그만둔 다음해까지만 해도 소불하 백장은 되네. 차츰 절반으로 팍팍 줄다가 사 년차인 금년 정초에는 얼만줄 알아? 열 다섯 장인가 열넉 장

---

71) 노년에 닥쳐오는 무력감의 원인과 증상에 대한 보다 구체적인 것은, 김경은, 「노인 무력감의 현상 연구」, 이화여자대학교 박사학위논문, 1995 및 박영주, 「여성노인의 무력감과 사회적 지지와의 관계」, 『한국노년학연구』, 한국노년학연구회, 2001, 78쪽 참조.

인가…… 그걸 한 장 한 장 세다가 또 마누라쟁이한테 들켰네. 궁상떤다고 압수해갔는데 아마 쓰레기통에 당장 버렸을 거야. 얼마나 무안하고 부끄럽던지."

"내 집 앞 파출소 아닌가. 집을 들락거리자면 불가불 그 앞을 지날 밖에 없는데 소장이 기다리고 있었다는 듯이 번번이 튀어나와 경례를 붙였어. 남들이 이르기를 말려도 소용없는 일이라길래 웃음으로 받았지. 백수가 된 뒤로는 길에서 눈이 마주치면 마지못해 팔을 들어올렸는데 점점 팔이 밑으로 처지지 뭔가. 요새는 아예 외면을 해버려."

"못 보았겠지."

"그럴 리가. 지나가는 사람도 얼마 없었는데. 내가 저 사람한테 무얼 잘못했을까 한참 생각했네."

―「풍경」(198쪽)

최일남의 「풍경」은 정 총재를 초점인물로 해서 그의 하루 일과를 동영상으로 보여주는 듯한 작품이다. 노년은 존재감의 상실에서 오는 쓸쓸함을 절감하는 경우가 많다. 위의 작품에서도 노년의 삶에서 닥쳐오는 존재감의 상실, 역할 상실에서 오는 소외감 등을 잘 묘사하고 있다.

이상에서 살펴본 바와 같이 최일남의 「아주 느린 시간」, 「풍경」은 노년소설로서의 요건을 두루 갖추고 서술자가 비교적 작중인물과 객관적 거리를 유지하면서 카메라 앵글에 의해 피사체를 찍듯이 담담한 어조로 노년의 삶과 애환을 다루고 있다.

소설집 『석류』에 수록된 「석류」는 좀 다르다. 화자인 '나'를 통해서 노모의 삶과 일상이 드러나고 있다. 노모가 초점인물로 등장하고 있는 셈이다. '나'의 어머니인 노모가 주요 인물로 등장하고 작은아버지와 어머니 사이에 얽힌 삶과 회상이 이 작품의 서사를 추동해 나간다. 특히 격동의 현대사를 살아오는 동안 노인들이 겪었던 배고픔과 가난의 정서들이 파노라마처럼 그려져 있다.

"보면 모르냐. 석류 먹는다."

고개를 돌려 정면으로 나를 바라보는 어머니의 얼굴이 섬뜩하다. 형광등빛에 반사된 창백하고 쪼글쪼글 바스러진 모습에 스친 데스마스크의 전율 못지않게, 떼낸 석류 조각의 시뻘건 더미와 씹어 뱉은 알맹이 찌꺼기가 깊은 밤의 적요를 마구 흩뜨려 가슴이 오싹했다.

"세상 참 좋아졌더구나. 이 겨울에 석류가 어디냐. 크기는 또 얼마나 크다고. 칠렌가 찔렌가 하는 나라에서 수입한 거라는데 맛도 괜찮다. 너도 와서 먹어."

"그렇다고 한밤중에 자실 건 없잖아요."

"아무 때 먹으면 어때. 잠도 안 오고……. 나라도 대신 먹고 가야 숙진이 고것한테 할 말이 있지."

기어이 저승의 소리 같은 말씀을 뇌신다. 그게 그토록 절절했던가. 석류 한 알의 회한이.[72)]

춥고 배고픈 시절 먹을 것이 없어서 운명을 재촉할 수밖에 없던 가난의 처절함이 절절하게 연상되는 장면이다. 장티푸스를 앓던 화자의 누이가 탕약대접은 본체만체 하면서 '석류가 먹고 싶네' 했건만 제대로 소원을 들어주지 못한 한을 삭이며 한밤중에 석류를 먹는 노모를 묘사한 경우다. 이런 점에서 「석류」는 음력 설 어름에 죽은 딸이 그렇게 먹고 싶어 했던 석류를 한밤중에 먹으며 춥고 배고픈 시절의 회한을 달래는 노모의 삶이 고스란히 배어 있는 작품이다.

---

72) 최일남, 「석류」, 『석류』, 현대문학, 2004, 142-143쪽.

앞에서 작품 분석을 하면서 드러난 바와 같이, 최일남의 노년소설에서는 노년의 삶에 대해 다양한 울림과 반응이 드러난다. 「아주 느린 시간」에서처럼 죽음에 대해 김윤식이 '어깃장 놓기'라고 지적[73]한 바 있듯이, 노년은 죽음을 공포의 대상으로 여기지 않고 따라서 주눅들 필요 없이 죽음의 가능성을 직시한 경우도 있다. 또 『아주 느린 시간』에 수록된 「힘」을 통해서 드러난 바와 같이 젊은 노인이라는 상품화된 이미지에 매혹되기보다 노년의 특성, 그 느림과 수동성도 힘이 된다는 '역리(逆理)'에 자족하는 경우도 있다. 이러한 '역리' 혹은 '역설'은 최일남의 말년의식을 뚜렷이 드러낸다고 할 수 있을 것이다.[74] 이러한 말년의식이 최일남의 노년소설에 모두 해당하는 것은 아니다. 노년의 삶에서 오는 이해와 관용, 그리고 지혜를 발휘하는 노인의 삶을 통해 노년의 건강성을 드러낸 경우도 있기 때문이다. 더불어 노년의 삶이 안고 있는 회한과 무력감을 드러내는 경우도 당연히 있다. 이처럼 최일남의 노년소설은 노년의 삶이 안고 있는 다층적인 측면을 헤집어 조명하고 있다는 점을 주목해야 할 것이다.

2) 문순태 노년소설의 소통의 방식 그리고 건강성

문순태의 노년소설은 작품을 구체적으로 분석하는 과정에서도 드러나겠지만, 무엇보다도 작품 속의 인물들이 건강함을 지니고 있다. 비록 육체적으로 버겁고 힘겨울지라도 정신은 비루하지 않은 의연함과 포용력을 지닌다. 이것은 노년의 삶에 대한 과장이나 미화가 아니라 작품 속의 인물을 통해 자연스럽게 드러내고 있다. 작가 역시 특

73) 김윤식, 앞의 글, 270쪽.
74) 황국명, 앞의 글, 76쪽.

별하게 노년소설을 염두에 두면서 창작한 것은 아니겠지만, 노년기에 접어든 만큼 자연스럽게 노년의 삶을 소재로 한 경우로 추측된다. 작가가 비교적 노년기에 접어든 시기에 쓴 소설집 『울타리』에 실린 「늙으신 어머니의 향기」, 「느티나무와 어머니」, 「은행나무 아래서」, 「대나무 꽃 피다」 등은 노년소설로서의 성격과 특징을 두루 갖추고 있다. 주요 등장인물이 노인들이고 이야기의 소재 역시 노년의 삶과 밀접하게 관련되어 진행되고 있다. 소설집에 실린 절반이 노년소설에 해당하는 셈이다.

위에서 열거한 작품들은 노년소설로서 요건을 두루 갖추고 있을 뿐 아니라 작품성 또한 뛰어난 경우에 해당한다. 「늙으신 어머니의 향기」, 「느티나무와 어머니」, 「은행나무 아래서」 등은 여성 노인을 초점화하여 노년의 삶과 소재에 서사의 초점을 기울이고 있다. 이 중에서도 「느티나무와 어머니」는 우리 사회가 다문화 사회에 접어들고 있으며, 또 노년에 접하는 문화충격과 관련된 소재라는 점에서 인상적이다. 그야말로 다문화 가족이 늘어가는 국제적인 사회를 모티프로 하고 있는 셈이다. 나의 가족은 "멕시칸 장인과 아프리카 2세 장모, 베트남 출신의 입양 딸, 드리비다와 아리안 혈통을 지닌 인도 출신 며느리, 한국 출신인 나와 흑인 아내, 황색인과 흑인 사이에 태어난 아들 헨리, 공통점이라고는 영어를 사용하고 모두 머리카락이 검다는 것뿐, 얼굴 모습이나 피부색깔은 물론 감정과 생각, 가치관까지도 달랐다. 한마디로 우리 가족은 민족과 혈통을 초월한 개체로서 인생의 동반자"(77쪽)로 구성되어 있다는 말에서 짐작할 수 있듯이, 문화의 차이를 극복하고 한 가족으로 다시 태어나기까지의 어려움과 진통이 잘 그려져 있다. 차이를 인정하지 않고 자기중심적일 때 관계의 단절로 이어진다. 이러한 관계의 단절과 불화는 자기중심적인 태도에서 비롯된다는 것이 「느티나무와 어머니」를 포함하여 문순태 노년소설에 일관되게 산견되고 있다. 따라서 관계의 단절은 차이에 대한 이해와 포용, 곧 타인의 삶에 대한 각성과 소통을 위한 섬세한 노력이 수반될 때 극복될 수 있다. 소설집 『된장』에 수록된 「그리운 조팝꽃」도 이런 맥락에서 읽혀진다. 앞에서 열거한 문순태의 노년소설은 「그리운 조팝꽃」과 같은 유형의 작품에 해당하거니와 이것의 확대 및 재편성이라고 해도 과언이 아니다. 그는 소설 속에서 관계의 단절을 극복하고 이해와 관용을 통한 소통의 방식에 대해 고민하고 있다.

「그리운 조팝꽃」의 줄거리는 이렇다. 노부부가 살고 있는 거실에는 가족 사진 대신 조팝꽃이 그려진 그림이 한 폭 걸려 있다. 어린 손자들이 그 그림에 대해 물어봐도 노부부는 일체 함구한다. 아픈 가족사가 그 그림의 사연과 얽혀 있기 때문이다. 고등학교에 다니던 둘째 아들이 조팝꽃이 그려진 그림을 화방에서 찾아오다 광주항쟁 때 죽고 만다. 그 사건을 겪은 후 가족 사진 대신에 그 그림을 거실에 걸어 놓은 것이다. 세월이 지나 출가한 가족들의 성화에 못 이겨 노인은 그 그림을 떼어 놓고 가족사진을 찍어 그 사진을 걸기로 마음을 먹는다. 하지만 번번이 그 계획은 수포로 돌아간다. 가족들이 가족 사진을 찍기로 단단히 마음먹고 아들 딸 내외를 기다리는 도중에 노인은 산책을 나가려고 아파트를 나서다 우연히 쓰레기통 주변에 버려진 앨범을 발견한다. 교장으로 정년 퇴임할 때 친구들이 선물로 준 바로 그 앨범을 그 집 며느리가 내다버린 것이다. 노인은 친구가 죽고 난 후 그 앨범이 아파트 쓰레기통 근처에서 뒹굴고 있는 모습을 본 후 그날 돌연히 아내와 함께 여행길에 나선다. 대합실에서 두 노인은 사진을 찍고 아들 딸 내외와 손자들이 기다리고 있는 집을 등지고 둘만의 오붓한 여행길에 나선다. 아내도 남편의 이러한 마음을 이해하고 기꺼이 동행한다. 이 작품은 말미에 노년의 삶과 의미를 되새겨 보게 하는 의미심장한 출발로 결말을 맺는다.

> "여행은 나중에 가기로 하고 그만 집으로 갑시다. 아이들이 기다릴 텐데……."
> "애착을 버리자고 말한 건 누군데 그래?"
> 나는 단호하게 말하며 아내를 떼밀다시피 하여 순천행 버스에 올랐다. 나는 아내의 마음을 잘 알고 있었다. 그렇지만 둘만의 여행을 위해서 모든 아쉬움을 접기로 했다. 나는 고향에 도착하면 먼저 조팝꽃 무더기 속에 얼굴을 묻고 아내와 함께 사진을 찍고 싶었다. 그 생각을 하자 조팝꽃을 뚝배기에 수북이 담아 손으로 집어 먹던 어머니의 모습이 떠올랐다. 그러고 보니 지금이 한창 조팝꽃 피는 계절이 아닌가. 나는 갑자기 조팝꽃이 먹고 싶었다.[75]

「그리운 조팝꽃」은 조팝꽃에 얽힌 가족사를 통해 노년의 삶이 후손들에게 어떤 의미를 지니는가를 되돌아보게 하는 작품이다. 배고픈 시절 조팝꽃에 얽힌 '나'와 어머니의 사연은 가슴을 아리게 하는 장면이다. 노년기에 접어든 내가 왜 갑자기 조팝꽃을 먹고 싶어졌는지는 어머니와 얽힌 사연을 통해 그 실마리가 풀린다.

> 나는 어머니가 조팝꽃을 쌀밥이라고 하면서 먹던 모습을 평생 잊지 못했다. 배가 고프거나 어려운 고비를 만날 때면 뚝배기에 조팝꽃을 가득 담아 손으로 집어 먹던 어머니의 모습을 떠올리며 참아냈다. 내가 초등학교 교사가 될 수 있었던 것도 따지고 보면 어머니의 그 조팝꽃

75) 문순태, 「그리운 조팝꽃」, 『된장』, 이룸, 2002, 84쪽.

때문이었다. 나는 지금도 흰 쌀밥을 먹을 때마다 꾀꼬리가 이곳저곳 나뭇가지를 옮겨 다니며 낭자하게 울어대는 모내기철, 산비탈 밭둑에 멍울멍울 피어나는 조팝꽃을 떠올리곤 한다. 그 무렵이면 밥을 먹다가도 어머니 생각에 문득문득 목울대가 후끈거려왔다. 쌀밥이 흰 조팝꽃잎으로, 때로는 어머니의 얼굴로 피어나곤 하였다.(66-67쪽)

「그리운 조팝꽃」이 노년기에 접어 든 '나'의 관점에서 참척(慘慽)을 당한 아픈 가족사와 어머니의 가난한 삶을 오버랩 시키면서 서사가 진행되고 있듯이, 「늙으신 어머니의 향기」도 이런 맥락에서 읽혀질 수 있는 작품이다. 다만, 「그리운 조팝꽃」에서는 노년의 '나'가 화자이자 초점인물이라면, 「늙으신 어머니의 향기」는 화자인 '나'의 관점에서 어머니의 삶을 부각시킨다. 따라서 이 작품은 아들인 '나'의 관점으로 서술된다. 냄새를 모티프로 한 소설이기도 하다. 아내는 어머니가 머문 자리에 지독한 냄새가 난다며 외출을 하고 돌아오면 문을 열기에 바쁘다. 심지어 노골적으로 불쾌감을 드러내기도 한다.

"어머니의 냄새는 보통 냄새가 아니어요. 두엄 썩는 냄새, 아니 **제초제 냄새를 맡고 있는 것 같아요.** 집에 있으면 냄새 때문에 식욕도 떨어지고 생머리가 지끈거려요. 병이 나겠다니까요. 꼭 무서운 바이러스 같다고요."

내 귀에는 언제나 아내의 짜증 섞인 투정이 잉잉거리게 마련이다.

"세상에 제초제 냄새라니……."

나는 아내의 엄살이 좀 지나치다 싶었다. 하기야 온종일 어머니의 냄새에 파묻혀 집안에 들어박혀 지낸다는 것은 고역임을 알고 있다. 그렇다고 어머니의 냄새를 바이러스와 제초제에 비유하다니(고딕표시–인용자)[76)]

'나' 역시 어머니의 냄새를 모르는 바 아니나 아내처럼 맡기 거북할 정도는 아니다. 아내의 이러한 반응에도 '나'는 소극적인 태도를 취한다. 혼자서 심하다고 생각할 따름이지 어떠한 행동도 하지 않는 것이다. 이 작품의 갈등구조는 어머니의 냄새와 아내의 냄새로 나타난다. '늙음'을 의미하는 '어머니'와 '젊음'을 의미하는 '아내' 사이에서 '나'는 갈등한다. 어머니와 아내는 오래전부터 사사건건 대립되는 것으로 나타난다. 그것이 극명하게 드러나는 부분은 어머니가 집에 있는 화초와 분재를 다 뽑아 버리고 그 화분에 고추와 가지 모종 등을 심는 부분이다. 어머니에게 화초는 산이나 들에 가면 얼마든지 볼 수 있는 것으로 인식되는 것이다. '흙 한 주먹이 아쉬워' 안타까워하는 어머니가 살아온 날과 아내가 살아온 날은 본질적으로 다르다고 볼 수 있다.[77] 어머니의 냄새를 몰아내기 위해 아내는 갖은 방법을 다 쓴다. 결국 아내는 처형의 병구완을 핑계로 처형 집에 가서 돌아오지 않는다. 이러한 상황을 더 이상 방치할 수 없는 '나'는 아내를 데려오고 어머니의 냄새를 없애기 위해 어머니를 동생 집에 며칠만이라도 모셔다 드리자고 제의하는 것으로 일단락된다. 결국 '나' 역시 아내의 성화에 못 견디고 어머니와의 대화중에 이 사실을 실토하고 만다.

"나 한테서 냄새가 나냐?"
"모르셨어요?"
"아주 심해요."
"어떤 냄새?"

---

76) 문순태, 「늙으신 어머니의 향기」, 『울타리』, 이룸, 2006, 13-14쪽.
77) 최명숙, 앞의 논문, 74쪽.

"모르겠어요."

어머니는 고개를 좌우로 돌려 가며 자신의 몸에서 나는 냄새를 맡느라 연신 코를 벌름거리며 킁킁거렸다.

"아무 냄새도 안 나는디. 절대로 내 몸에서 나는 냄새가 아녀."

어머니는 '절대로'라는 말에 힘을 주어 단호하게 부인했다.

"자 어디, 한번 맡어 봐."

그러면서 어머니는 상반신을 내 앞으로 바짝 꺾으며 재촉했다. 나는 더 할말이 없어 부지런히 숟가락질만 해 댔다.

"이놈아, **에미한테서 나는 냄새는 에미가 자식 놈들을 위해서 알탕갈탕 살아온, 길고도 쓰디쓴 세월의 냄샌겨.**"

어머니는 깊은 한숨을 섞어가며 말했다. 쓰디쓴 세월의 냄새라는 어머니의 말이 명치끝을 후벼 팠다. 길고도 쓰디쓴 세월의 냄새라니…… (고딕표시-인용자)

—「늙으신 어머니의 향기」(30쪽)

어머니와의 대화 중에 어머니에게서 냄새가 난다고 얼떨결에 내가 실토하고 마는데, '쓰디쓴 세월의 냄새'라는 어머니의 말에 나는 멍하니 정신을 잃고 잠시나마 냄새로 인해 어머니에게 품었던 마음을 접는다. 아내는 여전히 유독 '내' 어머니 냄새가 독하고 맡기 거북하다고 요란을 떤다. 당연히 나는 아내와 어머니 사이에서 입장이 곤란한 경우가 한두 번이 아니다. 하지만 아내는 여전히 어머니의 냄새로 스트레스를 받는다. 결국 동생 부부가 새로 이사한 아파트로 한 달간 어머니를 모시기로 한다. 그런데 어머니가 집을 비운 사이 아파트의 한 구석에서 보따리를 발견한다. 보따리 속에는 "녹슨 호미와 오래된 손저울, 함석 것 주걱, 판자로 짠 손때 묻은 되, 때에 전 흰 다후다 천의 돈주머니, 짙은 밤색의 나일론 머플러, 땟국에 전 앞치마 등이"(35쪽) 들어 있다. 또한 "검정 고무줄로 친친 묶여 있는 돈주머니를 풀고 그 속에서 손바닥만한 수첩"도 발견된다. 화자인 '내'가 대학 다닐 무렵 어머니가 도붓장수로 아들 뒷바라지를 하며 작성했던 빚 바랜 외상장부 수첩인 것이다. 결국 역겨운 냄새의 근원지는 바로 어머니의 삶의 흔적이 묻어 있는 그 '보따리'로 드러난다. 보따리 안에서 나온 자질구레한 물품들은 자식들을 키우기 위해 치열하게 살아온 어머니의 향기임을 '나'는 비로소 인식하게 된다. 과거의 기억이 남아 있는 물품들을 간직하고 사는 어머니의 행동이 젊은 사람의 눈에는 노망으로밖에 보이지 않지만, 어머니의 과거를 아는 '나'에게는 어머니의 냄새가 사람의 향기로 느껴지는 것이다.

그런데 동생한테서 어머니가 갑자기 사라졌다는 전갈을 받는다. 다급한 마음에 나는 어머니를 찾기 위해 고향으로 발길을 돌린다. "땅의 혼령들로 가득한 그곳에서 어머니의 냄새가 바람처럼 훅 덮쳐 왔다"(39쪽)는 결말부분의 서술을 통해서 화자인 '나'는 자신의 근원과 뿌리가 어디에서 연유하고 있는지를 절감한다.

이 작품에서 화자인 '나'가 어머니의 삶을 서술함으로써 핍진성을 갖는다. 아들은 어머니의 삶을 평생 지켜보았고 누구보다도 어머니의 삶을 가장 잘 이해하는 대상이기 때문이다. 예전의 어머니의 향기를 아내는 기억하지 못하고, 어머니의 질박한 삶을 공유할 수 없지만, 아들인 '나'는 기억하고 공유할 수 있는 것이다. 무조건 국도를 달려 고향으로 향하는 아들의 모습은 부모 모시기를 번폐스러워하는 현실에 많은 것을 시사해 준다.[78)]

---

78) 최명숙, 앞의 논문, 76쪽.

3) 최일남·문순태 노년소설의 서술 특성

작가 역시 나이를 먹는다. 따라서 노년기에 접어든 작가들 중에서 노년의 삶과 일상을 소재로 한 소설들을 발표하는 경우가 적지 않다. 이른바 노년소설을 발표하는 셈이다. 노년소설은 죽음의 문제를 비롯한 우리 삶의 본질을 환기시켜 주는 화두를 꺼낸다. 작품의 수준 또한 수작(秀作)인 경우가 많다. 이런 점에서 노년소설이 갖는 문학적 함의와 더 나아가 문학사적 의미를 모색해 볼 필요가 있다.

특히 이 글에서 본격적으로 분석하기 위해 주목한 작가 문순태와 최일남은 근래에 와서 노년소설을 활발하게 창작했을 뿐 아니라 앞으로 노년소설의 지향점과도 적절한 공분모를 지닌다. 두 작가의 작품 성향도 뚜렷하게 차이가 나지는 않는다. 다만, 서사를 전개시켜 나가는 서술 방법이나 담론 특성이 차별화되고 있다. 최일남은 비교적 전지적 작가 시점에서 편집자적 논평을 동원하는 경우가 많다.

> 소설은 소설이므로 믿고 안 믿고는 읽는 이의 자유다. 공자께서 자신의 입에 올린 근사한 말에 두 번 세 번 되풀이했다는 언급이 이 장면에는 빠졌거늘, 다른 '공자 왈'에는 꽤 자주 출몰한다. …(중략)… 작은아버지의 칭찬에 편승한 어머니의 중언부언에 공자를 끌어들인 발상 또한 비슷하다. 아무려나 공자님의 도저한 뜻을 노모의 일시적으로 우쭐한 말발과 같은 반열에 놓다니 무엄하기는 하다. 하지만 천하의 공자님이 누구신가. **전혀 개의치 않고 빙긋 웃어넘길 공산이 크다.**
>
> **순서가 뒤바뀐 감이 있지만, 맨 처음 화제로 아욱이 나왔을 적에도 나는 정약용의 글 아욱에 대하여 생각했었다.** 유배지에서 아들에게 보낸 편지의 하나다.(고딕표시—인용자)
>
> —「석류」(138쪽)

위의 글은 작품 「석류」에서 인용한 것이다. 인용문을 통해서 우리는 작품의 중간 중간에 서술자가 냉정하고 객관적인 위치에서 벗어나 있음을 알 수 있다. 서술자가 작가와 독자 사이에서 거리를 객관화시켜 일정하게 유지하지 못하고 서술상황에 따라 자신의 서술 태도를 변화시킨 것이라 하겠다. 그러나 그 위치가 다름에도 불구하고 거기에는 공통적으로 내포작가의 강력한 배후의 힘이 작용하고 있다는 공통점을 지닌다.[79]

반면, 문순태는 서술자가 작중인물과 비교적 객관적 거리를 일정하게 유지하면서 서사를 진행시키는 경우가 많다. 다시 말해, 서술자의 개입을 자제하는 편이다. 객관적인 관찰자의 입장에 충실하면서 서사를 진행시켜 나간다. 서술자의 개입이 드러난 경우라고 하더라도 소극적이다. 「느티나무와 어머니」의 경우를 보자.

> 어차피 인생은 어두운 밤길에서 혼자만의 암중모색이 아닌가. 나 역시 어머니의 뜻을 무시하고 내 맘대로 내 인생을 살아왔으니까. 다만 내가 준비해야 할 것은 자식에 대한 맹목적인 사랑과 집착에서 벗어나는 일뿐이다. 그런데 그게 그렇게 쉬운 일이 아니라고는 생각하지 않는다.
>
> ―「느티나무와 어머니」(98쪽)

부모님의 반대를 무릅쓰고 흑인 아내와 결혼해 자식까지 낳고 사는

---

79) 이러한 현상을 임명진은, 구술문화에 바탕을 둔 사고의 표현의 특성 중에서 객관적 거리의 유지보다는 감정적이고 논쟁적인 참여의 성격이 강한 점에 주목할 필요가 있음을 피력하고 있다. 그는 작품을 구체적으로 분석하여 논거를 제시하는 바, 특히 염상섭의 『삼대』의 분석에 초점을 두고 엮음의 양상과 구술성과의 관계를 논하면서 서술자의 서술상황의 개입 문제를 구술성의 일반적인 특성에 입각하여 점검하고 있다.(보다 구체적인 것은 임명진, 『한국 근대소설과 서사전통』, 문예출판사, 2008, 171-195쪽 참조)

아들을 원망하는 어머니에 대한 나의 소회를 적시한 대목이다. 나의 생각을 드러낸 일부분으로 서술자의 개입은 소극적인 선에서 머문다.

한편, 두 작가의 노년소설에서는 작품 속에 등장하는 노인들의 회상을 통한 서사적 전개가 빈번하다. 다만, 회상을 통한 서사의 전개 양상에서는 다소 차이를 보인다. 최일남의 소설 「물구나무 서는 입」의 경우를 보자.

> "언제 늙었느냐 하면……."
>
> 할머니는 말을 잇지 못한다. 머릿속이 갑자기 텅 빈 느낌으로 가득하다. 엊그제 일처럼 늙음을 대라니……세상에 별 희한한 질문도 다 있구나 막막하다. 뿌연 옛날이 시선에 잡히다 말다 한다. 우습다.
>
> 벼락 맞은 반신불수 감나무 아래 양철지붕 집 한 채. 먹고무신 질질 끄는 예닐곱 계집애가 혼자 소꿉을 논다. …(중략)… 혼자 집을 지키는 셈이어서 뒷간까지 가기 싫으면 아무 데서나 엉덩이를 까 오줌을 좔좔 쏟는다. 나오는 방귀를 퐁퐁 뀐들 아무도 보는 이 없어 부끄럽지 않다. 아주아주 시원하다. 똥은 차마 맨땅에 못 눈다. 이웃집 아이를 부르고 싶어도 개는 학질을 앓아 '노올자'소리를 못한다. 계집애는 그렇게 크고 자라 시집을 갔는데…….
>
> "와아 젖이다!"
>
> 느닷없는 환성은 손녀가 의사이기를 이미 포기했다는 뜻이다.
>
> 제 손으로 들추자 드러난 할머니의 젖가슴을 손녀는 그러나 냉큼 건드리지 않는다. 신기한 눈초리로 어색하게 바라만 본다.
>
> "젖 처음 보니. 엄마 것 못 봤어?"
>
> …(중략)…
>
> "나 만질래."
>
> "그러렴."

"히히히."

손녀는 깔깔대며 집게손가락으로 유두를 번갈아 꼭꼭 누른다.

할머니는 그러기 전에 판판한 젖무덤을 두 손으로 불룩하게 세워 만지기 좋게 내민다.

낮이고 밤이고 자식들에게 물렸던 젖이다. 밥으로 먹이고 울음을 달래기 위해 빨렸다. 잠투정이 심한 아이의 주물럭 감으로도 제격이었다. 요즈음 아이들은 그런 젖에 범접조차 못한다. **두 세월의 차이를 할머니는 그렇다고 굳이 분간하려 들지 않는다.** 천지개벽의 온갖 편의에 휩쓸려 무감각하다.(고딕표시—인용자)[80]

인용문에서 고딕표시로 된 전후를 중심으로 주목해서 살펴보면, 과거로의 회상 및 장면 전환이 빈번하다. 할머니가 손녀와 시간을 함께 하면서 잠시 유년시절을 회상하면서 꿈에 젖기도 한다. 동시에 현재와 과거를 자유롭게 넘나들면서 서사를 진행시켜 나가고 있다. 힘들고 가난했지만 그러한 유년시절이 소중한 추억으로 다가오는 데 효과적인 서술 방법인 것이다.

이처럼 최일남의 소설은 노년의 삶과 회한, 그리고 추억을 매개로 삶의 의미를 되새김질할 뿐 아니라 건강성을 회복하는 노년을 등장시킨다. 최일남의 소설에는 말년성 혹은 비시의성의 특성으로 보아야 하는 경우도 있다. 예컨대, 「멀리 가버렸네」의 경우 "쇠락과 퇴행을 허물마냥 둘러쓰고 다닐망정 그 중에는 싱싱한 젊음이 못 따를 대범무쌍한 노년도 있다"는 것을 은연중에 내세운다. 달리 말하면, 노인은 모두 똑같다는 고정관념, 「아주 느린 시간」의 홍선생 표현으로 노인은 '무엇무엇다워야 한다'는 '사회적 합의 내지 강요'를 용납할 수

80) 문순태, 「물구나무 서는 입」, 『석류』, 현대문학, 2004, 73-74쪽.

없다는 것이다.[81)]

반면, 문순태의 소설에 나타난 노인들은 타자에 대한 이해와 포용을 통한 소통에 무게 중심을 둔다. 서사화의 방법도 서술자의 개입을 자제하면서 독자들이 공감하도록 유도한다. 동시에 화자인 '나'의 관점을 통해서 노년의 인물을 관찰해 나간다. '나'를 서술 자아나 초점 화자로 설정하는 방식을 동원한다. 따라서 '나'는 관찰자적 시점을 유지하는 경우가 많다. 소설집 『울타리』에 실린 노년소설 중에서 3인칭을 등장시킨 경우는 「대나무 꽃 피다」 1편에 그친다. 1인칭 화자를 설정하되 부인물(副人物, foil character)을 통한 관찰자의 관점을 유지하면서 서사에 활력을 불어넣는다. 과거와 현재가 수시로 넘나들거나 과거와 현재의 교차 시점이 자연스럽게 이어지는 특징을 발

81) 황국명은 최일남 소설의 이러한 특성에 주목하여 그의 소설을 말년성(Laterness) 혹은 비시의성의 특성으로 보아야 한다는 점을 피력한 바 있다. 세월의 흐름에 맞는 것을 시의성(timeliness)이라고 할 때, 시의성은 늙음에 대한 사회의 일정한 기대를 포함하는 사회적 통념과 자연스럽게 연결된다. 예컨대, 노작가에게 세월에 걸맞은 경륜과 지혜를 기대하고 그의 작품에서 깨달음, 화해, 평온함, 원숙함, 포용력 등을 보려고 한다. 그런데 에드워드 사이드는 시의성에 저항하는 비타협, 파국, 풀리지 않는 모순을 드러내는 예술적 말년성을 강조한다. 요컨대, 예술가가 이제까지 해온 기존의 사회 질서와의 교감을 과감히 포기하고, 모순적이고 소외된 관계를 새롭게 맺는 순간이다. 그래서 말년양식(late style)은 '망명의 형식'이라고도 한다. 결국 말년양식은 지배적인 현실에 대한 저항이며 관습적인 질서와의 불화라고 할 수 있다. 사이드는 재미와 즐거움, 때로는 아무 걱정 없는 사치와 자유 역시 현 상황이나 지배체제와 화해하지 않는 형식이라고 지적한다. 다만, '말년의 양식'이란 용어가 사이드 특유의 견고한 의미를 가진 비평용어가 되어버렸다는 점에서 제한될 수밖에 없다. 이에 비해 '노년의 양식'이란 용어는 '늙음' 혹은 '노년성'에 대한 포괄적 문제의식을 담기에 적절하고, 또 어떤 특정한 관념도 미리 전제하지 않는다는 점에서 훨씬 유연한 용어라고 판단된다. 그리고 '노년의 양식'(old-aged style)은 노년기의 예술가가 스스로 생물학적 노화를 경험하면서 보여준 정신과 예술표현에 주목한다. 물론 둘은 겹치기도 하고 어긋나기도 한다.(보다 구체적인 것은 에드워드 사이드(E.Said), 장호연 역, 『말년의 양식에 관하여』, 마티, 2008, 27-30쪽, 35-42쪽 및 황국명, 「한국소설의 말년에 관한 사유」, 『오늘의 문예비평』 70호, 2008 가을, 73-77쪽 참조)

휘한다. 「느티나무와 어머니」의 한 대목을 보자.

"이번에 가면 어머니한테 잘 말씀드리세요. 손자인 헨리를 보면 어머니의 생각이 달라질지도 모르지 않아요. 어머니의 마음이 풀어지면 다음에 우리 셋이서 함께 가기로 해요. 아니지. 헨리가 결혼하면 산드라도 데리고 갑시다."

공항에 나온 아내가 한 말이었다. 그러나 나는 어머니가 헨리를 보면 마음이 달라질 것이라고는 기대하지 않는다. 어머니는 결코 흑인 손자를 인정하지 않을 것이기 때문이다. …(중략)… **25년 전, 내가 결혼 승낙을 얻기 위해 아내의 부모를 만나러 갔을 때 그것을 알아차렸다.** 아내 밴자민의 어머니는 내 앞에서 하양, 검정, 갈색 다 두고 왜 하필 동양 노랑이냐면서 나를 밖으로 내쫓다시피 하지 않았던가. 밴자민은 장모님한테 피부색은 서로 달라도 피는 붉다는 말로 설득을 하려고 애썼지만 쉽지 않았다.

헨리는 처음 만나게 될 할머니에 대해서 별로 묻지 않았다. 제 엄마한테서 할머니에 대한 이야기를 들었을지도 몰랐다. …(중략)… 헨리가 유치원에 다니던 때였다. 친구들로부터 아버지가 노랑이라고 놀림을 받았다면서 울고 왔다. 그때 헨리가 자기는 검정인데 왜 아빠는 노랑이냐고 따졌다. **그러면서 한국의 할머니도 노랑이냐고 물었다.** …(중략)… **그 후 헨리는 내 앞에서 할머니 이야기를 다시 꺼내지 않았다.**

"헨리, 뭘 그렇게 생각하니?"

"아무 생각도요. 대디."

헨리는 창밖으로부터 서서히 시선을 회수하여 나를 보았다.(고딕표시-인용자, 78-79쪽)

인용문에서 고딕표시로 된 전후를 중심으로 과거로 이야기를 소급해 가는 과정을 보면 장면 전환이 자연스러운 서술 양상을 보인다.

이렇듯 문순태의 작품은 화자가 작중인물과의 거리를 유지하면서 독자가 생각하고 판단할 여유를 남겨 둔다. 타인의 삶에 대한 이해와 소통의 방식에 몰두하는 인간상이 작품 속에 용해되어 여러 모습으로 출몰하는 것이다.

「느티나무와 어머니」의 경우만 보더라도 새로운 가족 형태에서 외국인 며느리를 인정할 수 없는 어머니와 외아들인 나 사이에는 불화가 생길 수밖에 없다. 아들을 위해 자신의 삶을 희생한 어머니와 이를 알면서도 새로운 삶을 살고자 하는 아들 사이의 화해는, 무엇보다도 타인의 삶에 섬세하게 접근하고 이를 바탕으로 이해의 폭을 확장하기 위한 노력이 선행되어야 가능하다. 문순태의 소설 「은행나무 아래서」도 이러한 맥락에서 읽히는 작품이다. 「은행나무 아래서」에서 화자가 내뱉는 다음과 같은 대목을 통해서도, 타인의 삶에 대한 차이를 인정하고 이것을 받아들일 때 이해와 소통의 길이 열린다는 작가의 생각을 발견할 수 있다.

> 진정한 아름다움이란 다른 것끼리 평화롭게 어울리는 것이며 궁극에는 서로가 같아지거나 하나가 되는 것이 아닌가 싶었다. 더욱이 인생은 시작과 끝자락에서 똑 같아지는 것이라고 생각했다. 어쩌면 이 세상은 거대한 조화로움의 세계가 아닐까 싶었다. 사랑과 미움, 슬픔과 기쁨, 빠른 것과 느린 것, 뜨거운 것과 차거운 것, 만남과 헤어짐, 넘침과 모자람, 절망과 희망, 생과 사, …(중략)… 등은 극단적 대립이 아니라, 하나가 되기 위하여 적당하게 밀어내고 끌어당김을 계속하는 것은 아닐까.
>
> —「은행나무 아래서」(60쪽)

성격이나 살아온 과정이 전혀 다른 두 여성 노인이 화해에 이르기 위해서는 타인에 대한 이해와 관용이 전제될 때 가능한 것이다. 이러한 이해와 소통의 길을 찾는 과정이 『울타리』에 실린 노년소설의 삶에 일관되게 흐르고 있다. 그 여정은 타인의 존재를 새롭게 인식하는 것으로 나아가고 현재와 과거의 삶을 연결하여 현재의 삶을 조화롭게 만든다. 여기에 중요하게 작용하는 것 중의 하나가 추억이다.[82] 추억이란 나를 중심으로 이루어지기보다는 남과 함께 살며 겪었던 공동의 영역이기 때문이다. 체험을 공유하고 있다는 것은 곧 더불어 사는 삶의 근거가 마련되어 있음을 의미한다. 이런 점에서 문순태의 노년소설에서 각 인물의 행위를 이끌고 있는 것은 고향과 어머니 그리고 느티나무로 대표되는 유년의 기억이다. 유년시절의 체험과 그에 대한 향수가 문순태 소설의 바탕이 되는 공간을 형성하고 있는 것이다.

지금까지 문순태와 최일남의 노년소설의 분석을 통해 노년소설의 가능성과 그것이 갖는 문학적 함의를 추출하는 데 주안점을 두어 접근해 보았다. 문순태와 최일남의 근래 소설은 노년소설로서의 성격을 두루 구비하고 있을 뿐 아니라 예술적 말년성을 추출하는 데 시사점을 제공해 준다. 작품 속의 노인들은 대체로 건강성과 검질긴 생명력을 갖는다. 또 격동의 현대사를 거쳐 오는 동안 여러 형태의 트라우마를 안고 있건만 서로의 상처를 들춰내 덧내는 것이 아니라 용서와 화해의 인간성을 복원하려는 건강성을 지닌다. 그렇다고 두 작가의 작품 속에 나타난 노인상은 노년의 삶을 과장하거나 미화하지는 않는다. 때로는 진솔하게 노년의 삶이 안고 있는 여러 형태의 소외와 밀려남과 무력감을 드러내기도 하지만, '어깃장 놓기'를 통한 전복성과 역리 나아가 예술적 말년성에 부합하는 노년상을 설정하기도 한다. 노년의 삶이 안고 있는 다양성과 다층성을 제대로 아우르고 있는 셈이다. 이것

82) 신덕룡, 「소통과 화해의 길 찾기」, 『울타리』 해설, 360쪽.

은 노년소설의 한 유형으로서 중요한 의미를 지니거니와 노년소설의 가능성을 가늠해 보는 데에도 유익한 점을 지닌다. 과거 노년소설의 모습과는 일정한 차별성을 보이고 있기 때문이다. 동시에 두 작가는 근래 들어 노년의 삶을 소재로 한 작품들을 비교적 활발하게 창작해 왔을 뿐 아니라 노년소설의 건강성과 지향점을 제대로 짚고 있다는 점도 소홀히 할 수 없는 요소이다.

두 작가에 한정지어 노년소설의 가능성과 문학적 함의를 추출하기에는 제약점도 따르지만, 그들의 노년소설들이 단초를 제공한다는 점은 분명해 보인다. 이외에도 이청준, 오정희, 홍상화, 이규희, 이청해의 작품들 중에서 노년소설의 범주에 드는 작품들을 중심으로 분석의 대상을 넓혀 조명해 간다면, 현대 노년소설의 가능성과 문학적 함의 및 전망을 추출하는 데 보다 많은 시사점을 제공해 줄 것으로 보인다. 이와 관련해서는 다음 장에서 서술할 것이다.

제 5 장

90년대 이후 노년소설의 서술 특성과 전망

1. 이청준 노년소설의 시학
2. 홍상화의 노년소설에 나타난 노인문제
3. 오정희 · 이규희 노년소설의 서술 특성과 전망

제5장 90년대 이후 노년소설의 서술 특성과 전망

고령화 사회로의 진전 속도가 빨라지면서 노인문제가 자연스럽게 우리 사회의 관심사로 부각되기 시작했다. 문학은 사회문제를 정면으로 다루되 대체로 문제제기적 성격을 띠는 경우가 많으며, 또 사회문제를 문학의 소재로 삼는 경우도 다른 부문에 비해 현실대응력이 비교적 느린 편이다. 물론 사회문제에 대한 문학의 현실대응력이 비교적 느린 것이 단점으로만 작용하는 것은 아니다. 보다 심층적이고 다층적인 관점을 유지하기 위해서는 진중한 자세가 장점을 발휘하는 경우도 많기 때문이다. 90년대 이후 노년소설의 성격을 띤 작품들이 양산되기 시작했다는 것은 노년세대의 증가와 그에 따른 사회문제의 대두 등과도 무관할 수는 없다고 보는 것이 온당할 것이다.

그런데 90년대 이후에 접어들면서 노년소설의 성격과 조건에 부합하는 작품을 노년에 접어든 작가들이 창작했던 과거의 경향과는 달리 이제는 세대를 한정하지 않고 자연스럽게 관심을 기울이며 노년의 삶을 소재로 한 작품들을 창작한 경우가 늘어나는 추세다. 세대를 넘어 작가의 입장에서 노년의 삶을 소재로 할 경우 삶의 궁극적인 문제를 드러내는 데 효과적일 수 있다고 판단한 것이 유효한 측면이 있다. 이를테면, 노년소설은 죽음의 문제를 비롯하여 인간 실존의 궁극적 화두를 작품의 소재로 삼기 때문에 어느 정도 부합하는 면이 있다고 본다.

본 장에서 이청준의 소설을 주목한 이유도 이러한 맥락에서다. 이청준의 노년소설은 작품의 수준을 떠나 노년의 삶이 갖는 의미를 보다 심층적이고 다각도로 접근해 갔다는 점에서 주목할 만하다. 다만, 노년소설에서는 노인문제를 사회문제 해결의 측면에 주안점을 두기보다는 노년의 삶에 관심을 기울이고 이것을 문학의 중요 소재로 취급하기 시작했다는 점을 주목해야 할 것이다. 문학현상의 한 측면으로 해석해야 할 여지가 있기 때문이다.

이런 점에서 『소설, 노년을 말하다』의 발간은 여러 면에서 시사적이다. 여기에 수록된 일부 작품을 언급하는 이유도 이러한 맥락이다. 이러한 접근을 통해 노년의 삶을 소재로 한 노년소설의 입각점을 중간 점검해 보는 의미도 있는 셈이다. 동시에 이러한 소설의 분석을 통해 앞으로 노년소설의 방향과 지향점을 가늠해 보는 데에도 유익한 시사점을 제공해 줄 것으로 기대된다.

1. 이청준 노년소설의 시학

이청준의 노년소설을 살펴보기 위해서는 「눈길」로 거슬러 올라갈 필요가 있다. 이청준의 「눈길」을 꼭 노년소설의 측면에서 볼 필요는 없을 것이다. 하지만 우리는 이청준의 노년소설의 원형(原型)에 해당하는 작품으로 「눈길」을 꼽지 않을 수 없다. 물론 이 작품의 의미는 노년소설에 국한되지 않는다. 「눈길」의 노인은 한국모성의 아픔과 희생, 이청준 특성인 손사래 치는 어머니의 존재적 공간을 의미하고 있다. 그런데 몇 십 년이 지나 작가 역시 노년기에 접어들어 쓴 「꽃 지고 강물 흘러」를 분석해 보면 「눈길」에 주목하지 않을 수 없게 만든다. 「눈길」, 「축제」 그리고 「꽃 지고 강물 흘러」는 유의미한 상관성을 지니기 때문이다. 이청준의 노년소설 「꽃 지고 강물 흘러」는 「축제」의 후일담적 성격을 지닌다. 「눈길」에서 「꽃 지고 강물 흘러」에 이르는 도정은 이청준의 작품세계가 여러 가지 변화를 겪지만 「눈길」이 갖는 원형성을 짚지 않고는 「꽃 지고 강물 흘러」의 분석도 제약점을 지니기 때문이다. 그래서 이청준의 「눈길」에 눈길을 돌려본 것이다.

「눈길」은 겨울을 무대로 쓴 작품이다. 어머니가 고향집이 아닌 곳에 아들을 재울 수 없어 고향집을 산 사람에게 양해를 얻어 옛집에서 밥을 해먹이고 잠까지 재워 보낸 기억을 되살리는 한편 아들을 서울로 올려 보낸 후 아들의 발자국을 그대로 되밟으며 돌아왔다는 이야기는 새삼 작가의 사려깊은 심지와 어머니의 심성을 생각케 한다.

> "간절하다뿐이었겠냐. 신작로를 지나고 산길을 들어서도 굽이굽이 돌아온 그 몹쓸 발자국들에 아직도 도란도란 저 아그의 목소리나 따뜻한 온기가 남아있는 듯만 싶었제. 산비둘기만 푸르륵 날아올라도 저 아그 넋이 새가 되어 다시 되돌아오는 듯 놀라지고, 나무들이 눈을 쓰고 서 있는 것만 보아도 뒤에서 금세 저 아그 모습이 뛰어나올 것만 싶었지야. 하다 보니 나는 굽이굽이 외지기만 한 그 산길을 저 아그 발자국만 따라 밟고 왔더니라. 내 자석아, 내 자석아, 너하고 둘이 온 길을 이제는 이 몹쓸 늙은 것 혼자서 너를 보내고 돌아가고 있구나!"[1]

---

1) 이청준, 「눈길」, 『눈길』, 열림원, 2005(1판 8쇄), 37쪽.

눈앞이 가리도록 아들의 발자국 위에 눈물을 뿌리며 신새벽의 눈길을 걸어가는 어머니의 모습은 바로 작가 이청준의 원형질이라고 할 수 있다. 어머니의 무한한 사랑에 대한 깨달음과 화해는 사라져 가는 효 정신을 나타내지만, 작가의 치밀한 묘사는 계속 사건의 내부에 이끌려 들지 않으려는 능청과 비정함으로 더욱 극명하게 어머니의 사랑을 담고 있다.

잘 알려진 바와 같이 이청준의 「눈길」은 1977년 『문예중앙』에 발표된 단편으로, 노모의 사랑을 애써 외면하던 주인공 '나'가 뒤늦게 깨닫게 되는 과정을 그리고 있다. 즉, 고향에 대해 그리움과 함께 증오심을 갖고 있는 주인공이 고향을 방문하게 되고, 고향에서의 특수한 체험을 통해 인간적 화해에 도달하게 되는 귀향형 소설의 구조로 되어 있다.

특히 이 작품에서 주목해야 할 대목 중의 하나는 옷궤가 등장한다는 점이다. 그것도 어머니와 나의 갈등의 상징이자 어머니의 아들에 대한 배려의 매개체이다. '옷궤'는 남의 집이 되어 버린 고향집에서 아들에게 여전히 그 집을 지키고 있는 '어머니'로서의 모습을 보여주기 위한 '어머니'의 최소한의 배려이자 자존심인 것이다.

한편, 소설 속에서 아내는 나와 어머니의 갈등을 해결하여 화해로 이끄는 매개자의 역할을 한다. '아내'와 '나'의 갈등은 사실, 소설 속에서 문제적 갈등이라기보다는 '나'를 어머니와의 화해로 이끌기 위한 역할을 수행하는 과정에서 나와 발생하는 갈등이다. 다시 말하면 이 소설 속에서 어머니와 나의 갈등이 주 갈등이며 이 갈등 사이에서 두 사람을 화해시키는 중개자로서 아내가 존재하는 것이다.

위의 작품 분석을 통해서도 알 수 있듯이, 이청준 소설의 특징은 외형적으로 눈에 보이는 현실을 추구하는 것이 아니라, 현실의 눈에 보이지 않는 감추어진 세계를 끊임없이 추구하는 것이라 할 수 있다. 이 작품 역시 끊임없는 어머니의 사랑과 그것을 애써 외면하려는 아들 사이의 갈등과 그 갈등의 해소과정, 즉 인간적 화해에 도달하게 되는, 눈에 보이지 않는 감추어진 세계를 그리고 있다. 「꽃 지고 강물 흘러」 역시 이러한 맥락에서 읽힌다.

「꽃 지고 강물 흘러」는 그가 등단하지 40년이 되는 해에 출간된 소설집 『꽃 지고 강물 흘러』(문이당, 2004)의 표제작이기도 하다. 이 소설집을 출간한 후 한 일간신문사와 인터뷰에서 "세월은 강물이지요. 강물은 좋은 것도, 나쁜 것도, 깨끗한 것도 더러운 것도 모두 씻고 내려갑니다. 이제 원망, 죄지음, 욕심, 싫음, 미움을 모두 씻고 풀어내고 싶어요. 삶 자체를 용서하고 싶어요. 소설은 이렇게 삶을 씻는 역할을 해야 한다는 생각이 듭니다"[2)]라고 밝힌 바 있다. 소설집은 그의 '씻김론' 위에 흐른다. 수록된 소설 6편 중에서 이러한 그의 '씻김론'의 생각이 가장 잘 드러난 표제작이 「꽃 지고 강물 흘러」라는 작품이다. 동시에 어머니의 죽음을 나룬 「축세」(1996)와 어머니의 애틋한 기억을 그린 단편 「눈길」(1977)의 후속편이자 마무리 편으로, 어머니가 돌아가신 뒤 홀로 남은 형수에 대한 원망과 미움의 씻김 이야기이다. 못된 형이 집을 팔아먹어 노모가 남의 집 헛간 신세를 지고 있을 때, 외지에서 중학교를 다니던 둘째 아들이 그것도 모르고 옛집으로 찾아오자 노모는 잠시 옛집을 빌려 둘째 아들과 함께 자고 새벽 눈이 하얗게 내린 길로 읍내 차도까지 가서 그를 보낸다. 그 노모가 죽어 무덤 속에서 둘째 아들이 지어 준, 이제는 늙은 형수가 혼자 사는 이 집을 「꽃 지고 강물 흘러」에서 내려다보고 있다. 삶에서 부끄러움이 뭔가를 알고 살았던 노인 이야기로 요약되는 이 작품을

2) 문화일보, 2004년 10월 19일자.

이청준 문학의 뿌리 중 하나라 하는 이유는 그 노모의 죽음 뒤에도 변함없이 지속되는 것에서 새삼 확인된다. 그 노모의 죽음을 두고 작가는 장편『축제』(1996)를 썼다. 그『축제』의 후일담이「꽃 지고 강물 흘러」인 셈이다.

이 작품의 줄거리를 간략히 보기로 하자. 배경은 바다가 내려다보이는 산기슭 외진 마을. 문학 강연 차 서울에서 내려온 중년의 작가 '나'가, 노모는 죽고 없지만 젊었을 적에 홀로 된, 지금은 노모만큼 백발이 된 형수가 홀로 살고 있는 '집'에 들른다. 이 집은 노모를 위해 가난한 '나'가 아주 고심하여 지어 준 초가삼간이다. 그 사연은 이러하다. 못된 형이 집조차 팔아먹어 추운 곳으로 나선 노모를 위해 둘째인 '나'가 긴 세월이 흐른 뒤에야 지어준 집이기에, 이 집은 집이긴 해도 노모 자체이다.[3] 1인칭 시점으로 쓰인 소설에서 주인공 '나'는 말년에 치매에 걸린 어머니를 타박했던 형수에 대한 미움과 풀리지 않는 응어리를 갖고 있다. 하지만 그는 고향 산밭에서 형수로부터 어머니와 함께 콩밭걷이를 하고 있다는 어머니에 대한 지독한 그리움의 말을 듣는다. 주인공은 형수에게서 돌아가신 어머니의 형상을 찾아내고, 형수에게 품고 있던 원망을 풀어낸다. 자전적 요소가 강하게 드러나는 이 작품의 주인공에게서 바로 소설을 통해 이제 모든 것을 씻어내고 싶다는 작가의 모습이 투영되고 있음을 알 수 있다.

세월은 강물처럼 흐르는 법, 꽃도 여지없이 지는 법. 노모도 죽자 그 산기슭에 산소를 만들었다. 그 무덤에서 보면 살던 집이 내려다 보이는 곳. 집에서 보면 무덤이 올려다 보이는데, 무덤(노모)과 집(형수) 사이에 꽃이 피었다 지고 무엇보다도 그 꽃잎을 실어 나르는 강

3) 김윤식,「한국문학 속의 노인성 문학: 노인성 문학의 개념정리를 위한 시론」,『소설, 노년을 말하다』, 황금가지, 2004, 265쪽.

물이 흐르고 있다.

삶이 지녀야 할 기품, 곧 부끄러움이라 불리는 인간적 품격이 노모에게서 노형수에게로 어김없이 강물이 흐르고, 꽃이 피고 지듯 이어지고 있다. 이러한 이어짐은 늙어 감이 자연 그대로임을 보여주는 뚜렷한 배려에 속한다. 주제는 작품 속에 이렇게 녹아 있다.

하나 더 첨가할 수 있는 것은 햇빛 아래 부끄러움이 없을 것을 몸에 익히며 살아온 마음, 그것이야말로 '자연'이라 할 것이다. 새 집을 지어 옮기고 나서 한동안 형수가 집안일을 노인에게 맡기고, 그 노인과 아이들을 거두기 위해 십 리 밖 장터거리 갯것 장사를 다니던 무렵에 일어난 다음 장면은 이 '자연'현상을 실물 그대로 보여준다.

> 그날따라 형수의 밭 귀갓길이 유난히 늦고 있었다. 그러다 보니 그 노인의 어둠 속 길마중도 여느 때의 산모퉁이를 훨씬 지나고 있었다. 하지만 노인은 피곤한 몸을 이끌고 그 어두운 밤길을 혼자 터벅터벅 고적하게 돌아오고 있을 며느리를 생각하며 아직도 한 걸음 한 걸음씩 계속 앞으로 나아가고 있었다. 그런데 어느 순간 저만큼 까마득한 어둠 속에서 문득 보이지 않는 노인을 향해 "엄니, 지금 어디 계시오?" 짐짓 무서움을 떨치려는 형수의 부름소리가 들려왔다. "오냐. 나 여기 있다!" 인제 맘 놓고 천천히 오거라."
>
> 이어 노인의 반가운 반응이 이어지고 잠시 후 두 사람은 어둠 속에서 서로 만났다. 그런데 그렇게 지쳐 돌아오는 며느리의 갯것 광주리를 빼앗듯이 받아 인 노인이 앞장을 서고 마지못해 머릿짐을 넘겨준 며느리가 뒤를 선 채 한동안 둘이 함께 남은 밤길을 돌아오던 참이었다.[4)]

---

4) 이청준, 「꽃 지고 강물 흘러」, 『꽃 지고 강물 흘러』, 문이당, 2004(초판 2쇄), 26-27쪽.

이러한 자연을 세월이 가로막을 수 있을 것인가. 짐짓 작가는 이런 투로 말하고 있다.

> 세월이란 그렇듯 참으로 가차 없고 잔인한 것이었다. 하지만 내겐 그 잔혹한 세월의 해악이 내 답답한 심사를 좋게 달래고 넘어갈 미덕이기도 하였다. 노인은 아예 그 체념성 다짐마저 지켜갈 수 없을 만큼 이후로 더 급속히 정신력이 떨어지고 말았으니까. 그리고 무엇보다 그 육신과 정신 간의 균형이 무너져가는 노인 앞에 형수 또한 마지막 자제력을 잃고 말았으니까.(31쪽)

이런 진술은, 이청준식 역설의 일종이 아닐 수 없다. 자연이란 세월 따위가 흠집을 내거나 훼방 놓을 수 없음을 드러내는 이 작가 특유의 수사학이기에 그러하다.[5] 이청준의 작품은 사실 노년소설로서의 성격이나 조건을 두루 갖춘 소설이 비교적 많은 편은 아니다. 작가 역시 자연인으로서 노년에 접어들면서 노년의 삶이 갖는 의미를 자연스럽게 소설의 소재로 삼아서 창작을 한 것인데, 이청준은 노년기에 접어들어서도 작품의 소재 면에서 큰 변화를 보이지 않은 경우에 해당한다.

한편, 한길을 따라 소박하게 살아온 동요 작가인 이수원 선생이 뜻하지 않게 당한 모욕적인 언사를 지혜롭게 견뎌내며 성숙하고 적극적인 태도로 노년을 보내고 있는 모습을 그린 소설이 이청준의 「꽃동네 합창」이다. 65세의 이수원 선생은 밤새 쓴 동시를 출판사에 넘기고 친구가 사장으로 있다는 '동보물산'에 찾아갔다가 수위에게 모욕을 당한다.

---

5) 김윤식, 앞의 글, 268쪽.

사장님을 기다리시겠다고요? 그건 영감님 생각대로 하십시오. 하지만 나이깨나 드신 양반이 세상을 어떻게 살아오셨길래 아직 그만 경우도 분별이 안 가시오? 고집부리고 만나 보셔야 사장님께서도 그리 요긴한 용건은 있으실 것 같지가 않아 보이는데 말씀입니다."

사장이 안에 있어도 당신에게 당장 그를 만나게 해주진 않겠다는 식의 말투였다. 노골적인 모욕이었다. 영감님이니 뭐니 하고 함부로 불순한 언사를 담고 있는 걸 보면 비에 젖은 옷매무새나 윤기 없이 늙어버린 선생의 얼굴에서 녀석은 처음부터 당신에게 사장을 만나게 해줄 생각을 하지 않고 있었던 게 분명했다. 게다가 녀석에게 그런 엉뚱한 나이 허물까지 당하고 보니 이수원 선생으로선 참으로 기분이 말이 아니었다.[6)]

이수원 선생이 동보물산에 들른 것은 고향을 회상하고 그리워하는 마음과 친구를 그리워하는 마음이 있었기 때문이다. 그런데 '나이 허물'을 당하니 의기소침해지고 심한 모욕감을 느끼게 된 것이다. 그러나 그 기분에 침잠해버리지는 않는다. 이수원 선생은 헛살아온 것처럼 허전하고 황량스런 가슴을 안고, 언제나 술값이 공짜라는 '꽃동네'라는 술집을 찾아 들어간다. 그곳에서 일하는 아가씨들과 손님들이 제창하는 '고향의 봄'을 듣는다. 전에는 이런 풍경이 어색했었는데, 이제는 이수원 선생도 자연스럽게 노래를 따라 부르는 모습에서 적극적인 삶의 태도를 엿볼 수 있다.

수위의 말에 인생을 헛살아온 것 같아 의기소침한 가운데 늙어감을 인식하던 노년의 동요작가 이수원 선생은, 그 쓸쓸하고 고독한 정성에 함몰되지 않고, 성숙한 노년을 보내는 모습을 보여주고 있다.

---

6) 이청준, 「꽃동네 합창」, 『매잡이』, 2010(3판 6쇄), 263-64쪽.

즉, 환대해주고 자신의 노래를 불러주었을 때 느꼈던 어색함을 초월하여, 그들과 어우러져 함께 노래를 따라 부르기 시작한 것에서 알 수 있다.

노년기에 접어든 작가들의 경우 대체로 자연스럽게 노년의 삶, 노년에 관련된 소재로 소설을 쓰는 경우가 있는데, 이청준은 이러한 경우를 특별히 염두에 두거나 의식하지 않고 일관되게 소설문법에 충실하려 했던 것 같다. 소재의 새로움이나 변화를 통해서 작품 세계의 변화를 도모하지 않은 것이다. 작품의 본질과 미학 그리고 작가의 정신은 일관되게 기저에 흐르고 있다. 이것은 이청준 소설의 장점이자 단점이기도 하다. 장점으로는 소설에 대한 철학과 예술관을 일이관지하게 견지한 경우다. 독자들의 비위(?)를 맞추기 위해 '옷에 맞지 않는 옷'을 의연하고도 점잖게 거부한 작가로 문학사에 기록되는 이유도 이런 점과 무관하지 않을 것이다. 따라서 일반 독자 대중들은 이청준의 소설에서 '재미'를 찾기보다는 '지성'과 '의미'를 추구하는 작가로 기억한다. 노년소설의 경우도 예외는 아니다.

2. 홍상화의 노년소설에 나타난 노인문제

홍상화는 노년소설에 관심을 기울이며 여러 편을 창작한 작가다. 홍상화의 소설 중에서 노년소설에 해당하는 작품으로는 「동백꽃」과 「황혼」을 빼놓을 수 없다. 노년소설의 압권에 해당하는 작품이다. 먼저 「황혼」의 경우를 보자. 「황혼」은 뼈대 있는 집안 출신으로 품위를 지키며 살아가다 말년에 경제적 어려움을 겪게 되는 부부의 이야기를 남편의 시각에서 그리고 있다.

"……그리고 말이야, 세상에는 늙어서야 비로서 향유할 수 있는 것도 많대……."

"어떤 것이 있는데?"

성환 씨가 호기심에 사로잡혀 상체를 앞으로 내밀었다. 그가 현재까지 경험한 늙음은 젊음의 무시와 시간의 조롱과 신체의 비웃음의 혼합이었다. 그리고 그 외에 다른 것이 있다면 과거의 추억과 손자의 사랑이었다. 그러나 과거의 추억은 항상 서글픔으로 이어지게 마련이었고, 손자의 사랑은 일방적인 것인듯 했다.

"최남수가 뭐라고 했더라……."

도만석이 어제 저녁 최남수가 한 말을 상기하느라 머리에 손을 대었다.

"그래, 최남수가 이렇게 말했어. **늙어야만 내리는 비를 제대로 향유할 수 있고, 후회함을 엔조이할 수 있댔어.** 그리고……시간에 구애받지 않고 어딘가로 움직이는 것……반드시 여행이 아니고 그냥 어딘가로 몸을 움직이는 것……혼자서 술 마시는 것, 그리고 또 한가지 있어. 되돌아오기를 바라지 않는 사랑……."

"되돌아오기를 바라지 않는 사랑이 뭐야?"

"최남수 말에 의하면 젊을 때의 사랑은 상대방으로부터도 사랑받기를 원하는데 반해, 늙어서의 사랑은 사랑하는 것 자체만이 중요하게 된다는 거야."

성환 씨는 자신도 모르게 고개를 끄덕이고 있었다. 자신의 손자에 대한 사랑은 일방적이라고 괜찮다는 생각이 들어서였다.(고딕표시-인용자)[7]

---

7) 홍상화, 「황혼-외사촌 부인」, 『우리 집 여인들』, 랜덤하우스, 2006, 123쪽.

은행지점장 출신이기도 한 성환(남편)은 직장에서 퇴직하면서 여러 가지 씁쓸한 경험을 많이 하는 요즈음이다. 동년배 친구들을 만나도 자신과 크게 다르지 않은 것 같다. 더욱이 퇴직금을 아들의 사업 밑천으로 대 주었다가 아들이 실패하자 아들, 며느리, 손주를 불러들여 아파트에 같이 살다 보니 여러 가지로 신경이 쓰인다. 자신의 아파트임에도 불구하고 거꾸로 아들 부부에게 눈치가 보여 야간 경비원으로라도 취직해야 할 형편에 놓여 있다. 야간 경비원에게는 건물주로부터 서민아파트를 무료로 빌려준다며 노골적으로 나오는 아들 내외에게 40평대 아파트를 내주고자 한다. 자존심이 센 아내에게 그 마음을 털어놓기가 힘들다. 그러나 아내 역시 모든 것을 알아채고 받아들이며 가정 형편을 위해 파출부 일을 나가겠다며 남편의 자존심을 달래준다.

"왜 무슨 할 얘기가 있어?"

성환 씨가 어둠 속에서 말했다. 잠시 침묵이 흘렀다. 아내가 손으로 더듬어 그의 손을 꼭 잡았다. 과거 집안에 어려운 일이 있을 때 남편의 이해를 구할 때만 하는 아내의 행동이었다.

"저……저……오늘부터 옆 동네 빌라에 가서 일 시작했어요."

"무슨 일인데?"

"그 집에 가서 청소도 해주고, 음식도 만들어 주고 하는 그런 일이예요."

"뭐야?"

성환 씨는 침대에서 벌떡 상체를 일으켜 세웠다. 그리고 어둠 속에서 아내가 누워 있는 곳으로 시선을 보냈다. …(중략)… 성환 씨는 문득 아들이 제안한 야간 경비직을 자신이 맡기를 두려워할까봐 아내가 먼저 파출부 일을 맡았을지도 모른다는 생각이 들었다.

"건강한 늙은이가 집에 가만히 있으면 뭐 해요. 몸을 움직여야 건강을 유지할 수 있어요."

어둠 속에서 아내의 목소리가 다시 들렸다. 잠시 침묵이 흘렀다.

"나도 다음 주부터 야간 경비직을 하기로 했어."

성환 씨가 천장 쪽에 시선을 둔 채 말했다.

"잘 생각 했어요. 건강할 때는 무슨 일이라도 해야 건강에 더 좋대요."

아내의 목소리가 다시 들려왔다. 정적이 찾아왔다.(고딕표시-인용자, 133쪽)

"건강한 늙은이가 집에 가만히 있으면 뭐 해요. 몸을 움직여야 건강을 유지할 수 있어요"라는 아내의 시각 역시 어쩔 수 없는 현실이기도 하지만, 그것을 받아들이는 열린 마음과 열린 사고에서 가능한 것이다. 아내는 어떠한가. 능바우 여인으로서 자존심이 얼마나 셌던가. 하지만 이제 노년의 현실을 받아들이지 않을 수 없는 처지에서 남편의 마음을 배려하는 부부애로 위안을 삼는다. 성환 씨 부부의 얘기는 일반적인 경우로 볼 만큼 우리 사회의 도처에 편재되어 있다. 노년소설의 모티프로는 흔히 등장할 수 있는 소재다. 그런 흔한 소재를 삼고 있음에도 불구하고 이 작품은 뒤에 다루게 될 「동백꽃」과 더불어 홍상화 노년소설의 깊이와 수준을 가늠해 준다.

홍상화의 「동백꽃」은 노년기 재혼 문제를 작품의 중요 모티프로 해서 서사를 이끌어 간다. 폐암 말기로 죽음을 목전에 둔 68세 성 교수는 상처하고 홀로 지내다 이혼의 상처를 안고 뒤늦게 노년에 만난 아내를 진심으로 사랑한다. 성 교수 앞으로 55평짜리 아파트에서 약 180여만 원 정도의 연금을 받으며 비교적 넉넉한 생활을 한다. 두 아들과 딸의 형편도 곤궁하지는 않은 편이다. 자식들 내외는 새어머니가 아픈 시어머니를 극진하게 보살펴 왔을 뿐 아니라 아버지를 진심으로 사랑하기에 존경하고 아껴준다. 특히 성 교수는 자신이 죽은 뒤 홀로 남게 될 아내를 생각하며 안타까운 마음을 가짐과 동시에 자식들에게도 변함없이 친어머니처럼 대해 줄 것을 유언으로 남긴다. 성 교수는 죽으면서 유언으로 자신의 사후 모든 재산의 권리 유지 및 사용권을 아내에게 준다는 내용을 포함하였을 뿐 아니라 아내의 사망 시에는 그동안 쓰고 남은 부동산 및 자신의 지분에 해당하는 것을 종교 단체에 기부했으면 하는 부탁을 한다. 자신의 시신도 대학 병원에 기증할 것을 유언으로 남긴다. 이러한 사실을 알게 된 자식들은 장례식 날 태도가 돌변하여 아파트를 가압류하고 둘째 아들은 유언장을 바닥에 팽개친다. 사위 역시 이러한 유서 내용에 대해 빈정대는 투로 말한다.

> 참! 아버님, 해도 해도 너무하십니다! 살아 생전에 그렇게 유별하시더니 사후에도 시신 기증이다 뭐다 그게 다 뭡니까? 아파트 명의 이전도 우리와 의논 한 번 없이 하시더니, 이제 와서 어떻게 이런 유언을 우리에게 남기실 수 있습니까!"[8)]

자식들이 아버지의 유지를 받들지 않을 뿐 아니라 아파트를 가압류 하는 사태를 접하자 아내는 장례식이 어느 정도 마무리 될 즈음 아파트 권리증과 인감도장이 찍힌 권리 위임장을 내놓으며 자기가 낳은 아들이 모시겠다는 제의마저 뿌리치고 홀로 여행길에 나선다. 홀로 가는 여행은 남편이 생전에 품은 생각을 실천하면서 봉사하는 삶을 살기 위함이다.

---

8) 홍상화, 「동백꽃」, 『소설, 노년을 말하다』, 황금가지, 2004, 71쪽.

아들이 이 여사의 가방을 들었다. 이 여사는 아들이 든 가방을 빼앗아 들었다.

"엄마가 하고 싶은 대로 그냥 내버려 둬. 내가 꼭 하고 싶은 것이 있어."

"미국에서 승순이도 어머니 뵈러 귀국하겠대요."

"나를 그냥 내버려둬. 나는 이제 사람이 무서워졌어."

이 여사는 아들에게 등을 보이며 마을버스 정류장을 향해 걸어갔다. 걸어가면서 이 여사는 자신이 이제는 무서워지지 않는 사람들, 자신의 사랑을 필요로 하는 사람들이 있는 곳으로 가고 있다고 확신했다. 그곳에는, 생의 마지막 단계에서, 그들이 겪는 육체적 고통 때문에 과거에 생이 주었던 모든 기쁨을 망각하게 되고 가장 사랑하는 사람들에게 가장 잔인한 고통을 주는 악역을 함으로써, 애초에 자신이 세상에 태어난 것조차 후회하면서 인생을 마감해야 하는 사람들이 있다는 것을 이 여사는 알고 있었다. 그리고 바로 그들이 자신의 도움을 가장 필요로 하는 사람들이라는 것도 알고 있었다.(76쪽)[9]

「동백꽃」의 결말부분이다. 재혼의 상처를 안고 한 재혼이었지만 행복도 잠시 남편을 잃은 뒤 맞게 되는 마음의 상처를 되짚어 주고 있다. 재혼을 해서 가정을 꾸렸더라도 상대방 배우자가 죽음으로써 가족으로서의 삶을 지속할 수 없어 그 집을 나와야 하는 경우를 잘 묘사하고 있다.

이 작품에서는 노인의 새혼이 재산 분할의 문제로 인해 간단하지

9) 홍상화는 「동백꽃」을 발표하고 2년 후에 「황혼」, 「어머니의 마음」 등 단편소설 8편을 연작소설 『우리 집 여인들』에 재수록하면서 작품마다 부제를 붙였다. 그의 대표작으로 평가되는 「동백꽃」의 경우는 일부 표현을 바꾸거나 결말부분을 주제에 보다 집중할 수 있도록 긴밀도를 높여 개작했다. 여기에 수록된 작품들 역시 노년의 여성 인물의 관점에서 노년의 삶을 투시하고 있어 노년소설의 성과로 주목해야 할 것이다.

않다는 것을 보여주고 있다. 저물어 가는 인생의 여정을 함께한 새어머니의 남은 삶에 대하여 자녀들은 관심이 없다. 오직 관심을 갖는 것은 재산이다. 아버지가 살아 있을 때는 꺼려하던 자녀들이 사후에는 재산을 새어머니에게 주지 않으려고 파렴치한 행동을 당연시하는 세태를 비판하고 있다. 동시에 새어머니의 말년의 선택도 우리에게 시사해 주는 바가 크다. 노년의 삶을 생의 마감을 앞둔 사람들 곁에서 봉사하는 삶을 통해 남편의 유지를 받들고 자신의 삶에서도 의미를 깨닫게 되기 때문이다.

이런 점에서 이 소설은 자식들이 홀로 남은 아버지를 돌보기 어려워서 재혼을 권했지만, 막상 사후에는 새어머니와 재산 문제로 갈등을 일으킨다는 일반적 편견을 보여주면서도 마음먹기 따라서는 사후의 양태가 얼마든지 상식적이고 아름다울 수 있음을 보여주고 있다.[10)]

3. 오정희 · 이규희 노년소설의 서술 특성과 전망

생산적이고 능동적인 일상에서 소외된 채 죽음만을 바라보며 남겨진 시간을 소비해야 하는 것이 우리 사회의 노년이 당면한 현실이다. 그러한 현실에 대하여 정작 당사자인 노인들은 어떠한 태도와 의식을 지닐 수 있을까. 무료한 일상과 무력한 육체, 그리고 알 수 없는 세

---

10) 노년소설 중에는 재혼을 모티프로 한 작품들도 상당수 있는데, 박완서의 「마른 꽃」 경우도 이런 경우에 해당한다. 다만, 「마른 꽃」에서 재혼을 망설이는 여사의 여러 여건이 「동백꽃」에서는 상대적으로 성숙된 상태에서 실제로 결혼이 이루어졌지만 자식들과의 재산 문제가 여전히 중요한 관심사로 가족관계를 어지럽히고 있음을 보여준다.

계인 죽음, 그 모든 것 앞에서 그들은 삶의 무게를 어떻게 감당하고 있는 것일까. 오정희의 「동경」에서는 그러한 물음에 응하는 노년의 목소리를 들을 수 있다. 이 소설로 오정희는 1982년 제15회 동인문학상을 수상하였다. 당시 심사위원들은 대부분 '능란한 언어구사와 섬세한 묘사'에 후한 점수를 주었으며, '예리한 통찰과 완벽한 구상', '은유와 암시를 곁들여 엮어지는 독특한 문체'에도 주목하였다.

「동경」은 오정희의 초기 소설에서 보이던 고립된 인물의 파괴 충동에서 벗어나 일상의 무의미함과 죽음에 대한 진지한 성찰을 담고 있다. 즉, 이 소설은 죽음을 강하게 의식하고 있는 평범한 노부부의 일상을 현미경으로 들여다보듯 세밀하게 그려내며 소멸해 가는 모든 것에 대한 안타까운 정조를 그려내고 있는 것이다. 특히 한정된 시간과 공간, 제한된 등장인물로 말미암아 이러한 작업은 상당히 담담하고 밀도 있게 진행된다. 따라서 이 작품을 통해 우리는 노년의 삶을 투시할 수 있는 것이다. 덧붙여 오정희의 「적요」와 「관계」도 노년의 삶에 초점을 두고 노년의 삶과 의미를 묻고 있는 수작이다. 먼저 오정희의 「동경」을 분석해 보자.

오정희의 「동경」은 노부부의 하루를 그린 소설로 오랜 병석에 계신 아버지의 일상에서 단서를 얻었다. 정년 퇴임 이후 노년의 일상을 살고 있는 그를 초점화자로 삼아, 그와 아내의 한나절의 생활을 점묘식으로 그리는 가운데 노년의 삶을 응축적으로 보여 주고 있다. 작품의 주요 서사는 노인들의 삶의 공분모적 요소들인 무료한 일상과 무력한 육체, 죽음에 대한 강박적 의식 등의 문제들을 담아내고 있는 것이다. 그런데 작품에서 노부부는 그러한 문제들에 대하여 사뭇 대조적인 태도와 의식을 드러낸다. 그가 노년이라는 인생여정에 보다 직접적인 죽음에 저항적이라면, 하여 역동적인 생명성에 대한 내밀한 욕망을 드러내고 있다면, 아내는 그것들에 대하여 순응하는, 오히려 생명의 폭력성에 저항하는 모습을 보이고 있기 때문이다.11)

그러면 두 노인이 어떻게 다른지 분석해 보자. 남편은 육체적 노화와 무료한 일상, 죽음에 대한 강박적 의식 등에 민감한 반응을 보이며, 그것들에 대한 저항선을 형성한다. 그가 점심 식사 시간 전이면 "낡고 무력하게 늘어선" 내장 기관들이 활기를 되찾아 식욕을 돋우기 위해 산책에 나서는 행위나, 흰머리가 나면서부터 염색하는 일을 게을리 하지 않아 "검고 단정한 머리칼"을 유지하는 행위는 모두 늙음에 대한 그의 심리적인 저항선과 연결되어 있다. 그러한 저항감은 틀니의 문제에 이르러 보다 완강하게 그리고 보다 집약적으로 드러난다. 결국 그는 노년의 무료한 일상이 버겁고, 또 그마저도 "한 순간에 정지할 날이 있으리라는 것"을 의식하면서도, 자신 앞에 주어진 일상에 "육체와 생활을 지배하는" 나름의 "규칙과 리듬"을 부여함으로써 노년에 대한 심리적인 저항선을 구축한다. 뿐만 아니라 시시때때로 찾아드는 죽음의 의식에 대해서도 그는 저항한다. 죽음의 의식은 무료한 일상의 텅빈 의식을 뚫고 문득문득 들어서곤 한다. 한마디로 그는 죽음의 의식에 대해 포용적이지 않다. 그에게 있어 죽음은 "냉혹한"것이며 "억압"된 것이다. 이십 년 전 아들 영로를 땅에 묻은 경험이 있는 그는 아들의 죽음을 "땅 속에 갇힌 생명, 땅 속에 갇혀 아우성치는 빛들"이라 의식한다. 단 그것들은 "땅 속에 갇힌" 혹은 "갇혀 아우성치는" 생명이며 빛이다. 즉 그에게 있어 죽음은 억압된 혹은 억압에서 헤어나고자 하는 생명이요, 빛인 것이다. 죽음이 생명이고 빛이라는 그의 역설적 인식 속에서 그가 결코 죽음을 죽음 그

11) 장소진, 「내쳐진 노년, 떨칠 수 없는 노년」, 『한국문학이론과 비평』 제37집(11권 4호), 2007, 339쪽.

자체로 받아들이지 않고 있음을 암시해 준다. 오히려 죽음에 대한 강한 저항선을 구축하고 있음을 확인할 수 있다.12)

그 결과 그는 생명에 대한 지향성을 드러낸다. 이는 여섯 살 난 이웃집 아이를 대하는 그의 태도와 의식을 통해서도 확인된다. 이웃집 아이는 나이 상에서 노부부와 대비적 맥락을 형성하여 죽음에 맞닿아 있는 노부부와는 달리 생명의 영역을 상징한다. 그의 무력해진 육신이 원활하게 기능할 수 있도록 지팡이를 짚으며 느릿하게 산책을 하는 동안 아이는 팽팽히 알이 선 종아리를 드러내 놓고 자전거를 타며 비탈길을 달려 내려와 그의 곁을 지나가거나, 그가 여름 정오의 햇살이 내리비치는 뜰의 꽃과 나무들을 바라보며 어느덧 냉혹한 죽음을 의식하는 순간에 아이는 산 자의 요란한 울림을 알리듯 자전거의 날카로운 경적을 울리며 그 앞을 지나간다. 아이의 그러한 거침없는 움직임은 노년의 일상이 드러내는 무력과 권태와 공포를 여지없이 파쇄하며 생명의 활력을 과시한다.13) 그는 그러한 아이를 향한 지향적인 의식을 분명히 드러냄으로써 생명에 대한 그의 지향성을 드러내는 것이다.

이에 반해 그의 아내는 그와는 대비적인 의식과 태도로 노년의 일상을 살아간다. 그녀는 노년의 현실에 대해 보다 순응적인 것이다. 그녀의 육신 역시 제 기능을 잃기는 그와 마찬가지다. 그러나 그러한 사실에 대해 그녀는 무덤덤하다. "청년처럼 검은 머리"를 하고 다니

12) 위의 논문, 340쪽.

13) 노인을 둘러싼 사위가 정적이라면, 아이가 그 정적과 권태에 항의하듯 날카로운 경적을 울려대는 것은 단순히 소리의 차원이 아니다. 노인과 아이, 소멸해 가는 것과 생성해 가는 것의 대조로 볼 수 있다. 결국 정적과 경적의 세계, 그것이 두 인물의 거리인 것이다. 이 정적은 다시금 작품의 말미에 언급되는 어둑신한 정적과 반짝거리는 틀니와의 대조를 통해 다시 한번 강조된다.

는 그와는 달리 "호호한 백발" 그대로 살아가는 그녀의 모습도 그녀의 순응적인 의식을 증명한다. 때문에 노년의 무료한 일상이 그녀에게 이르면 좀 더 분주한 기운을 드러낸다. 그녀가 노년의 무료한 일상을 보다 적극적으로 포용하기 때문이다. 그녀의 그러한 순응적 태도는 죽음의 문제에 있어서도 마찬가지다. 아들의 죽음은 어머니로서는 수용할 수 없는 아픔이다. 때문에 그녀는 머리가 허옇게 세도록까지 아들 무덤의 "성근 뗏장을 다독 거"렸다. "청대처럼 자라던 아들"을 죽인 아픔은 그녀의 머리가 온통 세어 버릴 만큼 깊었던 것이다. 결국 그녀의 호호한 백발은 아들의 죽음을 가슴에 묻은 어미의 아픔을 증명하는 셈인데, 그녀는 그러한 백발을 그대로 유지한다. 죽음이 아픔이고 고통일망정 그녀는 그것을 그 자체로 수용하고 있는 것이다.

작품을 보다 구체적으로 분석하다 보면 드러나겠지만, 결국 작품에 등장하는 '그'와 '아내'는 죽은 아들을 회상하거나 서서히 죽음을 기다리는 것 이외에는 별달리 할 것이 없는, 그야말로 삶 속에서의 죽음을 체험하고 있는 인물들이다. 그런가 하면 영로는 이미 이십 년 전에 죽었음에도 불구하고 노부부의 마음속에, 마당의 그늘 한 켠 땅 속에 여전히 살아있는 존재로 그려진다. 죽음 속에서 살아있는 인물이 영로라면, 삶 속에서 죽어 있는 인물이 바로 그와 아내인 것이다. 그러면서도 그들은 죽음에 대한 공포로 인해 종교를 찾고 부지런히 맥14)을 만들고, 틀니와 염색을 놓지 않으려는 의지로 볼 수 있다. 이

14) 나쁜 꿈을 잡아먹는다는 상상의 동물인 맥은 이승과 저승 할 것 없이 평안한 휴식을 갈구하는 인간의 본능을 반영한다. 이 맥을 아내의 할아버지가 무덤에까지 넣어 달라고 부탁하였다 한다. 이때의 맥은 동경이나 토우와 마찬가지로 죽은 자의 넋을 위로하기 위한 부장품으로서의 가치를 지닌다. 이처럼 이 작품에서 죽음의식을 담고 있는 징표로 '동경', '맥' 외에도 '심방', '정년병' 등을 들 수 있다. 이 소재들은 작품 전체에 골고루 퍼져 있으면서도 등장인물들의 인식을 지배하고 분위기를 형성하며 주제를 구현하기 위해 초점화된다.

러한 아이러니야말로 오정희 소설의 가장 큰 특징이며, 이러한 삶의 모습을 가장 상징적으로 보여주는 것이 바로 「동경」인 것이다.[15)]

그녀의 이러한 태도는 심방이 취소되어 남게 된 밀가루 반죽으로 소일 삼아 맥을 만드는 행위에서도 드러난다. 그녀는 마루 끝에 걸터 앉아, 죽을 때까지 흉몽에 시달렸던 그녀의 조부가 흉몽을 쫓기 위해 나쁜 꿈을 먹는 짐승이라는 맥을 만들었었고 죽을 때도 관 속에 맥을 넣어 달라고 유언했었다는 이야기를 그에게 중얼거리듯 들려주면서 맥을 만든다. 특별한 목적도 없이 그저 심심풀이로 만드는 것이 죽음의 의식과 연계되는 맥이라는 사실은 그녀의 삶에 죽음이 그만큼 가까이 있음을 의미하면서, 동시에 그것에 대해 그녀 자신이 그다지 저항적이지 않음을 보여 준다.

결국 그녀는 육체의 무력화에 대해서, 일상의 무료함에 대에서, 다가오는 죽음에 대해서, 수용적이다. 그리하여 역설적으로 그리고 비약적으로 그녀는 강한 생명력에 대하여 오히려 저항적이다. 작품에서 생명력의 상징인 이웃집 아이에 대해 그녀는 그와는 사뭇 다른 태도를 취한다. 그가 아이를 포용하고자, 혹은 지향하고자 하는 것과는 달리 그녀는 아이를 불신하고 아이와 대립각을 형성한다. 그녀는 아이가 자신의 집을 무시로 드나들면서 함부로 잔디를 밟고 꽃을 꺾기 때문에, 또 아이가 왔다 가면 조그만 물건들이 없어지기 때문에 아이를 의심의 눈길로 바라본다.

이처럼 그녀가 아이를 바라보는 시선에서 시사되듯 작품에서 아이는, 아이라는 존재를 통해 흔히 의식하게 되는 순진무구함을 담보하고 있지 않다. 오히려 아이는 거침없고 저돌적인 행동을 일삼음으로

15) 이병순, 「죽음의식을 통해 〈동경〉 다시 읽기」, 이인복 외 『한국문학에 나타난 죽음』, 예림기획, 2002, 225쪽.

써 반사적으로 생명력의 무모함을 드러내고, 더하여 때로 생명의 폭력성을 드러내는 존재이다.[16)]

이런 점에서 아이가 사용하는 거울은 "비치는 대상의 감춰져 있는 면 혹은 감추고 싶은 어떤 부정적인 면을 숨김없이 들춰내는 역할"[17)]을 한다. 아내가 감추고 싶은 그 어떤 부정적인 면이 바로 늙음과 죽음의 그림자인 것이다.

> "애, 애야, 제발 저리 가, 그러지 마라."
>
> 아내가 우는 소리를 내며 애원했으나 아이는 아내의 돌연한 공포가 재미있는지 작은 악마처럼 깔깔거리며 거울을 거두지 않았다. 아내는 빛을 피해 그가 누워 있는 방에 주춤주춤 들어왔다.
>
> 빛은 이제 눈물에 젖은 아내의 조그만 얼굴과 그의 눈시울, 무너진 입가로 쉴 새 없이 번득였다. 그것은 어쩌면 아득한 땅 속에 묻힌 거울 빛의 반사인 듯도 싶었다.(180쪽)[18)]

이때 아이의 손에 쥐어진 거울은 동경과 차별성을 지님과 동시에 동일성을 지닌다. 거울이 만화경을 만들기 위한 재료로서 유년기 혹은 생성의 상징이라면, 동경은 부장품으로서의 소멸 혹은 죽음의 메타포이다. 즉 전자가 삶에 대한 욕망기제라면, 후자는 죽음에 대한 방어기제라고 볼 수 있다.[19)] 하지만 그 거울의 빛이 '땅 속에 묻힌 거울 빛의 반사'인 듯 싶다는 대목을 눈여겨본다면, 거울이 자연스레

16) 장소진, 앞의 논문, 343-344쪽.

17) 오생근, 「오정희 문학론—허구적 삶과 비판적 인식」, 오정희, 『야회』, 나남, 1990, 411쪽.

18) 오정희, 「동경」, 『바람의 넋』, 문학과지성사, 1986, 180쪽. 이하 인용한 쪽수만 말미에 표기한다.

19) 이병순, 앞의 논문, 232쪽.

동경으로 전이되는 것을 인식할 수 있다. 따라서 아내가 느꼈을 공포는 단순히 아이의 짓궂은 장난에서 비롯되는 것이 아니라 자신에게 한발 한발 다가오는 죽음에의 공포로 규정해야 할 것이다. 이 대목이야말로 아이/아내(늙은이), 사랑받지 못한 자(아이)/사랑 줄 곳이 없는 자(아내), 햇빛/그늘, 마당/방, 노래 혹은 웃음/울음 등 여러 가지 대립소들이 한데 엮어 만들어낸 이 작품의 절정이라 할 수 있다. 이는 그동안 아이와 아내 사이에 있었던 팽팽한 긴장이 해체되고 싸움이 아내의 패배로 마감되는 상황을 연출하며 대단원에 이른다.

앞에서 살펴본 바대로 그와 아내는 노년과 죽음의 문제를 두고 저항과 순응이라는 대립적인 의식과 태도를 드러낸다. 하지만 결과적으로 두 사람 모두에게 노년과 죽음은 피할 수 없는 현실이며 고통이고, 공포를 드러낸다. 결국 노년과 죽음은 인간이 어떠한 대응을 하더라도 궁극적으로 수용되고 포용될 수 없는 인간 삶의 한계이며 질곡인 것이다.

그런데 이러한 한계와 질곡을 더욱 버겁게 하는 것은 그것들이 공유조차 불가능한, 소통이 불가능한 문제라는 것이다. 작품에서 "그의 귀에 들리는 것이 그녀의 귀에는 들리지 않는, 아내에게 보이는 것이 그에게는 전혀 보이지 않는 경우란 드문 것이 아니"라는 서술은 나이가 들어 육체적 기능이 퇴화하면서 서로 엇나가는 일상과 그로 인한 상실감을 드러내는 것이지만, 그것을 상징적 맥락으로 의미화시켜 읽어 본다면, 그것은 공동의 생활 속에서도 단독자들로서 살아가는, 혹은 살아갈 수밖에 없는 노부부 간의 단절성을 드러내는 서술이기도 하다. 그러한 단절성은 비단 노년의 삶에서만 확인되는 것이 아닌, 인간 삶의 보편적 속성이기도 하지만, 이를 다시 역으로 재진술한다면 노년의 삶도 그러한 단절성으로부터 자유롭지 못하다는 의미가 된다.

이러한 점은 작품 말미에서 아이가 강한 거울 빛을 아내에게 쏘다 공포에 휩싸여 그가 누워 있는 방안으로 들어오는 장면에서도 드러난다.

> 이제는 울음을 감추려 하지 않는 아내에게 그는 무언가 위무의 말을 해 주어야 한다고 생각했다. 아내에게는 다정한 말이 필요한 것이다. 그는 소년 같은 수줍음과 약간의 두려움으로 입을 열었으나 아내는 어눌하게 새어나오는 말을 알아듣지 못했다. 아내는 유언이라도 듣는 시늉으로 그의 입에 바짝 귀를 갖다 대며 안타깝게 되물었다. 뭐라구요? 뭐라고 하셨어요? 누가왔느냐구요?(347쪽)

위의 인용을 보면 슬픔과 공포에 울부짖는 아내보다 그러한 아내를 위무해 줄 수 없는 그의 처지가 더욱 비극적으로 다가온다. 틀니로 가장해 왔던 젊음을 벗고 "무너진 입과 졸아든 인중"으로는, 그리고 이미 한쪽 다리를 연도에 내려놓은 가수(假睡)상태로는 더 이상 아내에게 어떠한 위로도 전해줄 수 없다는 것, 그 웅얼거림이 전혀 언어의 기능을 갖지 못한 채 흩어진다는 데에 더 큰 절망이 가로놓여 있는 것이다. 따라서 생명에 압도되어 공포에 질린 아내를 위무하고자 하는 그의 말은 어느덧 "유언"의 맥락으로 전화되어 버린다. 여기서 그 무엇도 노년과 죽음의 굴레는 뛰어넘을 수 없음이 재차 확인되면서 그것들은 결코 누군가에 의해 위무될 수 있는, 그리하여 공유될 수 있는 문제가 아님이 드러난다. "아이가 쏘아대는 거울 빛에 의해 그가 컵 속에 담아 놓은 틀니만이 홀로 무언가 말하려는 듯 밝고 명석하게 반짝거"리듯, 노년은 생명에 의해 되비쳐지는 가운데 스스로를 외화시키고 자존하며 죽음을 향해 가는 것이기에, 그것을 맞이하는 자가 스스로 감당해야 하는 절대 고독의 영역인 것이다.

결국 「동경」은 누구와도 공유할 수 없는 노부부의 고독과 죽음에 대한 자의식을 그린 소설이다. 작품의 주요 소재인 '동경'은 이들 부부의 현재적 삶의 모습을 반추하는 기능을 갖는다. '동경'은 삶과 죽음의 경계를 무화시키는 독특한 의미를 내포한다. 이는 본래 '동경'이 갖고 있는 이중적인 속성에 기인한다. '동경'이란 부장품의 일종이다. 부장품이란 '시체를 무덤 안에 안치할 때 함에 넣는 물품'을 말한다. 가족, 친지 등의 죽음을 슬퍼하고 주검을 무덤에 묻으면서 망자(亡者)가 생전에 사용하던 물건을 매장하는 풍습에서 유래한 것이다. 하지만 '동경'은 거울의 일종으로 그것이 설령 구리로 만든 것이라 할지라도 살아있을 적에는 자신의 존재를 확인하고 외적인 미추를 판단하게 하며, 간혹 자기애적 환상의 몰입을 가능하게 해주는 사물로 기능한다.

이런 점에서 '동경'은 자신의 존재 자체를 비추고 자기애적 환상을 갖게 하는, 그래서 삶에 대한 욕망을 품는 기제로서의 거울과, 이미 죽은 자의 곁에 안치되어 그의 넋을 위로하는 부장품으로서 죽음에 대한 확인이 그것이다. 이 '동경'의 이중성의 바탕 위에서 뫼비우스의 띠처럼 시작도 끝도 알 수 없는, 삶과 죽음이 공존하는 길을 혼자 감당해야 하는 인간의 존재론적 비극을 그린 소설이 바로 「동경」인 것이다.

한편, 오정희의 「적요」는 고독한 노인의 '하루'를 추석하고 있는 노년소설이다. 노인(화자 '나')의 집을 찾아오는 사람은 현관문을 따고 들어오는 '가정부'가 있을 뿐이다. 화자가 사랑하는 딸 '부용(芙蓉)'은 끝내 모습을 드러내지 않는다. '나'는 온다는 날의 약속을 지키지 않는 '딸'과 약속된 날의 임금을 받고 나면 오지 않을 것 같은 '가정부' 사이에서 애가 탄다. '나'는 거동이 불편한 노인이지만 감각은 젊고

자의식은 예민하다. 사람들은 그를 '가까지 오지도 않고, 그렇다고 물러서는 법도 없이' 대하나, 노인은 옆에 서 있는 가정부의 손가락이 그의 잇몸을 건드릴 때 간지러움을 참지 못해 그녀의 손을 깨물고 신음을 토하는 살아있는 남자로서 도착적이다. 혼자 있는 방의 공포와 소이를 벗어나기 위해 '나'가 주로 찾는 공간은 '옥상'이다.

> 옥상의, 찻길에 면한 난간에 의자를 바짝 붙여 놓고 앉아 밖을 내다보면 풍경은 집힐 듯 빤히 눈에 들어온다. 때문에 나는 일어날 수 있는 어떤 작은 움직임 하나도 놓치는 법이 없다. 머리칼이 더부룩한 청년이 자전거에 거울을 가득 싣고 아슬아슬하게 버스를 피하며 달려간다. 자전거 뒤에 산더미처럼 실린 수많은 빛의 입방체들은 번쩍이는 눈이 되어 노점상, 점포의 바닥에 물을 뿌리는 러닝셔츠 바람의 젊은이, 먼지를 뒤집어쓴 고무나리 이파리, 울고 있는 아이를 담고 달려간다.[20]

'옥상'은 '나'가 이미지를 관리하는 공간이다. '나'는 맞은편 옥상의 잘 모르는 여자에게 '일광욕'을 하는 늙은이로 비쳐지도록 결코 '절뚝거리며 돌아다니지 않고' 가만히 앉아 정상임을 가장(假裝)한다. 옥상난간의 폭은 자신을 위장(僞裝)하기에 적절한 거리이다. '옥상난간'은 그에게 조망대이다. '나'는 거의 온종일 '옥상의 난간'에 서서 밖을 향해 자신을 연다. 실제 '나'의 시선이 늘 밖을 향하고 있다는 것은 홀로 갇힌 채 '방'에서 죽음을 맞이할 수 있다는 공포'에서 비롯된다. '나'의 눈은 외부의 세계를 향해 던져진 시선이다. '나'가 있는 방의 내밀성(소외감과 공포)이 크면 클수록 더욱더 내부와는 다른

---

20) 오정희, 「적요」, 『불의 강』, 문학과지성사, 2009(3판 8쇄), 86쪽. 앞으로는 인용한 쪽수만 말미에 밝힌다.

외부에 대한 감각을 부여한다.[21)]

그러나 '나'의 욕망은 '옥상난간'에서 확보되는 존재의 안전에서 그치지 않는다. '나'는 옥상난간에서 사선(斜線)으로 포착된, 사람들과 삶의 풍경을 담고 달리는 자전거 위의 '거울 공간'에 담기길 원한다. '나'는 "분명히 존재하지만 보이지 않는 멀고 흐릿한 존재"인 자신을 인정할 수 없다. 그래서 '나'는 옥상에서 가파른 계단을 거쳐 아래 놀이터로 내려온다.

> 이제 곧 어머니들은 무서운 햇빛에서 아이들을 거두어 몸을 씻기고 찬 우유를 먹이고 차양을 내린 창 아래에서 낮잠을 재울 것이다. 그러면 사위에 가득 차는 건 적요, 적요뿐이다. 그러면 사위에 가득차는 건 적요, 적요뿐이다. …(중략)… 그애는 늘 햇빛 아래 나서길 두려워했다. 미역이나 김 혹은 조기떼를 따라 한철을 보내고 돌아오면, 서북향 어두운 집 귀퉁이에서 찰랑대는 햇빛을 따라가며 사금파리로 금긋기를 하던 부용은 비슬비슬 피하며 낯을 가렸다. 나는 늘 그애에게 햇빛이 잘 드는, 뜨락이 넓은 집을 마련해 주고 싶었다. 그러나 대신 굵은 알의, 채색된 유리 목걸이 따위를 사주었을 뿐이다.(83-84쪽)

> 나는 그애에게 줄 잔에 두 알, 세 알째의 수면제를 털어넣었다.(95쪽)

어디에도 소속될 수 없는 노인의 위치는 '놀이터'공간으로 상징된다. 노인은 놀이터에서 따돌림을 당하는 아이를 자신의 집으로 유인한다. '나'의 절박한 외로움에서 비롯한 위장은 '방어본능'으로 굳어져

21) 정미숙, 「오정희 소설의 욕망공간과 타자지향성 연구」, 『현대문학이론연구』, 제38집, 2009. 9, 43쪽.

'상상'과 '상징'의 경계를 넘고 '욕망'과 '도착'의 간극을 무너뜨린다.[22)]

예문에서 화자는 딸을 향한 애정을 '실제'(집)와 '표현'(목걸이)의 차이로 재단하며 은연중에 과시한다. 하지만 이는 명백한 과장이다. 딸과의 불화를 무릅쓰고 안전과 조망을 담보할 수 있는 이 아파트를 고집한 것은 '나'이기 때문이다. 마침내 '나'는 아이를 곁에 두기 위해 주스에 수면제를 타서 먹이는 '도착'적 행위를 보인다. 이러한 행위에 앞서 '나'가 아이들을 거두는 어머니들의 행동 절차를 떠올리는 것은 도착증을 보증한다. 방어로서의 욕망은 도착증자의 환상 속에서 법에 대한 그의 위치를 드러낸다. 겉으로 보이는 이타적 행위의 이면에 이기적인 마음이 감추어져 있는 것이다. 보살핌/유괴, 먹이기/죽이기의 경계는 흐릿하다. 오정희는 '미친 개'를 끌고 다녔던 소년의 '미친 개' 상실과 결국 '미친 개' 같은 도착증자로 전락한 노인의 절박한 친밀에의 욕망을 '옥상난간'과 '옥상', '놀이터'라는 간극적 공간을 통하여 어디에도 소속될 수 없는 간극 존재인 노인의 타자성을 증명한다.[23)]

오정희의 「관계」도 노년소설의 관점에서 읽힌다. 「관계」에서 '관계'가 문제임은 화자인 '나'가 아들이 죽고 난 후에도 계속 며느리와 함께 살고 있는 데서 비롯한다. 아들과 며느리와의 사이에도 혈육이 없다. '나'는 며느리를 아끼는 시아버지이지만 며느리가 집을 나가 버리는 순간 현상적 관계는 사라진다. 「관계」는 노인의 욕망이 '문'(門)을 통하여 펼치는 독특한 구성을 보인다.

며느리는 '방문—현관문—대문'의 순서로 집을 나간다. 그녀가 목

22) 위의 글, 43쪽.
23) 위의 글, 44쪽.

적지에 도달하는 경로는 '빌딩–엘리베이터–에덴'이다. 며느리가 빌딩 13층에 있는 무도회장 '에덴'에 이르는 공간은 며느리와 동일시하는 '나'의 성적 상상과 관능이 열리는 공간이기도 하다. 다시 말하면 에덴에 이르는 며느리의 '욕망'의 여정은 내가 며느리 안에 이르는 '몽상적 욕망'의 길, 생명의 출구[24]인 여체 '외음부–질–자궁'의 단계를 밟았다. '빌딩'과 '외음부'는 '외면성'으로, '엘리베이터'와 '질'은 부려놓은 목적지의 '세균배양기'와 '화해로움'이라는 온기로 연결된다.[25]

「관계」는 시아버지의 며느리에 관한 몽상을 다룬 까닭인지 과거의 상상은 ' '로, 현재적 대화는 " "로, 정확히 구분하는 방식을 취한다. ' '에 담긴 나의 내면에 대한 독백은 스스로를 대상으로 객체로 만드는 거리화의 산물이다. 이는 '나'의 고독한 내면이 발설되지도 제대로 전달되지도 못할 것을 인정하는 것이자 '나'의 반복된 상상과 빈번한 좌절의 '흔적'을 고백하는 것이라 할 수 있다.[26] '나'의 무력감은 다음과 같은 내면묘사의 한 대목을 통해서도 잘 드러나고 있다.

> 무엇을 할까, 무엇을 할까, 나는 소리내어 말하며 방안을 더듬었어. 결국 생각해낸 것은 똥을 누자는 것이었어. 윗목에 놓여진 요강을 끌어당겨 걸터앉아 아랫배에 힘을 주었어. 그리고 물큰물큰 피어오르는 냄새를 들이마시며 나는 참 외롭구나, 외롭구나, 라고 말했어. 그러나 자신이 세상에서 가장 쓸쓸하고 비참한 늙은이인 듯 여겨졌어. 불현듯 축축해지는 눈자위를 누르며 나는 요강에서 피어오르는 그 정다운 냄새

24) 유제분, 『페미니즘의 경계와 여성문학 다시 읽기』, 서울대학교 출판부, 2003, 34쪽.

25) 정미숙, 앞의 논문, 40쪽.

26) 위의 글, 40-41쪽.

를 맡으며 외로움을 즐겼지.[27)]

이렇게 외로운 노인의 처지는 다른 사람들과의 관계 속에서는 더 처량한 상태다. 가정부로 오는 수분네는 '나'를 더 처량하고 무기력한 노인으로 대하기 일쑤다. 수분네는 현실에서의 처량함을 절실하게 깨닫게 해주는 인물이기도 하다. 심지어 공포감과 심한 모멸감을 주기도 한다.

> 수분네는 심술궂게 이불을 걷어챘어. 수분네의 얼굴에는, 우리가 꿈틀거리는 연체 동물을 발바닥으로 한껏 눌러 죽일 때의 살의와 정욕이 번득이고 있었어.
>
> 수분네는 내 비스킷을 힘차게 씹어넘기고 요강을 들여다 보았다. 나는 수치심으로 얼굴이 확확 달아올랐다.
>
> "당신 같은 늙은이는 징그러워요. 이제 당신의 똥이나 오줌을 치우지 않겠어요."
>
> 수분네는 마치 선서를 낭독하듯 천천히 억양 없이 말하며 한껏 멸시하는 태도로 나를 발로 툭툭 건드리기까지 하는 것이었어.
>
> "아 당신은 무덤 속의 벌레예요. 난 나가버리겠어요. 옷장 열쇠를 줘요. 물론 가지고 있겠지요."
>
> 나는 베개 밑에 손을 넣어 열쇠를 꺼내 수분네에게 넘겨주었어.(153-154쪽)

인용문을 통해서도 드러나듯이, '나'는 무력감으로 사람들과의 정상적인 관계를 유지할 수 없을 정도로 정신세계가 피폐해 있다. 나이

27) 오정희, 「관계」, 『불의 강』, 2009(3판 8쇄), 147쪽.

도 많고 의지할 데도 없는 노인에 불과하다. 하지만 현실의 모욕을 견디기 위해서는 돌파구를 만들어야 한다. 욕망을 키워가는 것도 한 방법이다. 나이를 먹고 현실적으로 힘든 것이 많지만 인간의 욕망마저 사라져 버리는 것은 아니다. 오히려 '나'는 무기력함을 느끼고 외로울수록 욕망이 꿈틀거린다.

> 나는 그네의 납빛 이마와 따스하고 부드러운 허벅지를 생각했지. 나는 그네에게 아이를 낳게 할 수도 있지. 그러한 내 능력을 의심해 본 적은 한번도 없어. 자, 좀 더 편한 자세로 몸을 눕히고 눈을 붙이자. 내가 눈을 떴을 땐 그네도 들짐승처럼 날렵한 발목의 언 모래를 털며 돌아와 있겠지.(156-157쪽)

인용문은 결미에 해당하는 대목으로, 노인의 도착 혹은 '자궁에 흡수되는 죽음에의 욕망'[28]이라고 보는 경우도 있지만, 이것은 '자궁회귀'라는 일리적 해석이라는 비판으로부터 자유롭지 못하다. 소설 공간의 현실적 맥락에 따른 노인의 의/무의식을 추적해 볼 때, 자의식이 강한 노인인 화자가 '자존'을 세우는 생의 한 방식으로 해석한 시각[29]이 보다 온당하다. 따라서 노인의 몽상은 돌연한 공포의 억눌림을 벗어나기 위해 설정한 몽상적 '출구', 타자를 넘어서는 유일한 위안, 생의 긍정인 에로스로 해석될 수 있다.

한편, 이규희의 「그 여자의 뜀박질은 끝나지 않았다」, 「황홀한 여름의 소멸」은 노년소설로서 주목할 만하다. 두 작품은 본격적인 노년소설로서 손색이 없는 작품으로 비슷한 문제의식을 지니고 있다. 두

28) 노희준, 「오정희 소설 연구」, 경희대학교 석사논문, 1999, 36쪽.
29) 정미숙, 앞의 논문, 41쪽.

작품 다 여성 노인들을 주요 등장인물로 등장시키며, 또 섬세한 문체로 인물의 내면 상황이 잘 묘사되고 있다는 점도 박완서의 소설과도 공분모를 지닌다.

「그 여자의 뜀박질은 끝나지 않았다」는 여든여섯의 시어머니와 이층에서 함께 사는 여든 다섯인 노인의 시각에서 자신의 삶을 반추하면서 현재의 삶에 초점을 두되 과거와 교직되며 서사가 전개된다. 과거의 경우는 당연히 회상에 의존한다. 자신의 남편은 가정을 전혀 돌보지 않아 거의 '생과부' 상태로 살아가는데 몹쓸 병에 걸리자 집에 기어 들어온다. 남편을 여의고 고된 시집살이와 시어머님의 수발을 들어가며 고단한 삶을 살아왔으나, 노년에 이르러서는 시어머니의 삶에 동정의 시선을 보내며 힘겨운 노년을 보내게 된다. 이 노인의 삶은 파란만장하다. 병든 남편을 여읜 상태에서 시부모님을 모시고 사는 것도 힘겨운데, 시어머님은 여러 가지 면에서 며느리를 힘겹게 한다. 다음 한 대목을 인용해 본다.

> 지난 해의 머슴이 나가고 새 머슴이 들어올 때까지 석 달에서 반 년 정도씩 날마다 동네의 맨 꼭대기에 있는 우물의 물을 동이로 이어 날라야 하고, 목이 휘어지도록 펄펄 끓는 양잿물 빨래를 자배기로 수북하게 이고 얼어붙은 시냇가에 나가 물구멍을 방망이로 뚫고 터진 손에서 피가 흐르도록 진종일 떨며 빨래를 빨아야 하는 것이 그 시대의 기본적인 가사노동이라 해도 나의 뜀박질로는 너무나 벅찼어. 더욱이 적어도 닷새 전부터 새 김치를 담고, 하루 전날에 저물도록 엎드려 푸르딩딩해진 놋제기를 얼굴이 비치도록 닦아야 하고, 제상을 꺼내어 손질하고, 제삿날 당일에는 음복까지 하고 나면, 동창이 번하게 밝아오게 마련인 제사가 1년에 무려 스물 네 위나 되는 생가 양가를 합친 종갓집 일의 규모였으니.30)

이렇게 힘겨운 삶을 살았건만 노년의 삶도 달라진 게 없다. 그녀는 시어머님이 돌아가시면 아들 내외가 자신을 반겨 줄 것이라는 한 가닥 희망으로 버티며 산다. 그러한 기대감이 좌절되는 과정은 심적인 변화를 통해서도 드러난다.

> 노인은 은행나무 꼭대기의 마지막 햇살이 사라지기 전에 자기를 부르는 아들의 목소리가 들려오리라고 기대하고 있었다. 그러나 그 동안 묵묵히 수고한 어미를 버르장머리 없게 어찌 아래층에서 소리를 질러서 부르랴 싶기도 했다. 한 번도 올라와 본 적이 없으니 겸사겸사 직접 올라와서, 내려가시자고 부축을 하게 되려니 하는 생각이 들기도 했다. 아들 며느리가 함께 올라올지도 모른다는 기대도 해보았다. 그렇게 되면 더 말할 수 없이 좋은 일지만, 어느 한쪽이 와도 무방하다고 노인은 제법 대범하게 마음을 먹었다.(36쪽)

> 아들 며느리가 내려가자고 하더라도 나는 그냥 여기서 살겠다고 하는 것이 늙은이다운 도리가 아닐까 싶어지며, 적어도 젊은 것들을 편하게 해주는 방법은 그쪽이 틀림없다는 확신 같은 것이 노인의 마음 안에 잡히어 오는 거였다. …(중략)…
>
> 그런데 왜 이렇게 방에 들어갈 용기가 나지 않을까. 시골 동네에서도 사람이 죽으면 이웃사람이라도 와서 함께 자 주던 기억을 더듬으며, 누가 오늘 하룻밤만 같이 자 준다면 좋겠다는 생각을 노인은 해보았다. 아니, 방에까지만 함께 들어가 주기라도 한다면 괜찮을 것만 같았다. 그저 던져진 해골인듯 누워 있던 생전의 시어머니 모습이 새삼 선하게

---

30) 이규희, 「그 여자의 뜀박질은 끝나지 않았다」, 『그 여자의 뜀박질은 끝나지 않았다』, 1998, 32쪽. 앞으로 이규희 작품의 인용은 이 소설집에 의존하며 말미에 쪽수만 밝혀둔다.

떠오르며, 고인과 공동처소였던 그 방으로 이제 혼자 들어설 생각을 하니, 온 몸의 모발이 곤두서며 으스스 해오는 거였다.

이때 아래층에서 인기척이 나며, 기다리던 아들의 목소리가 과연 들려왔다.

"어머니."

"그래, 나 여기 있다."

너무 반가운 나머지, 채 아들의 말소리를 다 듣지도 않고 노인은 아래층을 향해 있는 힘을 다해 큰 소리로 외쳤다. 노인의 목소리는 떨리기까지 했다.

아들은 다음 말을 아주 짜증스러운 투로 쏘아붙여 왔다.

"왜 통로 문을 그렇게 활짝 열어 놓으신 거죠? 빨리 꼭 닫아주세요."(38-39쪽)

인용문은 노인의 기대가 좌절되는 과정이 섬세하게 묘사되고 있는 대목들이다. 서사가 진전될수록 노인의 기대는 좌절되고 만다. 기대가 좌절되면 상처를 받는다. 더욱이 믿었던 사람에게서 배신을 당하면 그 상처는 더 오래도록 여운이 남는다. 이처럼 「그 여자의 뜀박질은 끝나지 않았다」는 제목이 시사하고 있는 바와 같이, 우리네 여인들의 삶이 '뜀박질'의 연속으로 여유가 없는 삶을 살아왔듯이 노년의 삶 역시 달라진 게 없다. 가족으로부터의 소외와 외로움의 연속이다. 이처럼 이 작품은 여성 노인의 수난사를 통해 노년의 삶이 안고 있는 외로움, 특히 가족과의 단절에서 오는 소외와 무력감을 섬세한 내면묘사를 통해 접근한 수작이다.

한편, 이규희의 「황홀한 여름의 소멸」은 1977년 단편을 1995년 중편으로 개작한 노년소설로서 두 여성 노인의 관점에서 현재 당면하고 있는 자신의 처지를 관조하며 서사가 전개된다. 인애 할머니와 주미 할머니가 이 소설의 중심인물이다. 며느리나 그 밖의 인물은 이 소설에서 그다지 비중이 높지 않다.

인애 할머니가 자신이 처한 상황을 묘사한 대목을 보자.

> 어디 인애뿐인가, 말 못하는 짐승, 그렇지, 강아지까지도 저희 패거리란 말이지. 강아지뿐인가, 집안의 가재도구, 마당에 난 풀포기 하나까지도 통틀어 몽땅 저희끼리 똘똘 뭉치어 한 덩어리가 되고, 자기만이 외톨이로 튕겨 나와 있다는 생각에 인애 할머니는 오싹하도록 외로움을 느꼈다. 그 외로움이 걷잡을 수 없는 오한이 되어 뼛속으로 깊숙이 파고들어가는 것은 아닐까 하는 생각이 가슴 저 밑바닥에서 꿈틀거리기도 했다.
>
> —「황홀한 여름의 소멸」(184쪽)

인애 할머니가 처한 상황을 묘사한 대목으로 극도의 고립무원의 상태에 비유하고 있다. 심지어 '강아지'와 가재도구에도 자신을 소외시킨다는 '피해망상'에 사로잡혀 있다. 이는 인애 할머니가 심적으로 얼마나 고립되고 단절되어 있는지를 적시하고 있는 대목이다. 주미 할머니 역시 인애 할머니의 처지와 별반 다르지 않다. 주미 할머니는 가족들에게 "동정이 아닌 진정한 사랑을 받고 있다는 확신을 갖고 있었다. 그러나 그 확신이 언제부터인지 스스로 자기를 속이는 결과일 뿐이라는 회의를 품게 되면서 주미 할머니의 가슴속엔 늘 슬픔이 질척거리는 거였다."(187쪽) 주미 할머니의 처지와 심정이 드러난 한 대목을 보자.

> 젊을 때는 모든 일에 어머니가 끼어야 하는 줄 알고 시시콜콜 상의해온 딸과 사위였건만 차츰 뜨악해가더니 손자들이 자라면서 대화권에

서 밀려나 아예 독방 신세로 내박치다니, 재산이 많으면 무얼하고, 자식이 있은들 무슨 소용이랴 싶어지며, 서러움이 걷잡을 수 없이 쏟아져 나온 거였다. 모처럼 눈물을 빼며 울고 나니 주미 할머니는 쑥스러움이 없지 않았으나 조금은 속이 후련해져서 손수건으로 눈언저리를 닦고 빙그레 미소까지 지었다.(213쪽)

주미 할머니의 경우 상대적으로 인애 할머니에 비해 조금 덜하지만 오십보백보다. 이렇게 인애 할머니와 주미 할머니는 약간의 개인차이는 있지만 가족과의 단절에서 오는 외로움을 공유하고 있어 동병상련의 심정으로 서로를 의지하면서 노년을 보낸다. 노년에 느끼는 감정 중 하나는 외로움이다. 특히 주미 할머니는 선대에 물려받은 유산을 축내지 않고 고스란히 마음대로 내려주기만 하면 자신의 삶은 실수가 없는 것이라는 판단하에 남편의 병이 낫는 데 소홀히 했던 측면을 한탄한다. 주미 할머니는 인애 할머니의 삶을 통해 자신의 삶을 반추하고 반성한다. 이 작품에서는 요즈음 젊은 세대들에 대한 서운함을 토로하기도 한다.

"우리가 요즘 영악해진 세상에 대해서 얘기했었지요? 달면 삼키고 쓰면 톡 뱉는 매서운 세상에 대해서요. 특히 요새 젊은이들은 참을성이 없어요. 인애 할머님이 3년씩이나 시아버님 똥 오줌 받아내시며 간병을 하셨다고 했는데, 요즘엔 그럴 사람 없습니다. 그렇게 힘들고 싫은 일을 꾹 참고 묵묵히 해낼 젊은이 없습니다. 싫으면 싫고, 좋으면 좋고, 아주 반응이 빠르죠. 인애 할머님이나 저나 그런 세상을 살고 있으니 이 노릇을 어쩐답니까? 어른 대접 받기는 황새 울었으니, 우리가 받을 것이라고는 구박밖에 더 있겠습니까? 그러니 어떻게든 구박을 덜 받으려면 걸리적거리지 말고 미움을 사지 말아야 합니다요. 그러니 인애 할

머님 공연스레 강아지 따위를 건드리셔서 궂어부스럼을 하지 마세요, 덤터기나 쓰시지…….”(217쪽)

심지어 주미 할머니는 “그 바쁘다는 아침 출근길에도 개 다섯 마리를 다 어루만지고 나가면서도 자기와는 눈 한번 맞추지 않는 딸의 소행이 새삼 떠올라 얼음 같은 냉기를 느끼며”(219-220쪽) 산다.

인애 할머니의 처지는 앞에서도 드러났듯이 주미 할머니보다 더하면 더했지 덜하지 않은 상황이다. 인애 할머니와 며느리가 다투는 장면에서는 관점의 차이가 극명하게 대비되고 노인의 처지도 잘 드러나 있다.

> 며느리는 단박 사태를 파악해버린 듯 펄쩍펄쩍 뛰었다.
>
> “노망이야, 노망. 이젠 조미료도 안 남아.”
>
> 철부지가 꾸중 듣듯 인애 할머니는 고개를 떨구고 그저 서 있을 뿐이었다. 붉으락푸르락 하며 며느리는 그녀의 손에서 놋대접을 잡아 채었다.
>
> “어유! 비위생, 구역질 나. 이리 줘요, 강아지 밥그릇이나 하게.”
>
> 그러나 며느리가 생각했던 대로 그 그릇은 쉽사리 낚아채지질 않아. 의외로 그릇은 무겁게 처지며 오히려 며느리의 손아귀를 벗어나버렸다. **인애 할머니는 놋대접을 온 몸으로 끌어안으며 두 눈을 무섭게 흡떠뜨며 며느리를 쏘아보았다.**
>
> “안된다, 이것은…….”
>
> 인애 할머니는 부들부들 떨리는 소리를 겨우 혀끝으로 밀어냈다.(고딕표시―인용자, 229쪽)

인애 할머니에게 있어 놋대접은 추억이 서린 애장품이자 자신의 삶을 지탱해 준 상징물이고 매개물이다. 인애할머니가 필사적으로 놋대접을 버리려는 며느리와 실랑이를 벌이는 이유도 여기에 있다. 노년의 삶도 자기애적인 속성으로부터 자유롭지 않다. 귀히 대접받고 싶은 것이다. 며느리가 놋대접을 버리려는 행위는 인애 할머니를 대하는 며느리의 생각과 가치관의 투영이기도 하다. 인애 할머니는 자신에 대한 며느리의 의중을 확인하는 계기가 된다. 결국 놋대접 사건으로 며느리와 심하게 다툰 후 인애 할머니는 가출하고 만다. 인애 할머니의 가출 이후 주미 할머니는 짝 잃은 외기러기 심정으로 하루하루를 보낸다. 이 작품에서는 이처럼 두 노인의 처지와 심정이 교차적으로 전개되면서 서사가 진행된다. 자연히 노년의 삶을 처참하게 묘사하는 장면이 자주 나온다. 주미 할머니의 시각에서 노인의 처지가 심지어 "어쩌면 내다버려도 좋은 쓰레기 뭉치가 아니라 내다버리고 싶은, 아니, 빨리 내다버려야 할 쓰레기 뭉치일지도 모른다"(236쪽)여겨질 정도다. 주미 할머니의 깨달음에 이르는 결말 부분은 오늘날 노인의 처지와 입장이 어떠한지를 시사해 준다.

> 가발에 틀니에 화장을 더덕더덕 해본들 진짜 구차스럽고 추접하고 가련한 존재는 인애 할머니가 아니라 바로 자기 자신임을 비로소 주미 할머니는 깨달았다.
>
> 그새 인애 할머니는 골목대장이라도 된 듯 재잘거리는 꼬마들을 거느리고 유유하게 멀어져가고 있었다.
>
> 가발도 틀니도 화장기도 없는 주미 할머니가 자기 딴에는 힘껏 뒤웅뚱뒤웅뚱 인애 할머니를 향해 달리기 시작했다.(238쪽)

인용문에서도 드러나듯이 주미 할머니의 회한 속에는 늙은 자신의 처지와 심정이 잘 드러나 있기도 하거니와 현재 노년의 삶에 드리워진 현주소를 가늠케 해 준다. 작가의 암울한 전망을 드러낸 셈이다.

한편으로 주미 할머니의 이러한 인식은 노년의 삶을 '제2의 인생'으로 여기면서 활기차게 살아가는 노인상과도 거리가 있을 뿐 아니라 지나치게 노년의 삶을 비관적으로 바라본다는 비판의 여지도 안고 있지만, 역으로 이것이 현재 노년의 보편적인 삶임을 가늠해 준다는 점에서 핍진성을 드러내 준다.

한편, 이 글에서 본격적으로 거론하지는 않았지만 『소설, 노년을 말하다』에 수록되어 있는 이청해의 「왠 아임 식스티포」, 한정희의 「산수유 열매」 등은 비교적 노년기에 이른 작가의 입장에서 쓴 소설이다. 그리고 이순원의 「거미의 집」, 이명랑의 「엄마의 무릎」, 하성란의 「715호 환자」, 한수영의 「벽」 등은 비교적 소장 작가의 관점에서 노년의 삶을 소재로 한 본격적인 노년소설에 해당한다.[31] 기획 성격의 위 소설집에 수록되어 있는 작품들에 대해서는 앞 절에서 일부 언급한 경우도 있어 여기서는 이청해의 「왠 아임 식스티포」를 간략하게 언급하는 선에 머물 것이다.

이 작품은 늙음에 대해 젊은이가 느끼는 공포가 실감나게 묘사되어 있다. 직장생활을 하는 어머니를 대신해 자신을 길러주신 할머니, 그러나 아들을 우선시했던 할머니, 똥 냄새를 풍기게 되자 딸에게도 버림받고 노인 요양 시설로 보내진 할머니, 거기서 "도망가다가 붙잡힌, 불쌍한 생쥐"처럼 죽어가고 있는 할머니를 보고 스무 살의 '나'는 비틀스의 노래 「왠 아임 식스티포(When I'm Sixty-four)」에서처

31) 노년기에 이르지 못한 작가들이 노년의 삶을 소재로 해서 노년소설을 창작한 경우와 노년기에 이른 작가들이 쓴 노년소설을 비교하거나 혹은 노년의 문제를 외부의 관점과 내부의 관점으로 나누어 접근해 보는 것도 의미가 있다. 위의 소설집에 수록되어 있지는 않지만, 최인호의 「돌의 초상」(『돌의 초상』, 문학동네, 2002)은 젊은 세대들에게 포착된 노년의 상이 무엇인지를 가늠해 볼 수 있다는 점에서 시사적이다. 이와 관련해서는 별도의 지면이 요구된다.

럼 자신이 예순네 살이 되었을 때를 상상해 본다. 할머니를 통해 '나'는 죽음에 이르는 과정 자체가 돈이나 옷, 음식은커녕 자신이 쓰던 틀니에게조차 버림받는 과정임을, 그런 와중에 한때 자신이 지녔던 삶의 지혜마저 자유롭게 사용하지 못하게 되는 야만적인 시간의 도래라는 것을 절감하게 된다. 그리하여 자신의 애인에게 비틀스의 노랫말을 빌려 "지금부터 오랜 시간이 흐른 후에 말야, 그러니까 내 머리카락이 빠지고 나이가 들어도 생일날 카드랑 와인이랑 선물해 줄 거야?"라고 묻게 되는 것이다. 두렵지 않다면 확인은 필요 없다. 고로 「왠 아임 식스티포」라는 노래의 가사는 믿기 힘든, 그리고 불가능하기 때문에 오히려 더 희망하게 되는 어떤 것의 현장 부재 증명 같은 것이 아닐까 하는 생각에 이르게 한다.

이상에서 이청준, 홍상화, 오정희, 이규희의 노년소설을 분석해 보았다. 작품 분석을 통해 90년대 이후에 접어들면서 노년소설의 성격과 조건을 부합하는 작품을 비교적 노년에 해당하는 작가들이 스스로 창작하는 과거의 경향과는 달리 이제는 세대에 한정되지 않고 노년의 삶을 소재로 한 작품들에 자연스럽게 관심을 기울이며 노년소설을 창작한 경우가 늘어나는 추세를 확인할 수 있었다. 의미를 확대하는 건 아니지만, 『소설, 노년을 말하다』의 발간에 일정한 의미를 부여한 것도 이런 맥락과 무관하지 않다. 세대를 넘어 작가의 입장에서 노년의 삶을 소재로 할 경우 삶의 궁극적인 문제를 드러내는 데 효과적일 수 있다고 판단했기 때문이다. 동시에 죽음의 문제를 비롯하여 인간 실존의 궁극적 화두를 작품의 소재로 삼기에 노년소설은 어느 정도 부합하는 면도 크다. 본 장에서 이청준의 소설을 주목한 이유도 이러한 맥락에서다.

이청준의 노년소설은 작품의 수준을 떠나 노년의 삶이 갖는 의미를 보다 심층적이고 다각도로 접근했다는 점에서 주목할 필요를 느꼈다. 다만, 노년소설에서는 노인문제를 사회문제 해결의 측면에 주안점을 두기보다는 노년의 삶에 관심을 기울이고 이것을 문학의 중요 소재로 취급하기 시작했다는 점을 주목해야 할 것이다. 문학현상의 한 측면으로서 해석해야 할 여지를 안고 있기 때문이다. 이런 점에서 보면 홍상화의 소설은 보다 현실적인 문제에 천착하고 있다. 요컨대, 홍상화의 소설은 주제의 발현에 보다 무게 중심을 두고 있는 것이다. 이를 테면, 노년의 사랑과 재혼, 재산 상속 등 노년에 이르러 부딪치는 사회문제와 연동되어 서사성을 확보하고 있다. 반면, 오정희, 이규희의 노년소설은 문체 및 서술성에 보다 치중하는 편이다. 특히 오정희의 노년소설에서의 노년의 삶이 안고 있는 실존적 문제를 다층적으로 조감하는 수사적(修辭的) 치밀성은 노년소설의 수확이다. 이규희의 노년소설도 이러한 맥락에서 접근할 때 그 의미가 보다 확실하게 드러난다.

제 6 장

결 론

제6장 결 론

산업화·도시화의 추세에 따라 우리 사회에서 노년문제가 새로운 사회문제로 대두되고 있다. 또 노년의 삶에 대한 사회 각계의 관심도 증대되고 있다. 문학의 경우도 당연히 노년문학에 대한 연구자들의 관심도 증대되고 있을 뿐 아니라 작가들의 창작 욕구도 증대되고 있는 추세다. 이것은 노년문제가 하나의 사회문제로 대두되고 있는 것과는 별개로 문학에서 노년의 삶을 통해 인간의 궁극적인 문제를 드러내고 담론화 하려는 작업이 긴요해진 점과 무관할 수 없을 것이다.

노년기에 접어든 작가들이 노년의 삶을 소재로 작품을 쓰는 것은 지극히 자연스러운 현상이다. 특히 노년기에 이른 작가들이 노년의 삶을 소재로 해서 좋은 작품을 쓰는 경우가 적지 않은 점에 주목할 필요를 느낀다. 당연히 이러한 문학현상을 문학적인 관점에서 조명하고 의미를 부여하는 것은 연구자의 몫이기도 하다.

무엇보다도 노년소설에서는 삶의 본질적 의미를 질문하고 거기에 대해 지혜로운 대안을 제시함으로써 현재의 삶을 성찰하도록 안내하는 경우가 적지 않다. 따라서 우리 문학 연구에서 이제 더 이상 노인들이 주요 인물로 등장하고, 노년의 삶에 서사의 초점이 전개되고, 노년이 당면하는 여러 문제를 작품의 소재로 삼는 노년소설을 도외시해서는 안될 것이다.

물론 우리 문학사에서 노년소설에 관심을 보인 것은 일천하지만 1930−1940년대까지 거슬러 올라간다. 하지만 보다 본격적인 것은 1970년대 이후 도시화·산업화·현대화가 초래한 서구적 개인주의 또는 핵가족화로 인한 의식의 변화, 또 노인이나 노년의 삶에 대한 인식의 변화와 밀접하게 관련되어 있다. 대부부의 노년소설에서 현실 상황에의 부적응과 젊은 세대와의 부조화 관계에 놓인 노인의 부정적인 모습은 이러한 현실의 반영과 무관할 수 없다. 즉, 노인은 젊은 세대와 갈등의 관계에 놓여 있음을 발견할 수 있다. 신체적으로는 병들어 쇠약하고, 환경적으로는 고독한 상황에 놓여 있으며, 경제활동에서 소외되거나 퇴직으로 인해 궁핍하게 살아가는 모습을 보이고 있다. 이러한 것들이 총체적으로 작용하여 심리적인 소외와 단절을 야기시킬 뿐 아니라 삶의 질을 저하시키고 있음이 드러나고 있다. 물론 긍정적인 삶의 양상을 보이는 노인들의 모습도 나타나고 있으나 역시 두드러지는 것은 부정적인 양상이라고 볼 수 있다.

한편, 노년소설의 범주 및 그 대상과 관련해서도 연구자들마다 조금씩 관점의 차이를 보이고 있다. 하지만 노년소설은 노인들이 주요 인물로 등장하고 작품의 소재 역시 노년의 삶에 초점을 두고, 화자도 노인들로 설정된 경우가 많다는 점에 대해서는 대체로 이견이 없다. 이외에도 노년에 공통적으로 보이는 병고와 심리적 자질들을 포함하고 있다면 노년소설의 범주에 든다고 보아도 무방하다. 다만 이 글에서는 막연하게 노년소설의 범위와 대상을 정할 경우 일정 부분 논란의 여지를 안고 있어 몇 가지로 유형화해서 접근했다. 가능하면 노년소설의 범주와 대상을 정하고, 나아가 그 계보를 통해 노년소설을 통시적으로 살펴보고, 문학이 갖는 현실대응력을 포함해서 그것이 지닌

문학적 함의를 추출하는 데 주안점을 두려 했던 것이다. 이러한 과정을 통해 장차 노년소설의 범주와 대상의 주안점을 어디에 두어야 하는지 알 수 있을 뿐만 아니라 본격적인 노년소설의 입론과 계보 형성에도 보탬이 될 것으로 기대된다.

우선, 노년소설의 초기 양상을 살펴보기 위하여 이태준, 최정희, 김동리의 작품세계를 고찰해 보았다. 위의 작가들의 작품 중에는 엄밀한 의미에서 노년소설의 범주에 넣기에는 다소 논란의 소지가 있지만, 노년소설의 초기 양상을 살펴보는 데 적지 않은 시사점을 제공해 준 점을 도외시할 수는 없었다. 특히 본 연구는 '노년소설'의 초기적 면모와 양상을 고찰하기 위해 이태준의 노년소설들에 우선 주목했다. 이태준의 단편소설 「福德房」, 「不遇先生」, 그리고 「寧越令監」 등은 노인이 주요 인물로 등장하고, 노인들이 서사의 핵심을 담당하고 있는 공분모를 지닌다. 따라서 이러한 작품들의 분석은 노년소설의 초기 양상과 특징을 파악하는 데 적지 않은 시사점을 제공해 주었다.

본격적인 분석 대상으로 삼은 이태준의 노년소설들 중에서 맨 윗자리에 놓아야 할 작품은 「福德房」으로 판단된다. 「福德房」은 세 노인들이 주요 인물로 등장하고 서사의 핵심에 놓인 경우로 지금의 시점에서 보아도 노년소설의 범주에 가장 근접한 작품이다. 「不遇先生」과 「寧越令監」 역시 나름의 개별성을 가지면서 공통적으로 전근대에서 근대로의 이행과 일제침략이라는 질곡의 상황이 맞물린 피행적인 현실 속에서 정체성의 위기에 봉착한 노인들이 그러한 변화에 대해 어떻게 대응했으며 그 결과는 어떠했는가 하는 문제를 다루고 있다.

작품 속에서 노인들은 식민지 상황에 대해서는 극복하고자 하는 의기(義氣)를 보여줌으로써 나름의 대응력을 보이지만, 근대라는 새로운 시대상황에 대해서는 올바른 대응력을 보이지 못하면서 사회에서 이탈되는 몰락의 길을 걷는다. 그러나 새로운 시대를 짊어지고 갈 젊은이들은 노인들이 보여준 의기로운 삶의 자세를 식민지 상황인 현실에서 유용한 가치로서 인정하고 있다. 이러한 일련의 과정이 「不遇先生」에서는 징후적으로 제시되지만 「寧越令監」에 이르면 보다 분명하게 드러난다. 그리고 이러한 사실은 이태준 문학에서 노인들의 위상은 '생의 희망을 잃은' 존재들로 국한된 것이 아님을 말해 준다. 이런 점에서 「不遇先生」과 「寧越令監」의 노인들은 나름의 역사의식을 바탕으로 파행적인 현실을 극복하고자 하는 의지를 가진 인물들이다. 따라서 이들의 의기로움은 이태준 문학에 나타나는 노인의 위상의 하나로 자리 잡아야 한다.

이태준 문학에서 「福德房」, 「不遇先生」, 「寧越令監」만으로는 노인의 위상을 온전하게 규정할 수 없을 것이다. 하지만 앞에서 검토한 바와 같이 이태준의 노년소설은 노인의 위상 및 노년소설의 초기 양상을 검토하는 데 유익한 점만은 분명해 보인다. 그밖의 다른 작가의 작품들까지 망라해서 노년소설을 검토할 때 노년소설의 성격이 보다 분명하게 드러날 것이다. 따라서 최정희, 김동리의 노년소설의 담론 특성과 문학적 함의를 살펴보았다.

노년소설은 죽음의 문제를 비롯한 우리 삶의 본질을 자연스럽게 작품의 주요 소재로 등장시키는 점도 소홀히 할 수 없는 요소다. 작가 역시 자연인으로서 노년기를 맞는다. 노년의 기준이 각기 다르다고는 하지만 대체로 60세 이상 혹은 65세의 전후를 기준으로 하여 그 이상의 연령대를 지칭할 때, 우리나라의 노인의 경우 유년시절에 한국전쟁을 겪거나 더 거슬러 올라가면 일제 강점기를 겪으면서 정신적으로 많은 시련을 겪은 세대라고 할 수 있다. 따라서 노년기에 접어든 작가들이 자신의 경험과 삶을 올올이 창작품으로 형상화했을 경우 그것이 갖는 문학적 의미와 자산을 소홀히 할 수 없는 측면을 지닌다. 더욱이 우리나라는 고령화 사회로의 진전 속도가 가파르게 진전되면서 노인문제는 우리 사회의 주요한 사회문제로 대두되고 있는 추세다. 우리의 역사·사회적 특성을 고려해 볼 때 노년의 삶이 안고 있는 문제를 문학에서 관심을 보이는 것이 지극히 마땅한 것이기도 하다. 노인들이 우리 사회의 발전에 기여해 온 측면, 사회적 소외, 경제적 빈곤, 건강악화, 노인학대 등과 관련해서 현대소설에서는 어떻게 묘사하고 대상화해 놓고 있는지를 따져 볼 필요가 있기 때문이다.

이런 점에서 노년소설의 가능성과 그것이 갖는 문학적 함의, 나아가 문학사적 의미는 앞으로 더 증대될 가능성이 커 보인다. 박완서, 최일남, 이청준, 한승원, 김원일, 그리고 문순태의 노년소설들을 주목한 이유도 이런 맥락에서다. 특히 박완서는 1980년대부터 노년의 삶에 얽힌 여러 측면을 다양하고 심도 있게 접근한 작가다. 본 저서에서 박완서의 노년소설을 다른 작가에 비해 보다 많은 비중을 두어 언급하는 이유도 여기에 있다.

이외에도 이청준, 김원일, 한승원 등의 경우도 주목할 만한 노년소설들을 다수 창작했을 뿐 아니라 노인문제가 사회문제로 대두된 이후 노년소설의 면모와 특성을 아우르는 데 유익한 점이 많았다. 이런 점에서 노년소설의 가능성과 그것이 갖는 문학적 함의와 지형도를 제대로 드러내기 위해서는 이러한 작가들의 노년소설이 당연히 포함되어야 마땅하다고 보았다. 따라서 최일남의 「흐르는 북」을 비롯해 『아주 느린 시간』, 『석류』에 실려 있는 작품들, 그리고 문순태의 소설집 『된장』에 실려 있는 「그리운 조팝꽃」, 「문고리」 그리고 『울타리』에 실려 있는 「늙으신 어머니의 향기」, 「은행나무 아래서」, 「느티나무와 어머니」, 「대나무 꽃 피다」 등을 중점적으로 고찰하였다. 두 작가의 작품들은 노년소설로서의 성격과 조건을 두루 구비하고 있을 뿐 아니라 노년의 삶에 얽힌 여러 측면을 다양하고 심도 있게 접근하고 있었다. 수작들을 지속적으로 발표해 왔음을 확인할 수 있는 자리였다.

한편, 90년대에 들어 고령화 사회로의 진전 속도가 빨라지면서 노인문제가 자연스럽게 우리 사회의 관심사로 부각되기 시작했다. 문학이 사회문제를 정면으로 다루는 경우 대체로 문제제기적 성격을 띠는 경우가 많으며, 또 이것을 문학의 소재로 삼는 경우도 문학은 다른 부문에 비해 비교적 대응이 느린 편이다. 하지만 문학의 경우도 자연스럽게 노년소설의 성격을 띤 작품들을 지속적으로 창작하기 시작했다. 이청준의 격조 있는 노년소설을 비롯해 홍상화의 노년소설에 나타난 노인문제, 그리고 오정희·이규희의 소설들은 노년소설의 성과로서 주목할 만하다. 특히 오정희, 이규희, 이청해 등의 여성 작가들의 작품에서는 노년의 삶을 세밀한 문체로 정교하게 다루는 데 성공하고 있었다. 이런 점에서 오정희의 「동경」, 「적요」, 「관계」, 이규희의 「그녀의 뜀박질은 끝나지 않았다」, 「황홀한 여름의 소멸」 등은 수작으로 노년소설의 수준을 한 단계 업그레이드시킨 작품들로 평가해야 할 것이다.

90년대에 접어들면서 노년소설의 성격과 조건에 부합하는 작품을 노년기에 접어든 작가들이 스스로 창작했던 과거와 달리 비교적 젊은 층의 작가들도 자연스럽게 노년소설에 관심을 기울이고 노년소설을 창작하기 시작했다. 다만, 노년소설에서 노인문제를 사회문제의 해결의 측면에 주안점을 두기보다는 노년의 삶에 관심을 기울이고 이것을 문학의 중요 소재로 취급하기 시작했다는 점이 다를 뿐이다.

이런 점에서 기획소설의 성격인 소설집 『소설, 노년을 말하다』의 발간은 여러 면에서 시사적이다. 여기에 수록된 일부 작품을 언급한 이유도 이러한 맥락에서다. 노년의 삶을 소재로 한 노년소설의 입각점을 중간 점검해 보는 의미도 있는 셈이다. 동시에 노년소설의 관심사와 방향을 통해서 앞으로 노년소설의 방향과 지향점을 가늠해 보는 데에도 시사점을 제공해 줄 것으로 기대된다.

'늙음'과 '젊음'이라는 이분법적 사고와 그것의 가치를 '비생산'과 '생산'이라는 것에 두고, 경제적인 가치로만 환산한다면, 노년의 삶은 확실히 무가치한 것으로 인식될 수밖에 없을 것이다. 그러나 '늙음' 또한 인간이라면 누구도 피해갈 수 없는 자연의 섭리라고 볼 때, 노년에 대한 인식을 새롭게 할 필요성이 있다. 그리고 무엇보다 노년은 인생을 정리하고 그때까지 형성된 지적·경험적 자산을 펼쳐볼 수 있는 기회라고 한다면 소홀히 해서는 안 될 것이다. 더욱이 일제 강점기와 한국전쟁, 산업화와 도시화의 노정을 겪으면서 한국현대사의 주역이 되었던 오늘날의 노인은 다시 고령화 사회와 맞물린 서구 문명의 물결과 합리적 사고에 경도된 젊은 세대와 많은 부분에서 갈등에 놓이게 되었다. 그러한 갈등의 골이 깊어짐에 따라 가족들 간에는 화목하지 못하고, 나아가서는 사회의 문제로까지 확대되어 이제는 노인 부양을 국가적 차원에서 해결해야 할 지경에 이르게 되었다. 그래서 신체적으로도 노년기에 이르면 여러 가지 생리적 변화에 의해 우울하고 고독하며 쇠약해지는데, 심리적인 소외로 인한 상실감까지 팽배하게 되었던 것이다.

이렇듯 산업화 물결과 더불어 농경사회에서 산업사회로 가는 길목에서 이농과 도시화로 인한 사회적 병리현상의 하나인 노인문제를 소설 속에 나타나는 노년상을 통해 살펴보는 작업은 문학사적인 의의가 있다. 나아가 노인문제를 고찰하고 그에 대한 전망을 해보는 것은 의미 있는 일이기도 하다. 앞으로 평균 수명의 연장으로 인한 노년 인구의 확대로 노인문제는 많이 발생할 것을 염두에 둔다면, 앞으로 다양한 노년소설이 창작될 것으로 예상된다.

이러한 시점에서 부각되고 있는 노인문제를 소설 속에서 관심을 기울이고 전망하는 노년소설 연구는 문학사에서 그 위상이 고조될 것으로 기대된다. 다만, 문학의 영역은 사회문제의 대안 제시보다는 노년의 삶과 가치를 새롭게 조명함으로써 이것이 갖는 문학적 함의를 추출하도록 해야 한다. 나아가 이 과정에서 노년소설의 잠재적 가치와 문학적 의미를 부각하는 데 더 초점을 두어야 할 것이다.

앞으로도 노년소설의 연구 대상을 좀 더 확대하고 노년소설의 성과를 제대로 조명함은 물론 미처 다루지 못하거나 누락된 작품들을 분석해서 노년소설이 갖는 문학적 가치와 의미를 종합적으로 구명하는 작업을 지속하게 될 것이다. 나아가 이러한 작업을 통해 문학적 견지에서 노년의 삶과 의미를 되짚어 보는 계기를 부여해서 노년문제를 푸는 해법의 실마리를 제공할 수 있고, 보다 궁극적으로는 문학사적 가치를 올곧게 자리매김하는 데 기여할 것이다.

참고문헌

1. 자료

김문수, 『서울이 좋다지만』, 문학아카데미, 1991.
김윤식・김미현 엮음, 『소설, 노년을 말하다』, 황금가지, 2004. 12.
김원일, 『슬픈 시간의 기억』, 문학과지성사, 2001.
문순태, 『된장』, 이룸, 2002.
_____, 『울타리』, 이룸, 2006.
박완서, 『저문 날의 삽화』, 문학과지성사, 1991.
_____, 『너무도 쓸쓸한 당신』, 창작과비평사, 2004.
_____, 『친절한 복희씨』, 문학과지성사, 2007.
박화성, 「딱한 사람들」, 김이석 외, 『실비명』, 푸른사상, 2006.
오정희, 『바람의 넋』, 문학과지성사, 2003.
_____, 『불의 강』, 문학과지성사, 2009(3판 8쇄).
이규희, 『그 여자의 뜀박질은 끝나지 않았다』, 지혜네, 1998.
이태준, 『복덕방』, 제3한국문학, 수문서관, 1988.
이청준, 『눈길』, 열림원, 2005(1판 8쇄).
_____, 『꽃지고 강물 흘러』, 문이당, 2004.
_____, 「꽃 동네의 합창」, 『매잡이』, 민음사, 2010(3판 6쇄).
장현숙, 『황순원 다시 읽기』 한국문화사, 2004.
최인호, 『돌의 초상』, 문학동네, 2002.
최일남, 『아주 느린 시간』, 문학동네, 2000.
_____, 『석류』, 현대문학, 2004.
최일남 외, 『흐르는 북』, 푸른사상, 2008.
최정희, 『찬란한 대낮』, 문학과지성사, 1976.
한승원, 『잠수거미』, 문이당, 2004.

홍상화, 『우리 집 여인들』, 랜덤하우스, 2006.
황순원, 『황순원 전집 1』, 문학과지성사, 1991(2쇄).
_____, 『황순원 전집 3』, 문학과지성사, 1991(2쇄).

2. 단행본

김경수, 『문학의 편견』, 세계사, 1994.
강진호, 『한국문학의 현장을 찾아서』, 문학사상사, 2002.
고 은, 『1950년대』, 민음사, 1973.
권오룡, 『이청준 깊이 읽기』, 문학과지성사, 1999.
김광일, 『한국전통문화의 정신분석』, 한국학술정보, 2003.
김미영, 『한국 현대문학의 표상과 인식』, 청운, 2007.
김미현, 『판도라 상자 속의 문학』, 민음사, 2001.
김병욱 편, 최상규 역, 『현대소설의 이론』, 대방출판사, 1986(4판).
김상우, 『죽음의 사회학』, 부산대학교 출판부, 2005.
김성순, 『생활 노년학』, 운산문화, 1994.
김승혜 외, 『죽음이란 무엇인가』, 창, 1992.
김양희, 『한국 가족의 갈등 연구』, 중앙대학교 출판부, 1993.
김열규 외, 『한국인의 죽음과 삶』, 철학과 현실사, 2001.
김영곤, 『인간은 어떻게 늙어갈까』, 아카데미서적, 2000.
김영순 외, 『문화와 기호』, 인하대학교 출판부, 2007.
김용성, 『한국근대소설의 인물 연구』, 인동, 1986.
김윤식, 『90년대 한국소설의 표정』, 서울대학교 출판부, 1994.
김윤정, 『황순원 문학연구』, 새미, 2003.
김정희 외, 『심리학의 이해』, 학지사, 2009.
김재용・이상경・오성호・하정일, 『한국근대민족문학사』, 한길사, 1993.
김주연, 『근대 논의 이후의 문학』, 문학과지성사, 2005.
김종주, 『라깡 정신분석의 핵심용어』, 하나의학사, 2003.
김종회, 『문학과 전환기 시대정신』, 민음사, 1997.
김중술・이한주・한수정, 『사례로 읽는 임상심리학』, 서울대학교 출판부,

2003.
김진석, 『한국 심리소설 연구』, 태학사, 1998.
김철, 『복화술사들』, 문학과지성사, 2008.
김태현, 『노년학』, 교문사, 1994.
김형중, 『소설과 정신분석』, 푸른사상, 2003.
_____, 『켄타우로스의 비평』, 문학동네, 2004.
김홍중, 『마음의 사회학』, 문학동네, 2009.
문학을 생각하는 모임, 『한국문학에 나타난 노인의식』, 백남문화사, 1996.
_______, 『한국노년문학연구 II』, 국학자료원, 1998.
_______, 『한국노년문학연구 III』, 푸른사상, 2002.
_______, 『한국노년문학연구 IV』, 이회문화사, 2004.
문학과사상연구회, 『20세기 한국문학의 반성과 쟁점』, 소명출판, 1999.
민충환, 『이태준 연구』, 깊은샘, 1988.
박상우, 『작가』, 시작, 2009.
박종철, 『문학과 기호학』, 예림기획, 1998.
박찬부, 『현대정신분석비평』, 민음사, 1996.
박태상, 『한국문학과 죽음』, 문학과지성사, 1993.
박혜란, 『나이듦에 대하여』, 웅진닷컴, 2001.
박헌호, 『이태준과 한국 근대소설의 성격』, 소명출판, 1999.
방민호, 『납함 아래의 침묵』, 소명출판, 2001.
서석준, 『현대소설의 아비 상실』, 시학사, 1992
서병숙, 『노인연구』, 교문사, 1994.
서정자, 『한국 여성소설과 비평』, 푸른사상, 2001.
서재원, 『김동리와 황순원 소설의 낭만성과 역사성』, 월인, 2005.
송기섭, 『한국현대문학의 도정』, 새미, 1999.
신현숙・박인철 편, 『기호, 텍스트 그리고 삶』, 월인, 2006.
소두영, 『문화기호학』, 사회문화연구소, 1995.
송명희, 『문학과 성의 이데올로기』, 새미, 1994.
_____, 『현대소설의 이론과 분석』, 푸른사상, 2006.

송효섭, 『문화기호학』, 민음사, 1997.
송현호, 『한국근대소설론』, 국학자료원, 2003.
우정권, 『한국현대문학의 글쓰기 양상』, 월인, 2002.
우찬제, 『타자의 목소리』, 문학동네, 1996.
_____, 『고독한 공생』, 문학과지성사, 2003.
우찬제 엮음, 『오정희 깊이 읽기』, 문학과지성사, 2007.
우한용, 『한국현대소설담론연구』, 삼지원, 1996.
유금호, 『한국현대소설에 나타난 죽음의식 연구』, 동천사, 1988.
유제분, 『페미니즘의 경계와 여성문학 다시 읽기』, 서울대학교 출판부, 2001.
윤 진, 『성인・노인 심리학』, 중앙적성출판사, 1993.
윤정헌, 『한국 근대 소설론고』, 국학자료원, 2001.
이광규, 『한국의 가족과 종족』, 민음사, 1990.
이동하, 『현대소설의 정신사적 연구』, 일지사, 1989.
이동현, 『이슈로 본 한국현대사』, 민연, 2002.
이배용, 『한국 근대 광업 침탈사 연구』, 일조각, 1989.
이선미, 『박완서 소설연구』, 깊은샘, 2004.
이승준, 『이청준 소설 연구』, 한국학술정보, 2005.
이인복 외, 『한국문학에 나타난 죽음』, 예림기획, 2002
이재복, 『한국문학과 몸의 시학』, 태학사, 2004.
이재선, 『현대 한국소설사』, 민음사, 1991.
_____, 『한국문학 주제론』, 서강대학교 출판부, 1989.
이정희, 『오정희・박완서 소설의 두 가지 풍경』, 청동거울, 2003.
임명진, 『한국 근대소설과 서사전통』, 문예출판사, 2008.
임춘식, 『현대사회와 노인문제』, 유풍출판사, 1991.
_____, 『고령화 사회의 도전』, 나남출판, 2003.
임헌영, 『한국현대문학사상사』, 한길사, 1992.
장성수 외, 『문학과 삶의 발견』, 태학사, 2003.
정진홍, 『만남, 죽음과의 만남』, 궁리, 2003.

전홍남, 『해방기 소설의 시대정신』, 국학자료원, 1999.
_____, 『한국 근·현대 소설의 현실대응력』, 북스힐, 2003.
정대현 외, 『감성의 철학』, 민음사, 1996.
정문길, 『소외론 연구』, 문학과지성사, 1994.
정수복, 『한국인의 문화적 문법』, 생각의 나무, 2007.
정진웅, 『노년의 문화인류학,』, 한울아카데미, 2004.
조남현, 「한국문학과 박완서 문학」, 이경호·권명아 엮음, 『박완서 문학 길찾기』, 세계사, 2000.
조두영, 『프로이트와 한국문학』, 일조각, 1999.
조용훈, 『문화기호학으로 읽는 문학과 그림』, 효형출판, 2004.
조현일, 『전후소설과 허무주의적 미의식』, 월인, 2005.
차미영, 『웰 다잉을 위한 죽음의 이해』, 상상커뮤니케이션, 2006.
차승기, 『반근대적 상상력의 임계들』, 푸른역사, 2009.
천이두, 『한의 구조 연구』, 문학과지성사, 1993.
최병우, 『다매체 시대의 한국문학연구』, 푸른사상, 2003.
하정일, 『분단 자본주의 시대의 민족문학사론』, 소명출판, 2002.
한수영, 『소설과 일상성』, 소명출판, 2000.
한국노년학회 편, 『노년학의 이해』, 대영문화사, 2000.
한만수, 『모더니즘 문학의 병리성 연구』, 박이정, 2002.
한용환, 『소설학 사전』, 고려원, 1992.
현길언, 『한국소설의 분석적 이해』, 문학과비평사, 1991.
홍성호, 『문학사회학, 골드만과 그 이후』, 문학과지성사, 1995.
홍영균, 『법과 죽음』, 동국대학교 불교대학원, 2006.
황순원, 『말과 삶과 자유』, 문학과지성사, 1985.

3. 논문 및 평론

권명아, 「〈가족의 기원〉에 관한 역사소설적 탐구」, 『박완서 문학 길찾기』, 세계사, 2000.
권명아, 「박완서: 자기상실의 '근대사'와 여성들의 자기 찾기」, 『역사비평』 제45집, 1998. 11.
김경수, 「노년소설의 가능성에 대하여: 쓸쓸한 그리고 인간적인…」, 『넥스트』 통권 34호, 2006. 8.
김경은, 「노인 무력감의 현상 연구」, 이화여자대학교 박사학위논문, 1995.
김미현, 「영원한 농담에서 새로운 진담으로」, 『박완서 문학 길 찾기』, 세계사, 2000.
김윤식, 「한국 문학 속의 노인성 문학」, 『소설, 노년을 말하다』, 황금가지, 2004. 12.
김일구, 「질병과 문학: 문학속의 역병의 4가지 공간」, 『신영어영문학』 제27집, 신영어영문학회, 2004.
김주연, 「육체의 소멸과 죽음의 상상력」, 『슬픈 시간의 기억』, 문학과지성사, 2002(5쇄).
김치수, 「젊음과 늙음의 아름다운 의식」, 『저문 날의 삽화』 신판 해설, 문학과지성사, 2002.
김현숙, 「이태준 소설의 기호론적 분석: 단편 〈복덕방〉을 중심으로」, 『개신어문연구』 제8집, 1991.
류종렬, 「한국 현대 노년소설 연구사」, 『한국문학논총』 제50집, 2008. 12.
박영주, 「여성노인의 무력감과 사회적 지지와의 관계」, 『한국노년학연구』 제10권, 한국노년학연구회, 2001.
박혜숙, 「정약용의 「老人一快事」와 노년의 양식」, 『민족문학사연구』 통권 41호, 2009.
방민호, 「불결함에 맞서는 희생제의의 전통성」, 『박완서 문학 길찾기』, 세계사, 2000.
백지연, 「황혼의 삶을 향한 따뜻한 시선」, 『동서문학』, 1999 봄.
변정화, 「시간, 체험, 그리고 노년의 삶」, 문학을 생각하는 모임, 『한국문학에 나타난 노인의식』, 백남문화사, 1996.
서정자, 「하강과 상승 그 복합성의 시학: 최근 10년의 노년소설에 나타난 노인의식과 서사구조」, 『한국여성소설과 비평』, 푸른사상, 2001.
서준섭, 「밥의 시학」, 『감각의 뒤편』, 문학과지성사, 1995.

송명희, 「김훈 소설에 나타난 몸 담론: 〈화장〉을 중심으로」, 『한국문학이론과 비평』, 한국문학이론과 비평학회, 2010. 7.

신수정, 「자아의 서사, 소설의 기원―진경시대 예술가의 초상」, 「해산바가지」, 『박완서 단편소설전집 4』, 문학동네, 1999.

양진오, 「고향의 시간과 성찰」, 『잠수거미』 해설, 문이당, 2004(초판 2쇄).

_____, 「노인에 관한 명상: 박완서, 최일남, 김원일의 소설을 읽으며」, 『오늘의 문예비평』, 2002 봄.

_____, 「해원하는 영원과 죽어가는 노인들」, 『전망의 발견』, 실천문학사, 2003.

우미영, 「한국 근대소설에 나타난 광기 연구」, 한양대학교 박사학위논문, 2002.

우한용, 「소설의 서사기능 상실과 회복의 논리」, 『현대소설연구』 제8호, 한국현대소설학회, 1998. 6.

유남옥, 「풍자와 연민의 이중성: 박완서 소설에 나타난 노인」, 『한국문학에 나타난 노인의식』, 문학을 생각하는 모임 저, 백남문화사, 1996. 10.

유남옥, 「최정희 노년기소설 연구」, 『한국노년문학연구 II』, 국학자료원, 1998.

이기인, 「절제된 연민: 이태준 소설의 미적 성취에 대하여」, 『한국문학이론과 비평』, 제22집, 2004. 3.

이병순, 「죽음의식을 통해 〈동경〉 다시 읽기」, 『한국문학에 나타난 죽음』, 예림기획, 2002.

이선미, 「여성언어와 서사」, 『박완서 문학 길찾기』, 세계사, 2002.

_____, 「단편소설에 나타난 현실인식 연구」, 『이태준 문학연구』, 깊은샘, 1993.

이정숙, 「현대소설에 나타난 노인들 삶의 변화 양상: '긍정적으로 늙어가기'의 관점에서」, 『현대소설연구』, 제41집, 한국현대소설학회, 2009.

이종화, 「1930년대 한국 심리소설 연구」, 전북대학교 박사학위논문, 1994.

임명권, 「1930년대 모더니즘 소설에 나타난 은유로서의 질병의 근대적 의미」, 『한국문학이론과 비평』 제17호, 한국문학이론과 비평학회, 2002.

임명진, 「채만식의 '근대' 인식과 '친일'의 문제」, 『국어국문학』 제129집, 국어국문학회, 2001.

임옥희, 「박완서 문학과 페미니즘」, 『박완서 문학 길찾기』, 세계사, 2000.

임종국, 「식민지의 금광경기」, 『한국문학의 민중사』, 실천문학사, 1986.

장미영, 「고령화시대의 선진적 노년문화 조성을 위한 소설독서교육 방안」, 『국어문학』 제41집, 국어문학회, 2006.

장성수, 「1930년대 경향소설 연구」, 고려대학교 박사학위논문, 1989.

장소진, 「이태준 문학에서 노인의 문제: 〈불우선생〉과 〈영월영감〉을 중심으로」, 『서강어문』 제9집, 서강어문학회, 1993.

전봉관, 「1930년대 금광 풍경과 황금광시대의 문학」, 『한국현대문학연구』 제7집, 월인, 1999. 12.

전흥남, 「박완서 노년소설의 담론 특성과 문학적 함의」, 『국어문학』 제42집, 국어문학회, 2007. 2.

_____, 「한국 현대소설의 문학치료학적 관점의 적용과 그 가능성 탐색」, 『국어문학』 제45집, 국어문학회, 2008. 8.

_____, 「노년소설의 초기적 양상과 그 가능성 모색: 이태준의 노년소설을 중심으로」, 『현대문학이론연구』 제34집, 현대문학이론학회, 2008. 9.

_____, 「노년소설의 가능성과 문학적 함의: 최일남과 문순태의 소설을 중심으로」, 『내러티브』 14, 한국서사학회, 2009.

_____, 「박완서 노년소설의 시학과 문학적 함의 II」, 『국어문학』 제49집, 2010. 8.

정동호, 「죽음에 대한 철학적 성찰」, 정동호 외, 『철학, 죽음을 말하다』, 산해, 2004.

정미숙, 「한국 근대문학과 장소의 사회학: 오정희 소설의 '욕망공간'과 타자지향성: 초기 소설집 〈불의 강〉의 경우」, 『현대문학이론연구』, 제38집, 현대문학이론학회, 2009.

정영자, 「소설 속에 나타난 여성의 삶과 나이 먹기」, 『여성연구논집』 제

16집, 신라대학교 여성문제연구소, 2005.
정호웅, 「스스로 넓어지고 깊어지는 문학」, 「가는 비, 이슬비」, 『박완서 단편소설전집 5』, 문학동네, 1999.
조회경, 「'사소한 그러나 잊을 수 없는 일'의 복원을 위하여」, 『한국노년문학연구 III』, 푸른사상, 2002.
조혜정, 「박완서 문학에 있어 비평이란 무엇인가」, 『작가세계』, 1991 봄.
천이두, 「원숙과 패기」, 『문학과 지성』, 1976 여름.
최명숙, 「한국 현대 노년소설 연구」, 경원대학교, 박사학위논문, 2006. 2.
하수정, 「여성문학: 노년의 삶과 박완서의 페미니즘」, 『문예미학』 제11호, 문예미학회, 2005.
하응백, 「모성, 그 생명과 평화」, 「조그만 체험기」, 『박완서 단편소설전집 2』, 문학동네, 1999.
한만수, 「썩 물렀거라, 자전거」, 『당대비평』, 1999 봄.
황국명, 「한국소설의 말년에 관한 사유」, 『오늘의 문예비평』 통권 30호, 2008년 가을.
황도경, 「이야기는 힘이 세다: 박완서 소설의 문체적 전략을 중심으로」, 『문체로 읽는 소설』, 소명출판, 2002.

4. 국외 저서 및 역서

Booth, W. C., *The Rhetoric of Fiction,* The Univ. of Chicago Press, 1974.
Colin Wilson, 이성규 역, *Outsider*, 범우사, 1997.
Dijk,V., *Text and Context*, Londen: Longman, 1977.
Lukács, G., *The Theory of the Novel*, MIT Press, 1974.
Jameson, F., *The Political Uncouscious*, Cornell Univ. Press, 1981.
Macherey, P., *A Theory of Literature Production*, London: Routledge & Kegan Paul, 1978.
Bakhtin, M. M., *The Dialogic Imagination*, 전승희 외 2인 공역, 『장편소설과 민중언어』, 창작과비평사, 1988.

Béla, K., *The Asthetics of György Lukács*, 김태경 역, 『루카치 미학비평』, 한밭출판사, 1984.

Bruce Fink, 맹정현 역, 『라캉과 정신의학』, 민음사, 2002.

Byuno Hillebrand, *Theorie de romans*, 박병화・원당희 역, 『현대소설사』, 1993.

Coser, L. A., *Masters of Sociological Thoughts*, 신용하・박명규 역, 『사회사상사』, 일지사, 1987.

Cusmings, Bruce., *The Origins of the Korean War*, 김자동 역, 『한국전쟁의 기원』, 일월서각, 1986.

Dilthey, W., *Poetry and Experience*, 김병욱 역, 『문학과 체험』, 우리문학사, 1991.

Eagleton, T., *Criticism & Ideology*, 윤희기 역, 『비평과 이데올로기』, 열린책들, 1987.

_______, *Literary Theory: An Introduction*, 김명환 역, 『문학이론입문』, 창작과비평사, 1989.

Eliade, M., *The Sacred and the Profane: the Nature of Religion*, 이동하 역, 『성과 속』, 학민사, 1983.

Erikson, E. H., *Identity: Youth and Crisis*, 조대경 역, 『아이덴티티』, 세계사상전집 42, 삼성출판사, 1981.

Emile Durkheim, Le *Suicide,* 김충선 역, 『자살론』, 청아출판사, 1994.

F.K. Stanzel, *Theorie des Eryahlens*, 김정신 역, 『소설의 이론』, 문학과비평사, 1990.

Fritz Pappenheim, *The Alienation of Modern Man*, 황문수 역, 『현대인의 소외』, 문예출판사, 1978.

Fredric Jameson, 윤지관 역, 『언어의 감옥: 구조주의와 형식주의 비판』, 까치, 1985.

Gella, A., *The Intelligents and the Intellectuals: Theory, Method and Case Study,* 김영범・지승종 역, 『인텔리겐차와 지식인』, 학민사, 1983.

Glicksberg, C. I., *The Tragic Version,* 이경식 역, 『20세기 문학에 나타

난 비극적 인간상』, 종로서적, 1983.

Goldmann, L., *Method in the Sociology of Literature,* 박영신 외 2인 공역, 『문학사회학 방법론』, 현상과인식, 1984.

_______, *Pour une Sociologie du Roman,* 조경숙 역, 『소설사회학을 위하여』, 청하, 1982.

_______, *The Hidden God,* 송기형 · 정과리 역, 『숨은 신』, 인동, 1980.

Goudsbloms, T., *Nihilisme en Culture,* 천형균 역, 『니힐리즘과 문화』, 문학과지성사, 1988.

Gyorgy Lukacs, *Die Theorie des Romans,* 반성완 역, 『루카치 소설의 이론』, 심설당, 1985.

_______, *Die Ruissische Realismus in der welt literatur*, 조정환 역, 『변혁기 러시아 리얼리즘문학』, 동녘, 1989.

Howe, I., *Politics and the Novel*, 김재성 역, 『소설의 정치학』, 화다, 1983.

Hoy. D. C., *The Critical Circle: Literature and History in Contemporary Hermeneutics,* 이경순 역, 『해석학과 문학비평』, 문학과지성사, 1988.

Hughes, H. S., *Consciousness and Society,* 황문수 역, 『의식과 사회』, 기린원, 1989.

Ian Reid, 김종운 역, 『단편소설』, 서울대학교 출판부, 1980.

Jameson, F., *The Political Uncouscious*, Cornell Univ. Press, 1981.

_______, *The Marxism and Form: Twentith Century Dialectical Theory of Literature*, 여홍상 · 김영희 역, 『변증법적 문학이론의 전개』, 창작과비평사, 1984.

_______, *The Prison-House of Language: A Critical Account of Structuralism and Russian Formalism,* Princeton Univ. Press, 1972.

Kierkegaard, Soren Aabye, 이명성 역, 『불안의 개념』, 홍신문화사, 1988.

Leech, C., *Tragedy*, 문상득 역, 『悲劇』, 서울대학교 출판부, 1985.

Lunn, E., *Marxism and Modernism*, 김병익 역, 『마르크시즘과 모더니즘』, 문학과지성사, 1996.

Lunacharskii, A.V., *The Collected Works*, vol. 8, 김휴 역, 『사회주의 리얼리즘』, 일월서각, 1987.

Mannheim, K., *Ideology and Utopia*, 황성모 역, 『이데올로기와 유토피아 미디어의 이해』, 세계사상전집 37, 삼성출판사, 1990.

Maren-Grisebach, *Methoden der Literatur Wissenschaft*, 장태영, 『문학연구의 방법론』, 기린원, 1989.

More, T., *Utopia*, 주경철 역, 『유토피아』, 을유문화사, 2007.

Maurice Blanchot, *Lespace Litteraire*, 박혜영 역, 『문학의 공간』, 책세상, 1990.

Michel Zerrafa, *Roman es societe*, 이동렬 역, 『소설과 사회』, 문학과지성사, 1977.

Nozick, R., *Anarchy, State and Utopia*, 남경희 역, 『아나키에서 유토피아로』, 문학과지성사, 1983.

Raman Selden, 『현대문학이론』, 윤홍로 외 역, 백의, 1995.

Raymond Aron, *Marxism and he Existentiaists* 이택휘 역, 『마르크스주의와 실존주의자들』, 한벗, 1982.

Rollo May, *Man's Search for Himself*, 백상창 역, 문예출판사, 1996.

RoR, Dubos, 허정 역, 『건강이라는 환상』, 삼성문화문고, 1982.

Sewall, R. B., *The Vision of Tragedy*, Yale Univ. Press, 1980.

Shaughter, C., *Marxism, Ideology and Literature*, Humanities Press, 1980.

Stevick, Philip, *The Theory of the Novel*, Free Press, 1967.

Said, E, W., 박홍규 역, 『오리엔탈리즘』, 교보문고, 2000.

Susan Sontag, 이재원 역, 『은유로서의 질병』, 이후, 2002.

Simone de Beauvoir, 홍상희 · 박혜영 역, 『노년 1』, 책세상, 1994.

_______, 홍상희 · 박혜영 역, 『노년 2』, 책세상, 1994.

_______, 홍상희 · 박혜영 역, 『노년』, 책세상, 2002.

Todorov, T., *Mikhail Bakhtin: Le principe dialogigue, suivi de cercle de Bakhtin,* 최현무 역, 『바흐찐: 문학사회학과 대화이론』, 까치, 1987.

Williams, R., *Marxism and Literature*, 이일환 역, 『이념과 문학』, 문학

과지성사, 1982.

_______, *Modern tragedy*, 임순희 역, 『현대비극론』, 학민사, 1988.

Wolff, J., *The Social production of Art*, 이성훈 · 이현석 역, 『예술의 사회적 생산』, 한마당, 1986.

Wany C. Bouth, *The Rhetoric of Fiction,* 이경우 · 최재석 역, 『소설의 수사학』, 한신문화사, 1987.

Zima, P., *Pour une sociologie du texte Litéraire*, 이건우 역, 『문학텍스트의 사회학을 위하여』, 문학과지성사, 1987.

Zima, P. V., *Textsoziologie,* 허창운 역, 『텍스트 사회학』, 민음사, 1991.

Zéraffa, M., *Roman et Société*, 이동렬 역, 『소설과 사회』, 문학과지성사, 1983.

池上嘉彦, 이기우 역, 『시학과 문화기호론』, 중원문화, 1984.

D. 미킨, 이동화 역, 『인간과 노동』, 한길사, 1982

E. 카네티, 강두식 역, 『군중과 권력』, 주우, 1982.

에리히 프롬, 박갑성 · 최현철 역, 『자기를 찾는 인간』, 종로서적, 1981.

_______, 김제 역, 『사랑의 기술』, 두풍출판사, 1993.

S. 프로이드, 김기태 역, 『꿈의 해석』, 선영사, 2002.

Kristeva, J., 「여성의 시간」, 김성곤 외 역, 『현대문학 비평론』, 한신문화사, 1995.

L. 골드만, 조경숙 역, 『소설사회학을 위하여』, 청하, 1989.

루이스 알론소 세켈, 박요한 역, 『노년, 희망이 있습니다』, 가톨릭출판사, 2000.

루돌프 슈타이너, 정정순 · 정여주 역, 『인지학 예술치료』, 학지사, 2004.

S. 리몬 캐넌, 최상규 역, 『소설의 시학』, 문학과지성사, 1988.

사라 네틀턴, 조효제 역, 『건강과 질병의 사회학』, 한울아카데미, 1997.

앤드류 밀러, 이승렬 역, 『우리시대의 문화이론』, 한뜻, 1997.

제럴드 프린스, 이기우 · 김용재 역, 『사사론 사전』, 민지사, 1992.

로버트 니스베르, 이종수 역, 『사회학과 예술의 만남』 한벗, 1981.

롤랑 부르뇌프・레알 월레, 김화영 역, 『현대소설론』 문학사상사, 1986.
미셸 아리베, 최용호 역, 『언어학과 정신분석학』, 인간사랑, 1992.
미셸 푸코, 김부용 역, 『광기의 역사』, 인간사랑, 1999.
R. Williams, 임순희 역, 『현대비극론』, 학민사, 1988.
Z, 바르부, 임철규 역, 『역사심리학』, 창작과비평사, 1997.
안젤름 그륀, 김진아 역, 『세계적 영성가 안젤름 그륀 신부의 노년의 기술』, 오래된미래, 2010.
츠베탕 토도로프, 최현무 역, 『바흐찐: 문학사회학과 대화이론』, 까치, 1987.
키케로, 천병희 역, 『노년에 관하여: 우정에 관하여』, 숲, 2005.
프로이트, 김인순 역, 『꿈의 해석』, 열린책들, 1997.
_______, 임홍빈・홍혜경 역, 『정신분석강의』, 열린책들, 2004.
폴 리쾨르, 김윤성・조현범 역, 『해석이론』, 서광사, 1998.
_______, 양명수 역, 『해석의 갈등』, 아카넷, 2001.
한네로레 슐라퍼, 김선형 역, 『노년의 미학』, 경남대학교 출판부, 2005
헨리 지거리스트, 이희원 옮김, 『질병은 문명을 만든다』, 몸과마음, 2005.
호이징가, 최홍숙 역, 『중세의 가을』, 문학과지성사, 1997.
Walter J. Ong, 이기우・임명진 역, 『구술문화와 문자문화』, 문예출판사, 1995.

찾아보기

저자 소개

전흥남(田興男)

전북대학교 국어국문학과 졸업
전북대학교 대학원 국어국문학과 졸업(문학박사)
현재 한려대학교 교양학부 교수

아산재단 연구총서 제318집

한국 현대 노년소설 연구 값 11,000원

2011년 9월 20일 1판 1쇄

저 자	전 흥 남
발 행 인	임 동 규
발 행 처	**집 문 당**
주 소	413-756 경기도 파주시 교하읍 문발리 514-7(본사) 110-360 서울시 종로구 와룡동 95번지(서울사무소)
등 록	1971. 3. 23. 제406-2003-000039호
영 업 부	(02)743-3192~3 팩스(02)742-4657
전자우편	sale@jipmoon.co.kr
편 집 부	(02)743-3096 팩스(02)743-0227
전자우편	edit@jipmoon.co.kr
홈페이지	www.jipmoon.co.kr

ISBN 978-89-303-1527-2
978-89-303-1500-5(세트)

이 도서의 국립중앙도서관 출판시도서목록(CIP)은 e-CIP홈페이지(http://www.nl.go.kr/ecip)와 국가자료공동목록시스템(http://www.nl.go.kr/kolisnet)에서 이용하실 수 있습니다. (CIP제어번호: CIP2011003367)

아 | 산 | 재 | 단 | 연 | 구 | 총 | 서

1 전환기의 중국경제
김윤환 외 | 단국대 경제학과

2 폴란드 경제의 변천 개혁과 그 전망
김광수 | 숭실대 경제학과

3 재소한인
이광규 외 | 서울대 인류학과

4 소련산림과 임업
홍성천 외 | 경북대 임학과

5 아세안의 정치경제
김국진 외 | 외교안보연구원

6 태국의 사회변동과 경제발전
최석만 외 | 전남대 사회학과

7 중국의 사회경제 통계분석
신한풍 외 | 고려대 통계학과

8 중국의 정치와 경제
박두복 외 | 외교안보연구원

9 동유럽의 개혁과 시장경제의 도입
허만 외 | 부산대 사범대학

10 동유럽의 개혁운동
박영신 | 연세대 사회학과

11 현대 러시아 연구
기연수 외 | 한국외대 노어과

12 전략적 선택과 기업의 국제경쟁력
이장호 | 서강대 경영대학

13 협동사회의 정착과 정부의 역할
이종범 외 | 고려대 행정학과

14 한국 제조기업 생산성의 동적 분석
노부호 외 | 중앙대 경영대학

15 분배의 정의
변형윤 외 | 서울대 경제학과

16 도덕적 행동의 강화
이훈구 외 | 연세대 심리학과

17 관료부패와 통제
김해동 외 | 서울대 행정대학원

18 한국경제의 내실 있는 성장
정창영 외 | 연세대 경제학과

19 한국국민정신운동의 역사와 발전방향
박수명 외 | 부산대 사범대학

20 한국대학생의 가치성향과 상담효과
이영희 외 | 숙명여대 교육학과

21 가출청소년과 학교관리체제
안창규 외 | 부산대 교육학과

22 동북아 정세변화와 한·일관계
한승조 외 | 고려대 정치외교학과

23 언론과 부정부패
정대철 외 | 한양대 신문방송학과

24 한국의 고등학교 교육
이원호 외 | 부산대 교육학과

25 가족과 방송
김학수 외 | 서강대 신문방송학과

26 재정개혁의 전망과 재산세제의 개편 과제
오연천 | 서울대 행정대학원

27 청소년을 위한 전자게임 프로그램의 규제 및 평가체계 개발
박혜원 외 | 울산대 가정관리학과

28 정신장애자 가족의 사회심리적 특성
이근후 외 | 이화여대 의과대학

29 가족의 관계역동성과 문제인식
이광규 외 | 서울대 인류학과

30 현대인과 한국전통음식
승정자 | 숙명여대 식품영양학과

31 기업의 초고속정보통신망활용
안중호 | 서울대 경영학과

32 지역발전을 위한 교육자치제의 개선방안
김남순 | 조선대 사범대학

33 전환기의 공무원 가치관
조경호 | 울산대 행정학과

34 지방자치와 사회복지의 과제
김영모 | 중앙대 사회복지학과

35 WTO체제하의 지방중소기업 지원정책
최명주 외 | 계명대 통상학부

36 현대한국의 시민운동
이효선 | 중앙대 사회학과

37 기업 세계화의 단계 및 정도의 측정
허영도 외 | 울산대 경영학과

38 가족복지를 위한 가족주치의 시범사업의 효과
이혜리 외 | 연세대 가정의학교실

39 한국대학생의 삶의 만족도
김재은 외 | 이화여대 교육심리학과

40 지역경제와 지역산업구조의 개편방향
정기화 외 | 전남대 경제학부

41 중국기업의 소유형대별 경영특성
노철화 외 | 부산대 무역학과

42 남북한의 인성·사상교육
한승조 외 | 고려대 정치외교학과

43 연계적 뇌기능 조언을 위한 의료용 멀티미디어 시스템의 설계
유선국 | 연세대 의용공학교실

44 다민족국가의 민족문제와 한인사회
최협 외 | 전남대 인류학과

45 저소득층지역 청소년 여가문화와 소집단 활성화
박문수 외 | 서강대 사회학과

46 삶의 질의 국제비교와 지역간 비교분석
이재기 외 | 울산대 경제학과

47 21세기 지역주민의 삶의 질
양종회 외 | 성균관대 사회학과

48 삶의 질에 대한 국가간 비교
조명한 외 | 서울대 심리학과

49 외국인 노동자의 노사관계와 사회적 적응
석현호 외 | 성균관대 사회학과

50 한국의 사법제도와 발전 모델
정종섭 | 건국대 법학과

51 고령화사회와 중상층 노인의 사회활동
조성남 외 | 이화여대 사회학과

52 한국의 서비스 시장 개방정책
한홍렬 | 한양대 경제학부

53 한국과 AFTA간의 교역증진 및 경제 협력방안
손일태 외 | 경희대 경제통상학부항

54 물류비 절감을 위한 무역업체의 정보화전략
이영수 외 | 경북대 경제통상학부

55 사회주의 체제전환과 사회정책
오정수 외 | 충남대 사회복지학과

56 남북통일 이후 농업생산체계 개편
홍성규 외 | 건국대 농업경제학과

57 국제화와 세계화
하영선 외 | 서울대 외교학과

58 IMF 개혁정책의 평가와 한국경제의 신(新) 패러다임
조동근 | 명지대 경제학과

59 구조개혁과 실업대책
박동운 | 단국대 경제무역학부

60 21세기 신노사관계
심윤종 외 | 성균관대 사회학과

61 학교에서의 집단 따돌림
이춘재 외 | 가톨릭대 심리학과

62 한국노인의 정신건강실태와 건강증진
조맹제 외 | 서울대 의과대학

63 혁명과 개혁 속의 중국 농민
김광억 | 서울대 인류학과

64 중국의 경제환경과 한국기업의 진출 전략
지용희 외 | 서강대 경영학과

65 김대중 대통령의 시스템 사고
김동환 | 중앙대 공공정책학부

66 실업과 가족해체
최일섭 외 | 서울대 사회복지학과

67 합리적 부채비율 조정방안
오상근 | 동아대 경제학과

68 한국 중산층의 생활문화
문숙재 외 | 이화여대 소비자 · 인간발달학과

69 계층간 갈등상태에서 최적소득세
김진욱 | 건국대 경상학부

70 글로벌 경쟁력 제고를 위한 기업전략과 조직구축
이만우 외 | 고려대 경영학과

71 의료보험과 국민연금의 관리효율화를 위한 통합방안
사공진 외 | 한양대 경제학부

72 정부개혁의 과제와 전략
박우서 외 | 연세대 행정학과

73 책임운영기관 제도에 관한 비교분석
김근세 | 가톨릭대 행정학과

74 새로운 패러다임하에서의 한국기업의 바람직한 지배구조
최운열 외 | 서강대 경영학과

75 현대 한국사회의 계층구조
양춘 외 | 고려대 사회학과

76 한국의 산업정책과 산업구조조정
강인수 | 숙명여대 경제학부

77 기업구조조정
김석진 | 경북대 경영학부

78 지식경영을 위한 인적자원 개발 및 관리체계
장영철 | 경희대 경영학부

79 뉴 비즈니스 모델
전성현 | 국민대 정보관리학부

80 중산층의 정체성과 소비문화
함인희 외 | 이화여대 사회학과

81 외국관광객 유치를 위한 마케팅 전략
박상규 | 강원대 경영학과

82 한국인의 세대별 문학의식
이동순 | 영남대 국문과

83 공공부문의 효율성 평가와 측정
김재홍 외 | 울산대 사회과학부

84 한국 청소년의 정치의식과 형성요인
김광웅 외 | 숙명여대 아동복지학과

85 한국 대학생의 정치의식
배한동 | 경북대 윤리교육과

86 산업의 정보화와 산업발전
이기동 | 계명대 통상학부

87 한국 제조업의 고용조정 분석
이종원 외 | 성균관대 경제학부

88 지식자산에 대한 경영전략적 평가모형 개발
배재학 외 | 울산대 컴퓨터 · 정보통신공학부

89 관광사업을 위한 한국적 이미지의 휴식복 개발
채금석 | 숙명여대 의류학과

90 한국 정치제도의 개혁
신정현 | 경희대 사회과학부

91 e비즈니스와 아웃소싱 전략
정승화 외 | 연세대 경영학과

92 집단 따돌림의 진단 및 치료방안
홍준표 | 중앙대 인간생활환경학과

93 16대 총선과 낙선운동
조기숙 | 이화여대 국제대학원

94 부동층 유권자 행태 분석
진영재 | 연세대 정치외교학과

95 사이버 공동체의 성공요인
이재관 | 숭실대 경영학부

96 온라인 소비자 행동의 이론과 실증
윤성준 | 경기대 경영학부

97 글로벌 시대 정약용 세계관의 가능성과 한계
차성환 | 한일장신대 역사사회학과

98 러시아의 체제전환 과정에서 나타난 국가의 역할과 그 전망
이상민 외 | 부산대 정치외교학과

99 남북한의 경제발전 수준과 산업구조 비교, 그리고 경제교류 협력방향
주성환 | 건국대 경제학과

100 집단따돌림과 교육해체
한준상 | 연세대 교육학과

101 공적연금제도의 효율성과 개선방안
유금록 | 군산대 행정복지학부

102 벤처기업-대기업의 성공적인 협력 모델
나중덕 | 경산대 경영학과

103 북한의 재외동포정책
조정남 외 | 고려대 정치외교학과

104 사이버 공동체 형성의 역동적 모형
장용호 | 서강대 신문방송학과

105 기업이론과 기업의 소유지배구조
김일태 외 | 전남대 경제학부

106 가축분뇨 자원화를 위한 공동이용조직에 대한 농가선호도 분석
유덕기 | 동국대 생명자원경제학과

107 개혁정책과 전문가 집단
이경원 외 | 제주대 행정학과

108 현대 한국사회의 이중가치체계
신수진 외 | 이화여대 가정관리학과

109 한국의 산업구조 변화와 기업집단 다각화 전략
김용학 외 | 연세대 사회학과

110 지식정보사회의 경제적 모형 설정 및 사례 연구
김범환 | 배제대 경영정보학부

111 변호사징계제도
오종근 | 한림대 법학부

112 인터넷 특허법
김순석 | 광주대 법학과

113 e-비즈니스 시대의 금융 및 재정정책의 새로운 패러다임
이종욱 | 서울여대 경제학과

114 청소년의 하위문화와 정체성
조성남 | 이화여대 사회학과

115 디지털금융시대의 금융구조변화와 정부규제 및 정책
이충열 | 고려대 경제학부

116 지식경영을 위한 기업의 조직설계방안
김경수 외 | 전남대 경영학과

117 전자금융의 발달과 경제정책의 새로운 패러다임
이명훈 | 명지대 경제학과

118 동아시아의 안보와 유엔체제
강성학 편저 | 고려대 정치외교학과

119 유료 치매노인 그룹홈의 개발과 관련 정책
최정신 외 | 가톨릭대 소비자 · 주거학과

120 소비자 지향적 문화산업 정책
홍영준 | 호남대 광고홍보학과

121 국제 · 국가 · 지방 환경규제의 연계
정준금 외 | 울산대 행정학과

122 현행 회사 합병 · 분할제도의 평가와 개선방안
옥무석 외 | 이화여대 법학과

123 배려지향적 도덕성과 정의지향적 도덕성
정옥분 외 | 고려대 사범대학

124 기업구조조정에 대한 채권금융기관 및 금융감독기관의 역할과 책임
이중기 | 한림대 법학과

125 실업대책으로서 한국의 법정기준근로시간 단축
박영범 | 한성대 경제학과

126 프랑스어의 비분리성 소유개념 표현
노윤채 | 연세대 언어정보연구원

127 지방채의 효율적 관리방안
강태구 | 호원대 법행정학부

128 21세기 산업구조 변화와 과학기술정책
임채성 외 | 그리스도신학대 경영정보학부

129 인터넷 쇼핑몰 이용자의 불평행동
예종석 | 한양대 경영학부

130 한국기업의 성과급제도 현황, 효과 및 개선방안
김성수 | 서울대 경영학과

131 전자상거래와 소비자보호
서민교 외 | 경일대 인터넷국제통상학과

132 평생학습 사회에서의 인적자원개발을 위한 사회적 파트너십 구축
김영화 | 홍익대 교육학과

133 한국 공교육의 새로운 구상과 전략
권대봉 외 | 고려대 교육학과

134 한국의 정부개혁
김태룡 | 상지대 행정학과

135 지방정부 생산성 측정의 이론과 실제
이은국 외 | 연세대 행정학과

136 불가 시문학론
배규범 | 경희대 학술연구 교수

137 남북경제교류의 법적 문제
제성호 | 중앙대 법학과

138 경제위기와 청소년 발달
구인회 | 서울대 사회복지학과

139 생명과학기술의 응용과 기본권보호적 한계
정상기 외 | 한남대 법학과

140 경제발전과 정치환경의 한 · 일 비교분석
정갑영 외 | 연세대 동서문제연구원

141 한국 공교육의 진단
윤정일 외 | 서울대 교육학과

142 우리나라 지방자치 발전을 위한 자치단체장의 역할
정성호 외 | 경기대 사회과학부

143 의료보험제도의 개혁방안
권순원 | 덕성여대 경제학과

144 중등 도덕교육의 현실과 문제
손동현 외 | 성균관대 철학과

145 사이버공동체 발전론
이명식 | 상명대 경영학과

146 남북경협 확대에 대비한 북한 담보제도의 정비방안
박훤일 | 경희대 법과대학

147 한국 공무원 인사제도 개혁
김판석 | 연세대 행정학과

148 교사화법 교육
임칠성 외 | 전남대 국어교육과

149 세계화의 문화정치학
임혁백 외 | 고려대 정치외교학과

150 효과적인 e-SCM을 위한 의사결정 조정 시스템 모형
이원준 | 성균관대 경영학부

151 환경거버넌스
김종순 외 | 건국대 행정학과

152 자동차산업의 인적자원관리
이덕로 | 서원대 경영학부

153 한국과 영국 간 지식기반산업 비교
이명호 | 한국외대 경영학과

154 한국 벤처기업의 기술네트워킹 및 기술마케팅 전략
장영일 | 인제대 경영학부

155 회사변호사의 윤리
오승종 | 성균관대 법과대학

156 미디어교육론
이정춘 | 중앙대 신문방송학과

157 조선시대 서원과 양반
윤희면 | 전남대 역사교육과

158 환경문제와 철학
박찬국 | 서울대 철학과

159 노인보건복지 이론과 실제
김명 외 | 이화여대 보건교육학과

160 북한의 법체계
권재열 외 | 숭실대 법학과

161 생명공학기술의 안전성 확보에 관한 법적 고찰
이재협 | 경희대 법학부

162 청소년복지학
김성이 외 | 이화여대 사회복지학과

163 변화하는 세계, 변화하는 복지국가
조영훈 | 동의대 사회복지학과

164 의리의 윤리와 한국의 유교문화
김낙진 | 진주교대 도덕교육과

165 미국의 통상정책과 통상법
윤충원 | 전북대 무역학과

166 사회복지 프로그램 평가
김학주 | 경상대 사회복지학과

167 환경주의와 지속가능한 발전
정대연 | 제주대 사회학과

168 무역과 환경
김기흥 외 | 경기대 경제학부

169 산업계 유해폐기물의 위험과 관리
김금수 | 호서대 경상학부

170 백범 김구의 지적 계발과정 탐색
문용린 | 서울대 교육학과

171 태평양전쟁 발발 이후 일제의 인적 지배와 그리스도교계의 대응
윤선자 | 전남대 사학과

172 거버넌스 상황에서 갈등관리를 위한 대체적 분쟁해결제도
서순복 | 광주대 법정학부

173 시장경제의 유형과 민주주의
최배근 | 건국대 경상학부

174 일본고전소설 총론
김현정 | 국립한국전통문화학교

175 국어 교육을 위한 국어 문법론
이관규 | 홍익대 국어교육과

176 율곡의 군주론
전세영 | 부산교대 윤리교육과

177 동북아시아 환경협력
정서용 | 명지대 법학과

178 기후변화협약과 기후정책
신의순 외 | 연세대 경제학과

179 인터넷과 국제 학술정보 네트워크-하이퍼링크 분석
박한우 | 영남대 언론정보학과

180 국내 기업복지의 활성화 방안
최수찬 | 연세대 사회복지대학원

181 세계화와 인간안보
김우상 외 | 연세대 정치외교학과

182 세계문화유산 종묘 이야기
지두환 | 국민대 국사학과

183 한국 평생교육의 사회철학적 과제
곽삼근 | 이화여대 교육학과

184 강점모델
정순둘 | 이화여대 사회복지학과

185 글로벌시대의 계약법
박영복 | 한국외대 법과대학

186 배심제와 시민의 사법참여
안경환 | 서울대 법학과

187 동북아공동체
김재한 | 한림대 정치외교학과

188 정치 참여와 탈물질주의
김욱 | 배재대 정치외교학과

189 퍼지전문가회로망을 이용한 금융기관의 사이버 기업여신결정 지원시스템의 개발
권혁대 | 목원대 경영학과

190 환경정책과 환경법
송인성 | 전남대 지역개발학과

191 포스트모던 시대의 평생교육학
한숭희 | 서울대 교육학과

192 현대 한국인의 세대경험과 문화
박길성 외 | 고려대 사회학과

193 서구의 근로연계복지
김종일 | 건국대 사회복지학과

194 사회복지운동론
현외성 | 경남대 사회복지학과

195 외국의 역모기지 사례
유선종 | 건국대 부동산학과

196 옛이야기와 어린이문학
이지호 | 진주교대 국어교육학과

197 노인사회복지관광의 정책과제와 방안
김창수 | 경기대 관광학부

198 복지서비스의 민간위탁 시스템 분석
김순양 | 영남대 행정학부

199 새로운 빈곤층의 대두와 정부의 정책과제
김진욱 | 건국대 경제학과

200 문화행정론
김정수 | 한양대 행정학과

201 스칸디나비아 노인용 코하우징의 계획과 적용
최정신 외 | 가톨릭대 생활과학부

202 북한의 자연생태계
공우석 | 경희대 지리학과

203 통계로 이해하는 러시아
전홍찬 | 부산대 정치외교학과

204 사회복지법인의 경영과 회계
이동규 | 충남대 회계학과

205 의약분업 정책과정
차흥봉 | 한림대 사회복지학과

206 지역공동체와 평생교육
오혁진 | 동의대 평생교육학부

207 아동보호서비스의 실제
한미현 | 백석대 사회복지학부

208 그린마케팅
박재기 | 충남대 경영학부

209 아동권리와 아동복지
이혜원 | 성공회대 사회복지학과

210 국제 이주와 인도인 디아스포라
김경학 | 전남대 인류학과

211 질병과 의료의 사회학
조병희 | 서울대 보건대학원

212 북한이탈주민의 사회통합을 위한 지역복지실천의 모색
이기영 | 부산대 사회복지학과

213 치매노인케어론
조유향 | 초당대 간호학과

214 노인상담입문
서혜경 외 | 한림대 대학원 사회복지학과

215 '통일 이후 통일과정'으로서의 독일 통일영화
이준서 | 이화여대 독어독문학과

216 중국의 사회보장
오정수 | 충남대 사회복지학과

217 환경자원의 경제적 가치와 환경오염의 사회적 비용
김재홍 | 울산대 사회과학부

218 사회복지프로그램의 경제적 평가방법
박창제 외 | 상주대 사회복지학과

219 자유의지와 결정론
안건훈 | 강원대 철학과

220 심리학자들이 쓴 행복한 결혼의 심리학
채규만 외 | 성신여대 심리학과

221 현대 해석학 강의
양해림 | 충남대 철학과

222 한국인의 주거 빈곤과 공공주택
하성규 | 중앙대 도시 및 지역계획학과

223 IMF 경제위기와 한국 출산력의 변화
김두섭 | 한양대 사회학과

224 동아시아의 영토분쟁과 국제법
이석우 | 인하대 법학부

225 독일 복지국가와 사회복지서비스
정재훈 | 서울여대 사회사업학과

226 사회복지사를 위한 실용 비모수통계
엄명용 | 성균관대 사회복지학과

227 피해자학 연구
이윤호 | 동국대 경찰행정학과

228 광고언어창작론
박영준 외 | 부경대 국어국문학과

229 환경규제 패러다임의 전환
한철 | 한남대 법학과

230 고령사회의 노동환경변화와 고용시스템의 문제점 및 법적 대응
고준기 | 국립군산대 법학과

231 세계화와 소득불평등
이성균 외 | 울산대 사회과학부

232 유비쿼터스 사회의 이해
안중호 외 | 서울대 경영학과

233 국제환경책임법론
박병도 | 건국대 법학과

234 한국의 선거와 민주주의
윤종빈 | 명지대 정치외교학과

235 한국 시민운동의 구조와 동학
조대엽 외 | 고려대 사회학과

236 또래관계
송영혜 | 대구대 재활심리학과

237 해외 한국기업과 현지인 노동자
석현호 외 | 에스콰이아학술문화재단

238 독일 국가복지에서 민간복지단체의 역할과 의미
차성환 외 | 한일장신대 사회복지학부

239 청정공학
조정호 | 동양대 생명화학공학과

240 한국전통연희론
심상교 | 부산교육대 국어교육학과

241 정신장애와 가족
서미경 | 경상대 사회복지학부

242 빈곤통계의 작성과 활용
김주환 | 동국대 정보통계학과

243 인터넷과 한국정치
강원택 | 숭실대 정치외교학과

244 북한의 시장경제이행
정영화 외 | 서경대 법학과

245 시스템사고로 본 지속가능한 도시
문태훈 | 중앙대 도시및지역계획학과

246 실버산업과 유비쿼터스 컴퓨팅
고일상 | 전남대 경영학부

247 재활상담과 사례관리
나운환 | 대구대 직업재활학과

248 영유아교육기관에서의 장애 이해 교육
유수옥 | 우석대 유아특수교육과

249 장애의 사회적 의미와 사회통합
박수경 | 대진대 사회복지학과

250 경제분석의 수리적 기초
조인성 | 공주대 경제통상학부

251 비영리부문의 비교연구
김승현 | 서울산업대 행정학과

252 고등교육경제학
반상진 | 전북대 교육학과

253 과학윤리교육의 이론과 방법
조희형 | 강원대 과학교육학부

254 결혼이민자가족의 이해
김오남 | 대불대 사회복지학과

255 동아시아 국가의 공공부조
신동면 | 경희대 사회과학부

256 특수아동 진단 및 평가
이나미 | 대불대 특수교육과

257 계약형 사회복지와 권리옹호시스템
이명현 | 경북대 상주캠퍼스 사회복지학과

258 실내공기질 및 위해성 관리
양원호 | 대구가톨릭대 산업보건학과

259 충남 방언 문법
한영목 | 충남대 국어국문학과

260 교육권론
노기호 | 군산대 법학과

261 도시경관계획론
임승빈 | 서울대 조경 · 지역시스템공학부

262 교통의 새로운 패러다임
김형철 | 경원대 도시계획 · 조경학부

263 노인의 삶의 질 향상을 위한 주거환경 디자인
천진희 | 상명대 디자인대학 실내디자인전공

264 사회복지와 문화
박병현 | 부산대 사회복지학과

265 장애인복지의 이론과 실제
이선우 | 인제대 사회복지학과

266 창의성 개발을 위한 디자인교육 콘텐츠
김선영 | 인천가톨릭대 조형예술대학 환경디자인학과

267 구성주의 사회복지 실천 기술론
고미영 | 서울신학대 사회복지학과

268 장애아교육학
김기흥 | 부산교육대 유아교육과

269 지역사회복지와 자원부문
한상진 외 | 울산대 사회학과

270 환경관리회계
육근효 | 부산외국어대 회계학부

271 인권 관점에서 보는 장애인복지
유동철 | 동의대 사회복지학과

272 정신증상
송지영 | 경희대 의과대학병원 신경정신과

273 사이버공간의 사회심리학
이성식 외 | 숭실대 정보사회학과

274 노인에 대한 사회적 돌봄과 돌봄 서비스의 질 보장
최희경 | 신라대 가족노인복지학과

275 아동 심리치료의 실제
신현균 | 전남대 심리학과

276 사회복지와 위험관리
노충래 | 이화여대 사회복지전문대학원

277 국제 탄소시장의 이해
양승룡 | 고려대 식품자원경제학과

278 타자의 초상
신문수 | 서울대 영어교육과

279 한국정치와 환경정치
나정원 | 강원대 정치외교학과

280 북한이주민
윤인진 | 고려대 사회학과

281 음주의 사회경제적 비용
정우진 외 | 연세대 보건대학원

282 지방정치와 동북아 도시거버넌스
박재욱 | 신라대 행정학과

283 노숙인 복지론
남기철 | 동덕여대 사회복지학과

284 유럽통합과정과 지역협력
이규영 | 서강대 국제대학원

285 사회복지재정 연구
지은구 | 계명대 사회과학대학 사회복지학과

286 지역사회 교육개혁을 위한 시민사회 조직의 참여
김영화 | 홍익대 교육학과

287 복지사회를 대비한 국민연금의 구조개혁
박영석 외 | 서강대 경영학부

288 한미 FTA 지재권 협상에 따른 의약품 분야 사회후생 변화
오근엽 | 충남대 무역학과

289 산업입지, 환경 그리고 지역경제
이기동 외 | 계명대 국제통상학과

290 감성지능 개발을 통한 삶의 질 향상
김경수 외 | 전남대 경영학부

291 교육복지론
이용교 외 | 광주대 사회복지학부

292 인간과 행복에 대한 철학적 성찰
박찬국 | 서울대 철학과

293 유럽연합의 사회통합 사례와 교훈
이무성 | 명지대 정치외교학과

294 민영화와 사회후생
이상호 | 전남대 경제학부

295 북한의 교육학 체계 연구
최영표 외 | 동신대 교육대학원

296 한국 지속가능발전의 구조와 변동
정대연 | 제주대 사회학과

297 우리나라의 공익 연계 마케팅에 관한 연구
임승희 | 전주대 경영학부

298 시각장애인복지론
김영일 | 조선대 특수교육과

299 그린에너지와 환경촉매
정석진 | 경희대 화학공학과

300 취약학교 초등학생을 위한 온라인 보건 교육 프로그램
박경옥 | 이화여대 보건관리학과

301 신탁제도를 통한 고령자의 보호와 지원
최수정 | 서강대 법학전문대학원

302 사회적 약자계층에 대한 실태분석 및 정책방안
이은우 외 | 울산대 경제학과

303 한류 문화와 동북아 공동체
최혜실 | 경희대 국어국문학과

304 노동유연화와 해고보호법
권혁 | 부산대 법학전문대학원

305 사회복지 위험관리의 이해
박미은 | 한남대 사회복지학과

306 의료기관의 회계와 세무
노준화 | 충남대 경영학부

307 여성인적자원의 전문성 확보를 위한 경력개발
백지연 | 이화여대 국제사무학과

308 정신병리
강선경 | 서강대 신학대학원

309 바다의 반란 적조
윤양호 | 전남대 해양기술학부

310 한국 장애인 복지 발달사
이성규 | 서울시립대 사회복지학과

311 서양예술 속의 동양 탐색
진상범 | 전북대 독어독문학과

312 한국인의 도덕성 발달 진단
문용린 | 서울대 교육학과

313 영국정치와 국가복지
고세훈 | 고려대 공공행정학부

314 인간학적 사유를 여는 중도·중복장애 교육학
이숙정 | 단국대 특수교육과

315 개별화 교육과정
이소현 | 이화여대 특수교육과

316 인간의 긍정적 성품
권석만 | 서울대 심리학과

317 지방자치와 지역여성의 전망
이혜숙 | 경상대 사회학과

318 한국 현대 노년소설 연구
전흥남 | 한려대 교양학부

아 | 산 | 재 | 단 | 연 | 구 | 보 | 고 | 서

1 한국인의 도덕성 연구
배해수 | 고려대 국문학과

2 산업화와 청소년 진로
이원호 | 울산대 교육학과

3 공동체의식과 시민운동
김영섭 | 한양대 행정학과

4 한국청년의 삶의 의미 충족도와 만족적 태도
안정수 | 경희대 철학과

5 중국조선족의 사회발전과 한·중관계의 위상
손장권 | 고려대 사회학과

6 해송림 "솔껍질깍지벌레"의 천적 및 주요 종의 생태
김규진 | 전남대 농생물학과

7 사회정의와 실천윤리
박종대 | 서강대 철학과

8 동구개혁의 영향
김달중 | 연세대 정치외교학과

9 한국청소년의 의식세계
김문조 | 고려대 사회학과

10 고강도 철근 콘크리트 구조의 실용화
정헌수 | 중앙대 건축학과

11 신기술의 연관형태 및 출현예측의 구조모형
권철신 | 성균관대 산업공학과

12 민간기업의 연구개발을 위한 조세정책
권영훈 | 한양대 경제학부

13 기술개발 활성화방안
송승구 | 울산대 화학공학부

14 부패의 현상과 진단
이문조 | 영남대 정치외교학부

15 연구투자의 지역적 편중화와 부산지역의 기초과학연구 활성화방안
윤웅찬 | 부산대 화학과

16 GATT의 신구 덤핑방지협정과 그 대응방안
전창원 | 동국대 무역학과

17 한국사회의 도덕성 제고를 위한 진단과 처방
황경식 | 서울대 철학과

18 새로운 노사관계 방향
이진규 외 | 고려대 경영학과

19 21세기 동북아 정세예측과 한국의 전략적 대응방안
최평길 외 | 연세대 행정학과

20 소련의 한국에 대한 정책목표분석
신승권 | 한양대 정치외교학과

21 메모리 커패시터용 $Pb(Zr_xTi_{1-x})O_3$ 강유전체 박막의 제작과 특성
장지근 외 | 단국대 전자공학과

22 러시아 국제법학의 전통
김용구 | 서울대 외교학과

23 유럽연합의 현황과 전망
김동현 외 | 성균관대 행정학과

24 중국의 정치동원
송영우 외 | 건국대 정치외교학과

25 산업적 활용을 위한 이동로보트 시스템의 개발
박민용 외 | 연세대 전자공학과

26 중국조선족의 정치사회화과정과 동화적 국민통합의 방향
전인영 외 | 이화여대 사회생활학과

27 공적부조의 이론과 실제
최일섭 외 | 서울대 사회복지학과

28 대외통상환경의 변화와 법제개편
서헌제 | 중앙대 법학과

29 기업금융의 국제화
최생림 | 한양대 경영학부

30 자동차부품공업의 노사관계
김호진 외 | 고려대 행정학과

31 산업화 과정에서의 한국가족의 실태와 전망
정창수 외 | 성균관대 사회학과

32 공무원 가치관 실태와 정립방안
배병룡 외 | 경상대 행정학과

33 해외귀국청소년의 국내적응연구
이장영 | 국민대 사회학과

34 초고속정보통신망에서 LAN서비스 제공방안
이재용 | 연세대 전자공학과

35 WTO체제의 정책적 대응
김병진 외 | 경희대 행정학과

36 유럽의 통합정치
최수경 외 | 충남대 정치외교학과

37 유기질폐기물을 이용한 고단백사료원인 조류의 생산공정
최정우 외 | 서강대 화학공학과

38 초고속정보통신망의 수용성과 정책방향
박영상 외 | 한양대 신문방송학과

39 중국의 강남사회와 한중교섭
조영록 외 | 동국대 사학과

40 세계화시대의 사회·문화의식
신행철 외 | 제주대 사회학과

41 국내 외국인 노동자의 문제와 대책
성규탁 외 | 연세대 사회복지학과

42 노인인력 활용정책과 프로그램
김정후 외 | 강원대 법과대학

43 한일간 학술교류 현황과 활성화방안
정홍익 외 | 서울대 행정대학원

44 계량모형에 의한 한일 경제관계의 이해
김명직 외 | 한양대 경제학부

45 직장인의 음주행태와 삶의 질
진기남 외 | 연세대 보건행정학과

46 유통정보 시스템의 구조와 설계
정용길 | 충남대 경영학과

47 남북통일 이후 사회통합을 위한 교육의 역할
안기성 외 | 고려대 교육학과

48 대중음악에 심취한 청소년들의 심리적 특성
김인경 외 | 연세대 인간행동연구소

49 멀티미디어 시스템을 활용한 교육환경의 개선방안
김한일 | 제주대 컴퓨터교육학과

50 탈냉전기 한일관계의 쟁점
최상룡 | 고려대 정치외교학과

51 자치시대 새로운 '삶의 질' 지표의 모색
김형기 외 | 경북대 경제통상학부

52 유럽통합의 역내외 협력과 갈등
이호재 외 | 고려대 정치외교학과

53 21세기를 대비한 신노사관계
김재원 | 한양대 경제학부항

54 대학의 시간제학생 등록제
안규철 외 | 전남대 교육학과

55 21세기에 대비한 방송통신정책
한진만 외 | 강원대 신문방송학과

56 주민참여를 통한 혐오시설 관리운영방안
박균성 외 | 경희대 법학부

57 여성의 정치적 권리인식과 정치참여
전경옥 외 | 숙명여대 정치외교학과

58 한국인 위장질환과 식생활·환경요인 및 *H. pylori* 감염과의 관계
이양자 외 | 연세대 식품영양학과

59 학생과 시민의 자원봉사활동
윤정일 외 | 서울대 교육학과

60 동북아 환경문제와 지역환경협력의 모색
신연재 외 | 울산대 정치외교학과

61 노인 자원봉사활동을 통한 사회통합 프로그램 개발
김동배 | 연세대 사회복지학과

62 물류정보 시스템
김태현 | 연세대 경영학과

63 전자식 문서교환을 이용한 항공화물 운송체계
민재형 | 서강대 경영학과

64 청소년과 성
이근후 | 이화여대 의과대학

65 민족통합과 무궁화호 위성의 남북한 공동활용방안
방정배 | 성균관대 신문방송학과

66 채식주의가 20대 여성의 영양상태와 에스트로겐 대사에 미치는 영향
성미경 | 숙명여대 식품영양학과

67 가상정보공간을 통한 지역개발 활성화 전략
유재천 외 | 한림대 언론정보학부

68 조산아 관리현황 및 정책수립 방안
박상기 외 | 조선대 의과대학

69 남북한관의 의식조사와 통일교육 개선 방안
김동규 외 | 고려대 북한학과

70 동양 전통 자연사상 탐구
장동순 | 충남대 환경공학과

71 초고속정보망의 시뮬레이터 구현
한기준 | 경북대 컴퓨터공학과

72 유통원가 시스템의 유효성
정다미 | 명지대 경영학과

73 국악과 문화관광의 만남
정익준 외 | 동아대 국제관광통상학부

74 기업의 지식경영 활용사례
김창은 | 명지대 산업공학과

75 선진국과 한국의 직업교육·훈련제도의 특성과 한계
정주연 | 고려대 경제학과

76 제주지역 성인 여성의 자원봉사활동
이상철 외 | 제주대 사회학과

77 M&A와 문화충돌 관리
박원우 | 서울대 경영학과

78 폐금속광산 인근 주민들의 중금속 오염실태
정종학 외 | 영남대 의학과

79 북한 농촌·농업실태와 인력자원개발 시스템을 통한 북한 농민의 구호방안
박성열 | 건국대 교육공학과

80 중소 소매점의 경쟁력과 소매성과
채명수 외 | 한국외대 무역학과

81 고령자를 위한 쾌적한 실내온도와 착의량의 설정
정운선 | 안동대 의류학과

82 지역문화 이벤트 PR
박종민 | 경희대 언론정보학부

83 인터넷 지역정보화의 실태와 전략
유평준 외 | 연세대 행정학과

84 여성 삶의 질 향상을 위한 사회교육 활성화 방안
김양희 | 중앙대 가족복지학과

85 벤처기업과 벤처금융
강대석 외 | 충남대 무역학과

86 구조조정기에 있어서 실업대책과 사회안전망 구축
박천익 | 대구대 경제학과

87 한국 유아의 조기교육
이명조 외 | 한국외대 교육대학원

88 남북한 경제공동체 형성전략
이상만 | 중앙대 경제학과

89 지방자치회계의 투명성과 주민의 알 권리
권찬태 외 | 경북대 경영학부

90 정치지도자의 정책리더십
이해영 | 경일대 행정학과

91 경제위기와 한국인의 복지의식
신광영 외 | 중앙대 사회학과

92 북한의 노동
김강식 | 한국항공대 경영학과

93 우리나라 중소기업의 정보기술 활용 현황과 경쟁력 강화를 위한 제안
정승호 | 부산외대 정보시스템학과

94 인간배아복제의 법적 · 윤리적 문제점과 그 해결방안
최병규 | 한경대 법학부

95 가치변화에 따른 투표행태
조찬래 외 | 충남대 정치외교학과

96 인터넷 경매에서의 계약체결과 소비자 보호
이기수 외 | 고려대 법과대학

97 세계화시대 남북한 통합의 방향과 과제
윤민재 | 서울대 사회발전연구소

98 글로벌 시대 지방정부의 문화마케팅 전략
박흥식 | 중앙대 행정학과

99 대졸여성실업의 실태분석 및 대학-노동 시장 간 효율적 연계방안
이은우 외 | 울산대 사회과학부

100 그린 투어리즘의 분석
이응진 | 대구대 관광학부

101 지방자치단체장의 부정부패
오일환 | 한양대 아태지역연구센터

102 산업화가 유교체제하 중국여성의 지위에 미친 영향
천성림 | 배재대 사회과학연구소

103 움직이는 말하기
유혜숙 외 | 나사렛대 교양학부

104 장애학생을 위한 특수교육공학의 활용
김용욱 | 대구대 중등특수교육과

105 지식기반사회의 평생교육 이해와 평생교육 프로그램 개발
박성열 | 건국대 교육공학과

106 N세대의 미술교육
김동철 | 대구교육대 미술교육학과

107 노후계획과 투자
권택호 | 여수대 국제통상학과

108 영화산업
양영철 | 경성대 연극영화학부

109 동유럽의 변혁과 언론의 역할
정대수 | 경남대 정치언론학부

110 환율, 임금, 물가가 국제경쟁력 및 수출입산업에 미치는 영향
하인봉 | 경북대 경제통상학부

111 일본기업의 기술혁신 전략
위정현 | 중앙대 상경학부

112 노후보장정책과 역저당연금제도
조덕호 외 | 대구대 행정학과

113 유비쿼터스 라이프와 미래 사회
김석수 | 한남대 멀티미디어공학과

114 죽음과 관련된 생명윤리적 문제들
구인회 | 가톨릭의과대 인문사회과학교실

115 경제적 세계화와 빈곤문제, 그리고 국가
김준현 | 한일장신대 인문사회과학부

116 한국의 세계불교유산
김종명 | 한국학중앙연구원 한국학대학원

117 복지레저서비스론
고태규 | 한림대 국제학부

118 자생적 철학체계로서 인간중심철학
선우현 | 청주교대 윤리교육과

119 전략적 통합과 한반도 평화체제
김승채 | 고려대 정책대학원

120 환경사법론
전경운 | 경희대 법학부

121 인터넷 자료를 통해 본 한국의 이혼 문화와 사회복지
성정현 외 | 협성대 사회복지학과

122 유럽연합의 사회정책에 관한 연구
문진영 | 서강대 신학대학원 사회복지학과

123 여성건강의 통합적 관점
김혜원 | 관동대 간호학과

124 복잡계 네트워크 과학
강병남 | 서울대 물리천문학부

125 경제적인 3세대 전원주택 개발
박근준 | 호서대 건축공학과

126 사회복지와 인적자원개발
이상일 | 인제대 국제경상학부